GAOJI CAIWU KUAIJI XUEXI ZHIDAO YU XITIJI

高等学校会计学与财务管理专业系列教材

# 高级财务会计学习指导与习题集

（第三版）

主　编　黄中生　路国平
副主编　何太明

高等教育出版社·北京

## 内容简介

本书是与《高级财务会计》(第三版)(黄中生、路国平主编)相配套的学习指导与习题集,各章内容主要包括学习要求,重点和难点,主要内容讲解,练习题(包括单项选择题、多项选择题、判断题、计算及会计处理题),最后给出练习题参考答案及解析。书中将教材各章的主要内容用表格的形式呈现并予以讲解,条理性、层次性强;练习题的设计紧扣知识点,强调理论联系实际和对学生实际操作能力的培养,适合学生预习和复习。

本书可作为高等学校"高级财务会计"课程学习者的配套用书,也可作为相关从业人员学习高级财务会计的参考用书。

## 图书在版编目(CIP)数据

高级财务会计学习指导与习题集 / 黄中生,路国平主编. —3版. —北京:高等教育出版社,2019.8(2023.1重印)
ISBN 978-7-04-052582-3

Ⅰ. ①高… Ⅱ. ①黄… ②路… Ⅲ. ①财务会计—高等学校—习题集 Ⅳ. ①F234.4-44

中国版本图书馆 CIP 数据核字(2019)第 177830 号

| 策划编辑 林荫 | 责任编辑 林荫 | 封面设计 张文豪 | 责任印制 高忠富 |
|---|---|---|---|

| | | | |
|---|---|---|---|
| 出版发行 | 高等教育出版社 | 网  址 | http://www.hep.edu.cn |
| 社  址 | 北京市西城区德外大街4号 | | http://www.hep.com.cn |
| 邮政编码 | 100120 | | http://www.hep.com.cn/shanghai |
| 印  刷 | 江苏凤凰数码印务有限公司 | 网上订购 | http://www.hepmall.com.cn |
| 开  本 | 787mm×1092mm 1/16 | | http://www.hepmall.com |
| 印  张 | 11 | | http://www.hepmall.cn |
| 字  数 | 278千字 | 版  次 | 2014年2月第1版 |
| | | | 2019年8月第3版 |
| 购书热线 | 010-58581118 | 印  次 | 2023年1月第7次印刷 |
| 咨询电话 | 400-810-0598 | 定  价 | 25.00元 |

本书如有缺页、倒页、脱页等质量问题,请到所购图书销售部门联系调换
版权所有 侵权必究
物 料 号 52582-A0

# 第三版前言

2017年至今，财政部先后修订了《企业会计准则第22号——金融工具确认和计量》《企业会计准则第21号——租赁》《企业会计准则第7号——非货币性资产交换》等多项会计准则，于2019年1月发布了《关于修订印发2018年度合并财务报表格式的通知》，对合并财务报表的格式进行了调整。同时，财政部、税务总局、海关总署三部门于2019年3月联合发布了《关于深化增值税改革有关政策的公告》。根据改革公告，从2019年4月1日起，增值税税率原适用16%税率的，税率调整为13%；原适用10%税率的，税率调整为9%。此外，纳税人取得不动产或者不动产在建工程的进项税额不再分两年抵扣。

根据上述会计制度和增值税税率的变化，我们适时对《高级财务会计》（第二版）进行了修订。作为黄中生、路国平主编《高级财务会计》（第三版）的配套教学辅导用书，我们又及时对《高级财务会计学习指导与习题集》（第二版）进行了如下的调整和修改。

(1) 根据《高级财务会计》（第三版）重新编写的第六章《租赁》和第九章《套期会计》的内容，对本书中《租赁》和《套期会计》章节的学习要求、重点和难点、主要内容讲解以及练习题进行了修改；

(2) 根据修订后的《金融工具确认与计量》《非货币性资产交换》等准则以及合并财务报表格式，对本书中相关的内容进行了修改；

(3) 按照增值税改革后的税率，对本书中涉及的增值税税率以及会计处理进行了调整。

本次修订由黄中生、何太明负责完成。敬请广大读者提出宝贵建议与意见，以便我们进一步完善。

编　者
2019年7月

# 第一版前言

《高级财务会计学习指导与习题集》是与《高级财务会计》教材（黄中生、路国平主编）相配套的教学辅导用书。本书按照《高级财务会计》教材的内容编写学习指导和练习题，其章节和编排顺序与教材一致，便于学生在学习中对照使用。

本书的主要内容包括：每章的学习要求、重点和难点、主要内容讲解、练习题和练习题参考答案及解析。学习要求指出了每章应掌握的内容以及学习应该达到的目标；重点和难点则指出了每章应该重点掌握的内容以及学习中比较难以理解和掌握的内容；主要内容讲解则对每章的重点内容采用表格的方式进行了概括和总结，条理清晰，层次分明，有助于学生自学和复习。每一章节的练习题题型包括：单项选择题、多项选择题、判断题、计算及会计处理题（或综合题）。练习题按照循序渐进的方式进行组织，难易结合，既有会计理论方面知识点的练习，也有会计实务的具体操作练习，所有题目均配有参考答案及解析，有助于学生检测和巩固所学知识。

本书由黄中生、路国平和何太明编写。其中黄中生编写第一章、第二章、第七章、第八章、第九章、第十章、第十一章，路国平编写第四章和第五章，何太明编写第三章和第六章，最后由黄中生、路国平总纂定稿。

本书适用于会计学、审计学、财务管理等本科专业高级财务会计课程的教学，也可以作为其他经济类专业的财务会计学习者的学习参考用书。

由于作者水平有限，书中难免存在错误和不足之处，敬请读者批评指正。

编　者

2014 年 1 月

# 目　　录

第一章　绪论 ··································································································· 1
　　一、学习要求 ····························································································· 1
　　二、重点和难点 ·························································································· 1
　　三、主要内容讲解 ······················································································· 1
　　四、练习题 ································································································ 2

第二章　所得税会计 ························································································ 3
　　一、学习要求 ····························································································· 3
　　二、重点和难点 ·························································································· 3
　　三、主要内容讲解 ······················································································· 3
　　四、练习题 ······························································································· 10

第三章　外币业务会计 ··················································································· 18
　　一、学习要求 ··························································································· 18
　　二、重点和难点 ························································································ 18
　　三、主要内容讲解 ····················································································· 18
　　四、练习题 ······························································································· 22

第四章　企业合并 ·························································································· 30
　　一、学习要求 ··························································································· 30
　　二、重点和难点 ························································································ 30
　　三、主要内容讲解 ····················································································· 30
　　四、练习题 ······························································································· 37

第五章　合并财务报表 ··················································································· 50
　　一、学习要求 ··························································································· 50
　　二、重点和难点 ························································································ 50
　　三、主要内容讲解 ····················································································· 50
　　四、练习题 ······························································································· 62

## 第六章 租赁 ········································································································ 72
 一、学习要求 ································································································ 72
 二、重点和难点 ····························································································· 72
 三、主要内容讲解 ·························································································· 72
 四、练习题 ··································································································· 80

## 第七章 非货币性资产交换 ······················································································· 87
 一、学习要求 ································································································ 87
 二、重点和难点 ····························································································· 87
 三、主要内容讲解 ·························································································· 87
 四、练习题 ··································································································· 90

## 第八章 股份支付 ···································································································· 97
 一、学习要求 ································································································ 97
 二、重点和难点 ····························································································· 97
 三、主要内容讲解 ·························································································· 97
 四、练习题 ································································································· 100

## 第九章 套期会计 ·································································································· 107
 一、学习要求 ······························································································ 107
 二、重点和难点 ··························································································· 107
 三、主要内容讲解 ························································································ 107
 四、练习题 ································································································· 110

## 第十章 债务重组 ·································································································· 112
 一、学习要求 ······························································································ 112
 二、重点和难点 ··························································································· 112
 三、主要内容讲解 ························································································ 112
 四、练习题 ································································································· 116

## 第十一章 破产清算会计 ························································································· 122
 一、学习要求 ······························································································ 122
 二、重点和难点 ··························································································· 122
 三、主要内容讲解 ························································································ 122
 四、练习题 ································································································· 125

## 练习题参考答案及解析 ·························································································· 128

# 第一章 绪 论

## 一、学习要求

通过本章的学习,重点理解并掌握以下内容:

1. 高级财务会计的性质和特征;
2. 高级财务会计的产生和发展;
3. 高级财务会计形成的基础;
4. 高级财务会计研究的内容。

## 二、重点和难点

1. 重点:高级财务会计的性质、特征及形成基础。
2. 难点:高级财务会计的形成基础。

## 三、主要内容讲解

| | |
|---|---|
| 1. 高级财务会计的含义 | 　　高级财务会计是指随着社会经济的发展,对原有财务会计内容的补充、延伸和发展,是专门研究财务会计中特定领域的一门学科<br>　　高级财务会计之所以"高级",是因为它对特殊事项的会计处理,无论在假设和原则方面,还是在程序和方法方面,都是对中级财务会计的提升和突破<br>　　高级财务会计与会计学原理、中级财务会计共同构成了财务会计的内容 |
| 2. 高级财务会计的特征 | 　　与中级财务会计相比,高级财务会计具有以下特征:<br>(1) 研究的内容复杂、涉及的领域宽广、探讨的问题新颖<br>(2) 高级财务会计核算的事项主要表现为一些特殊的经济业务和特殊经营方式企业的特殊会计事项<br>(3) 高级财务会计还处于不断发展之中 |
| 3. 高级财务会计产生的根本原因 | 　　经济环境的变化是高级财务会计产生的根本原因。第二次世界大战之后,世界经济环境出现了很大的变化,这主要表现为企业间相互进行股权投资、通货膨胀严重、跨国经营普遍、衍生金融工具大量出现、企业合并、兼并以及破产席卷全球。这些经济环境的变化,导致了很多新的经济业务的出现,而原有的财务会计框架难以对这些业务进行处理,因此,高级财务会计应运而生 |
| 4. 高级财务会计产生的理论基础 | 　　高级财务会计产生于会计所处的客观经济环境的变化。客观经济环境的变化会使得会计环境发生重大变化,进而使得传统经济环境下形成的会计基本假设和会计处理原则受到严重冲击。客观经济环境的变化或改变使得有些会计假设被突破,有些会计假设被否定。客观经济环境发生变化所引起会计假设的松动是高级财务会计形成的基础<br>　　在客观经济环境变化下产生的新的会计业务尽管不符合传统会计假设的要求,但根据财务会计的目标以及会计信息的质量要求,这些会计业务也需要进行监督和反映,也需要在会计中进行处理并在财务报告中得到反映。因此,财务会计目标以及会计信息的质量要求是高级财务会计产生的理论基础 |

| | | (续表) |
|---|---|---|
| 5. 高级财务会计的发展 | | 高级财务会计产生后,经历了三个发展阶段:萌芽期、发展期以及成熟期<br>高级财务会计的萌芽期以对物价变动的会计处理为标志<br>高级财务会计发展期主要表现为对租赁、合并和合并报表以及物价变动等经济业务或事项的会计处理的规范上<br>高级财务会计成熟期表现为高级财务会计的基本内容、处理指导思想和方法都已基本形成,并得到了会计职业界的广泛认可与接受,成为一种会计惯例 |
| 6. 高级财务会计的内容 | | 在确定高级财务会计的内容和研究范围时,一般以经济事项与四项会计假设关系为理论基础,但同时也要考虑与中级财务会计的衔接。一般而言,高级财务会计主要包括以下五个方面的内容:<br>(1) 一般企业的特殊业务<br>(2) 特殊经营企业的业务<br>(3) 企业在某一特定时期的业务<br>(4) 特殊主体的业务<br>(5) 特殊组织形式的业务 |

## 四、练习题

高级财务会计产生的原因是什么?你认为应该如何确定高级财务会计的内容?

# 第二章　所得税会计

## 一、学习要求

通过本章的学习,重点理解并掌握以下内容:
1. 所得税会计产生的原因;
2. 永久性差异和时间性差异的含义和类型;
3. 资产负债表债务法的会计核算原理和程序;
4. 资产、负债计税基础的概念及其确定;
5. 暂时性差异的性质、类型及形成原因;
6. 递延所得税资产以及递延所得税负债的确认和计量;
7. 应纳税所得额和应交所得税的确定;
8. 所得税费用的确定及其会计处理。

## 二、重点和难点

1. 重点:所得税会计产生的原因;资产负债表债务法的原理及其具体运用;资产、负债计税基础的确定;可抵扣暂时性差异和应纳税暂时性差异的确定;递延所得税资产以及递延所得税负债的确认和计量;应纳税所得额和应交所得税的确定;所得税费用的确定及会计处理。

2. 难点:资产负债表债务法的原理;资产、负债计税基础的确定;可抵扣暂时性差异和应纳税暂时性差异的确定;递延所得税、应纳税所得额、应交所得税和所得税费用的确定及会计处理。

## 三、主要内容讲解

### (一) 所得税会计的含义及其与税法之间的差异

| 1. 所得税会计 | | | 所得税会计形成的原因在于会计和税法目标存在差异,这种差异会导致应纳税所得额和会计利润存在差异,对差异的处理就形成了所得税会计 |
|---|---|---|---|
| 2. 会计和税法之间的差异（利润表角度） | 永久性差异 | 概念 | 永久性差异是指在某一会计期间,会计准则与税法在计算收益、费用或损失时由于口径不同所产生的应纳税所得额与税前会计利润之间的差异。这种差异在本期发生,不会在以后各期转回 |
| | | 类型 | (1) 按会计准则规定核算时作为收益确认,但在计算应纳税所得额时不确认为收益,如国债利息收入 |
| | | | (2) 按会计准则规定核算时不作为收入确认,但在计算应纳税所得额时应作为收入,如将自己生产的产品对外捐赠 |
| | | | (3) 按会计准则规定核算时作为费用或损失确认,但计算应纳税所得额时不允许扣除的项目,如违反税收法规的罚款 |
| | | | (4) 按会计准则规定核算时不确认为费用或损失,在计算应纳税所得额时允许扣减的项目,如费用化的研发支出可加计扣除的金额 |

(续表)

| | | | |
|---|---|---|---|
| 2. 会计和税法之间的差异（利润表角度） | 时间性差异 | 概念 | 时间性差异是指税法与会计准则由于确认收益、费用或损失的时间不同而产生的税前会计利润与应纳税所得额之间的差异。时间性差异发生于某一会计期间，但会在以后的一期或若干期内转回 |
| | | 类型 | （1）企业取得的某项收益，会计在当期确认为收益，但按照税法规定应在以后期间确认为应纳税所得额，如交易性金融资产的公允价值变动收益 |
| | | | （2）企业发生的某项费用或损失，会计在当期确认为费用或损失，但按照税法规定应在以后期间应纳税所得额中扣减，如企业计提的产品质量保证支出、资产减值等 |
| | | | （3）企业取得的某项收益，会计在以后期间确认为收益，但按照税法规定应计入当期应纳税所得额，如房地产企业的预收商品房销售款 |
| | | | （4）企业发生的某项费用或损失，会计在以后期间确认为费用或损失，但按照税法规定可以从当期应纳税所得额中扣减，如税法按照加速折旧法计提折旧、会计按照直线法计提折旧 |
| 3. 会计和税法之间的差异（资产负债表角度） | 暂时性差异 | | 从资产负债表的角度出发，财务会计和税法存在的差异表现为资产和负债的账面价值与其计税基础之间的差异 |

▲ 学习时应注重永久性差异和暂时性差异的判断。

### （二）所得税会计的处理方法

根据是否确认时间性（或暂时性）差异对所得税的影响以及如何确认时间性（或暂时性）差异对所得税的影响，所得税费用的确认有不同的处理方法。所得税会计的处理方法如图 1-1 所示。

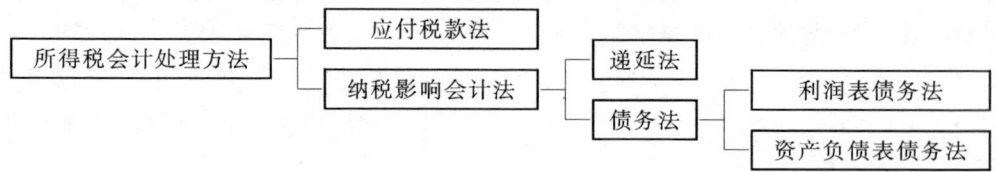

**图 1-1 所得税会计的处理方法**

所得税会计处理的三种方法比较如下：

| 项　目 | 应付税款法 | 利润表债务法 | 资产负债表债务法 |
|---|---|---|---|
| 对差异的确认 | 不确认差异的影响 | 确认时间性差异对所得税的影响 | 确认暂时性差异对所得税的影响 |
| 所得税费用构成 | 应交所得税 | 应交所得税＋递延税款发生额 | 应交所得税＋递延所得税 |
| 核算会计原则 | 收付实现制 | 权责发生制 | 权责发生制 |
| 会计理念 | | 收入费用观 | 资产负债观 |
| 会计处理 | 借：所得税费用<br>　贷：应交税费——应交所得税 | 借：所得税费用<br>　　递延税款（或贷）<br>　贷：应交税费——应交所得税 | 借：所得税费用<br>　　递延所得税资产（或贷）<br>　贷：应交税费——应交所得税<br>　　递延所得税负债（或借） |

## （三）应付税款法

| 1. 定义 | 应付税款法是按所得税税法规定的应纳税所得额和税率计算应交所得税金额,并在会计上按应交所得税金额确认为当期所得税费用的一种方法 |
|---|---|
| 2. 特点 | 在应付税款法下,本期所得税费用等于按照本期应纳税所得额与适用的所得税税率计算的应交所得税,即所得税费用等于本期的应交所得税 |
| 3. 计算 | 应纳税所得额＝会计利润＋（或－）永久性差异＋（或－）时间性差异＋（或－）其他调整<br>应交所得税＝应纳税所得额×当期适用的所得税税率 |
| 4. 会计处理 | 借：所得税费用<br>　　贷：应交税费——应交所得税 |
| 5. 适用范围 | 执行《小企业会计准则》的企业采用应付税款法 |

## （四）资产负债表债务法及其会计核算的一般程序

| 1. 定义 | 资产负债表债务法是从资产负债表出发,通过比较资产负债表中列示的资产、负债按照企业会计准则规定确定的账面价值与按照税法规定确定的计税基础,对于两者之间的差异区别为应纳税暂时性差异和可抵扣暂时性差异,确认相关的递延所得税负债与递延所得税资产,并在此基础上确定利润表中所得税费用的一种方法 |
|---|---|
| 2. 会计核算程序 | （1）确定资产和负债的账面价值<br>（2）确定资产和负债的计税基础<br>（3）确定应纳税暂时性差异和可抵扣暂时性差异<br>（4）确定递延所得税负债和递延所得税资产<br>（5）确定利润表中所得税费用 |

## （五）资产的计税基础及其确定

| 1. 资产计税基础的含义 | 资产的计税基础是指企业收回资产账面价值过程中,计算应纳税所得额时按照税法规定可以自应税经济利益中抵扣的金额,即某一项资产在未来期间计税时按照税法规定可以税前扣除的金额 |
|---|---|
| 2. 资产计税基础的确定 | 资产的计税基础＝该资产在未来期间可税前列支的金额<br>资产取得时的计税基础＝该资产初始确认的账面价值（成本）<br>某一资产负债表日资产的计税基础＝资产初始确认成本－该资产以前期间已税前列支的金额 |

3. 主要资产项目账面价值和计税基础的确定

| 项　　目 | | | 账　面　价　值 | 计　税　基　础 |
|---|---|---|---|---|
| （1）固定资产 | | | 成本－累计折旧（会计）－减值准备 | 成本－累计折旧（税法） |
| （2）无形资产 | 自行研发 | 加计扣除 | 成本－累计摊销（会计）－减值准备 | 成本×(1＋加计扣除率)－累计摊销（税法） |
| | | 据实扣除 | 成本－累计摊销（会计）－减值准备 | 成本－累计摊销（税法） |
| | 其他方式取得 | | 成本－累计摊销（会计）－减值准备 | 成本－累计摊销（税法） |
| （3）长期股权投资 | 成本法 | | 初始取得投资成本－减值准备 | 初始取得投资成本 |
| | 权益法 | | 期末的账面价值 | 初始取得成本 |

(续表)

| | | | |
|---|---|---|---|
| (4) 投资性房地产 | 公允价值模式 | 期末的公允价值 | 成本—累计折旧(税法) |
| | 成本模式 | 成本—累计折旧(会计)—减值准备 | 成本—累计折旧(税法) |
| (5) 交易性金融资产 | | 期末的公允价值 | 初始取得成本 |
| (6) 其他权益工具投资 | | 期末的公允价值 | 初始取得成本 |
| (7) 存货 | | 成本—存货跌价准备 | 成本 |
| (8) 应收账款 | | 账面余额—坏账准备 | 账面余额 |

▲ 学习时应注重主要资产项目计税基础的确定。

### (六) 负债的计税基础及其确定

| 1. 负债计税基础的含义 | 负债的计税基础,是指负债的账面价值减去未来期间计算应纳税所得额时按照税法规定可予抵扣的金额 |
|---|---|
| 2. 负债计税基础的确定 | 负债的计税基础＝账面价值—未来期间按照税法规定可予以税前扣除的金额 |

3. 主要负债项目账面价值和计税基础的确定

| 项　　目 | | 账面价值 | 计税基础 |
|---|---|---|---|
| (1) 预计负债 | 税法允许在发生时据实扣除(如企业确认产品质量保证费用) | 期末账面价值 | 0 |
| | 税法不允许扣除(如企业预计的担保损失) | 期末账面价值 | 等于期末账面价值 |
| (2) 预收账款 | 税法和会计确认收入时点一致 | 期末账面价值 | 等于期末账面价值 |
| | 税法和会计确认收入时点不一致 | 期末账面价值 | 0 |
| (3) 应付职工薪酬 | 超过税法扣除标准的部分在发生当期不允许税前扣除,在以后期间也不允许税前扣除 | 期末账面价值 | 等于期末账面价值 |
| (4) 其他负债(如借款、应付账款、应付票据等) | | 期末账面价值 | 等于期末账面价值 |

▲ 学习时应注重主要负债项目计税基础的确定。

### (七) 暂时性差异

| 1. 暂时性差异的概念 | 暂时性差异是指资产或负债的账面价值与其计税基础之间的差额<br>暂时性差异按其在未来转回期间对应税金额的影响,可分为应纳税暂时性差异和可抵扣暂时性差异 |
|---|---|
| 2. 应纳税暂时性差异 | 概念：应纳税暂时性差异是指在确定未来收回资产或清偿负债期间的应纳税所得额时,将导致产生应税金额的暂时性差异。该差异在未来期间转回时,会增加转回期间的应纳税所得额和应交所得税<br>应纳税暂时性差异产生当期应确认相关的递延所得税负债 |
| | 产生原因：(1) 资产账面价值大于其计税基础——产生应纳税暂时性差异<br>资产账面价值大于其计税基础,该项资产未来期间产生的经济利益不能全部税前扣除,两者之间的差额需要交税,产生应纳税暂时性差异 |

(续表)

| | | |
|---|---|---|
| 2. 应纳税暂时性差异 | 产生原因 | (2) 负债账面价值小于其计税基础——产生应纳税暂时性差异<br>负债账面价值小于其计税基础，则意味着该项负债在未来期间可以税前抵扣的金额为负数，即应在未来期间应纳税所得额的基础上增加，增加应纳税所得额和应交所得税，从而产生应纳税暂时性差异 |
| 3. 可抵扣暂时性差异 | 概念 | 可抵扣暂时性差异是指在确定未来收回资产或清偿负债期间的应纳税所得额时，将导致产生可抵减纳税所得的暂时性差异。该差异在未来期间转回时会减少转回期间的应纳税所得额和应交所得税<br>可抵扣暂时性差异产生当期——符合确认条件时，应确认相关的递延所得税资产 |
| | 产生原因 | (1) 资产账面价值小于其计税基础——产生可抵扣暂时性差异<br>从经济含义看，资产在未来期间产生的经济利益少，按照税法规定允许税前扣除的金额多，则企业在未来期间可以减少应纳税所得额并减少应交所得税 |
| | | (2) 负债账面价值大于其计税基础——产生可抵扣暂时性差异<br>一项负债账面价值大于其计税基础，意味着未来期间按照税法规定构成负债的全部或部分金额可以自未来应税经济利益中扣除，减少未来期间应纳税所得额和应交所得税 |
| 4. 特殊项目产生的暂时性差异 | | (1) 某些交易或事项发生以后，因为不符合资产、负债的确认条件而未体现为资产负债表中的资产或负债，但按照税法规定能够确定其计税基础的，其账面价值（零）与计税基础之间的差异也构成暂时性差异（如可在以后期间税前扣除的广告宣传费等） |
| | | (2) 对于按照税法规定可以结转以后年度的未弥补亏损及税款抵减，虽不是因资产、负债的账面价值与计税基础不同产生的，但本质上可抵扣亏损和税款抵减，与可抵扣暂时性差异具有同样的作用，均能够减少未来期间的应纳税所得额，进而减少未来期间的应交所得税。在会计处理上，与可抵扣暂时性差异的处理相同，符合条件的情况下，应确认与其相关的递延所得税资产 |

▲ 学习时应注重应纳税暂时性差异和可抵扣暂时性差异的判断。

### （八）递延所得税负债的确认和计量

| | | | |
|---|---|---|---|
| 1. 递延所得税负债的确认 | 应纳税暂时性差异在转回期间将增加未来期间的应纳税所得额和应交所得税，导致企业经济利益的流出，从其发生当期看，构成企业应付税金的义务，应作为递延所得税负债予以确认 | | |
| | (1) 一般原则 | | 除准则中明确规定可不确认递延所得税负债的情况以外，企业对于所有的应纳税暂时性差异均应确认相关的递延所得税负债。除直接计入所有者权益的交易或事项以及企业合并外，在确认递延所得税负债的同时，应增加利润表中的所得税费用 |
| | (2) 确认递延所得税负债的处理 | ① | 交易或事项发生时影响到会计利润或应纳税所得额的相关的所得税影响应作为利润表中所得税费用的组成部分 |
| | | ② | 与直接计入所有者权益的交易或事项相关的所得税影响，应增加或减少所有者权益（其他综合收益或者资本公积） |
| | | ③ | 企业合并产生的相关的递延所得税影响，应调整购买日应确认的商誉或是计入当期损益（营业外收入）的金额 |
| | (3) 不确认递延所得税负债的情况 | ① | 商誉的初始确认。因会计与税法划分标准不同，按照税法规定，在免税合并的情况下，税法不认可商誉的价值，即商誉的计税基础为0，两者之间的差额形成应纳税暂时性差异。但是，如确认该部分应纳税暂时性差异产生的递延所得税负债，则意味着将进一步增加商誉的价值。而商誉账面价值的增加还会进一步产生应纳税暂时性差异，使得递延所得税负债和商誉价值的变化不 |

(续表)

| | | |
|---|---|---|
| 1. 递延所得税负债的确认 | (3) 不确认递延所得税负债的情况 | 断循环。因此,对于企业合并中产生的商誉,其账面价值与计税基础不同形成的应纳税暂时性差异,准则规定不确认相关的递延所得税负债 |
| | | ② 除企业合并以外的其他交易或事项中,如果该交易或事项发生时既不影响会计利润,也不影响应纳税所得额,则所产生的资产、负债的初始确认金额与其计税基础不同,形成应纳税暂时性差异的,交易或事项发生时不确认相应的递延所得税负债<br>该类交易或事项在我国企业实务中并不多见 |
| | | ③ 与子公司、联营企业、合营企业投资等相关的应纳税暂时性差异,一般应确认相应的递延所得税负债,但同时满足以下两个条件时,不予确认:一是投资企业能够控制暂时性差异转回的时间;二是该暂时性差异在可预见的未来很可能不会转回 |
| 2. 递延所得税负债的计量 | (1) 递延所得税负债应以相关的应纳税暂时性差异与转回期间适用的所得税税率计量 | |
| | (2) 递延所得税负债的确认不要求折现 | |
| | 递延所得税负债的期末余额=应纳税暂时性差异期末余额×差异转回期间的适用税率 | |

▲ 学习时应注重递延所得税负债的具体确定及会计处理。

### (九) 递延所得税资产的确认和计量

| | | |
|---|---|---|
| 1. 递延所得税资产的确认 | (1) 一般原则 | 企业对于产生的可抵扣暂时性差异,在估计未来期间能够取得足够的应纳税所得额用以利用该可抵扣暂时性差异时,应当以很可能取得用来抵扣可抵扣暂时性差异的应纳税所得额为限,确认相关的递延所得税资产 |
| | | ① 递延所得税资产的确认应以未来期间可能取得的应纳税所得额为限<br>在可抵扣暂时性差异转回的未来期间内,企业无法产生足够的应纳税所得额用以抵减可抵扣暂时性差异的影响,使得与递延所得税资产相关的经济利益无法实现,该部分递延所得税资产不应确认;企业有明确的证据表明其于可抵扣暂时性差异转回的未来期间能够产生足够的应纳税所得额,进而利用该可抵扣暂时性差异的,则应以可能取得的应纳税所得额为限,确认相关的递延所得税资产<br>对与子公司、联营企业、合营企业等的投资相关的可抵扣暂时性差异,同时满足下列条件的,应当确认相关的递延所得税资产:一是暂时性差异在可预见的未来很可能转回;二是未来很可能获得用来抵扣可抵扣暂时性差异的应纳税所得额 |
| | | ② 按照税法规定可以结转以后年度的可抵扣亏损和税款抵减,应视同可抵扣暂时性差异处理。在预计可利用可弥补亏损或税款抵减的未来期间能够取得应纳税所得额时,应当以很可能取得的应纳税所得额为限,确认相应的递延所得税资产,同时减少确认当期的所得税费用 |
| | | ③ 企业合并中,按照会计规定确定的合并中取得各项可辨认资产、负债的入账价值与其计税基础之间形成可抵扣暂时性差异的,应确认相应的递延所得税资产,并调整合并中应予确认的商誉等 |
| | | ④ 与直接计入所有者权益的交易或事项相关的可抵扣暂时性差异,相应的递延所得税资产应计入所有者权益,如因其他权益工具投资公允价值下降而应确认的递延所得税资产等 |
| | (2) 不确认递延所得税资产的特殊情况 | 某些情况下,如果企业发生的某项交易或事项不是企业合并,并且交易发生时既不影响会计利润也不影响应纳税所得额,且该项交易中产生的资产、负债的初始确认金额与其计税基础不同,产生可抵扣暂时性差异的,准则中规定在交易或事项发生时不确认相应的递延所得税资产,如研发形成的无形资产允许加计扣除50%或75%形成的可抵扣暂时性差异 |

(续表)

| | | | |
|---|---|---|---|
| 2. 递延所得税资产的计量 | （1）适用税率 | | 确认递延所得税资产时，应估计相关可抵扣暂时性差异的转回时间，采用转回期间适用所得税税率为基础计算确定 |
| | | | 无论相关的可抵扣暂时性差异转回期间如何，递延所得税资产均不予折现 |
| | （2）递延所得税资产减值 | | 资产负债表日，企业应对递延所得税资产的账面价值进行复核。如果未来期间很可能无法获得足够的应纳税所得额用以利用递延所得税资产的利益，应当减记递延所得税资产的账面价值 |
| | | | 递延所得税资产的账面价值减记以后，继后期间根据新的环境和情况判断能够产生足够的应纳税所得额利用该可抵扣暂时性差异，使得递延所得税资产包含的经济利益能够实现的，应相应恢复递延所得税资产的账面价值 |
| | 递延所得税资产的期末余额＝可抵扣暂时性差异期末余额×差异转回期间的适用税率 | | |

▲ 学习时应注重递延所得税资产的具体确定及其会计处理。

### （十）所得税费用的确认与计量

| 1. 所得税费用的构成 | | 在资产负债表债务法下，利润表中的所得税费用由两个部分组成：当期所得税和递延所得税 |
|---|---|---|
| 2. 当期所得税 | 概念 | 当期所得税是指企业按照税法规定计算确定的针对当期发生的交易和事项，应缴纳给税务部门的所得税金额，即应交所得税，应以适用的税收法规为基础计算确定 |
| | 计算 | 当期所得税（应交所得税）＝应纳税所得额×当期适用税率<br>应纳税所得额＝会计利润＋按照会计准则规定计入利润表但计税时不允许前扣除的费用±计入利润表的费用与按照税法规定可予税前抵扣的费用金额之间的差额±计入利润表的收入与按照税法规定应计入应纳税所得额的收入之间的差额－税法规定不征税的收入±其他需要调整的因素 |
| | 会计处理 | 借：所得税费用——当期所得税费用<br>　　贷：应交税费——应交所得税 |
| 3. 递延所得税 | 概念 | 递延所得税是指企业在某一会计期间确认的递延所得税资产和递延所得税负债的综合结果，即按照准则规定应予确认的递延所得税资产和递延所得税负债在期末应有的金额相对于原已确认金额之间的差额，即递延所得税资产和递延所得税负债的当期发生额，但不包括计入所有者权益的交易或事项及企业合并的影响 |
| | 计算 | 递延所得税＝（递延所得税负债期末余额－递延所得税负债期初余额）－（递延所得税资产期末余额－递延所得税资产期初余额）<br>◆ 如果某项交易或事项按照会计准则规定应计入所有者权益，由该交易或事项产生的递延所得税资产或递延所得税负债及其变化亦应计入所有者权益，不构成利润表中的所得税费用 |
| | 会计处理 | 借：递延所得税资产<br>　　所得税费用——递延所得税费用<br>　　其他综合收益<br>　贷：递延所得税负债<br>或者<br>借：递延所得税负债<br>　　递延所得税资产<br>　贷：所得税费用——递延所得税费用<br>　　其他综合收益 |
| 4. 所得税费用 | 计算 | 利润表中应予确认的所得税费用为当期所得税和递延所得税两者之和，即：<br>所得税费用＝当期所得税＋递延所得税<br>◆ 计入当期损益的所得税费用或收益不包括企业合并和直接在所有者权益中确认的交易或事项产生的所得税影响。与直接计入所有者权益的交易或事项相关的递延所得税，应当计入所有者权益 |

▲ 学习时应注重当期所得税（应纳税所得额和应交所得税）和递延所得税的具体确定及会计处理。

## 四、练习题

### （一）单项选择题

1. 资产或负债的账面价值与其计税基础之间的差额，称为（  ）。
   A. 永久性差异　　　　　　　　　　B. 时间性差异
   C. 税务性差异　　　　　　　　　　D. 暂时性差异

2. 下列各种情形中，会产生可抵扣暂时性差异的有（  ）。
   A. 负债的账面价值大于其计税基础　　B. 资产的账面价值大于其计税基础
   C. 资产的账面价值等于其计税基础　　D. 负债的账面价值小于其计税基础

3. 甲公司2018年税前会计利润为310万元，某项固定资产税法按平均年限法计提折旧90万元，会计按年数总和法计提折旧180万元，适用的所得税税率为25%。2018年应交所得税为（  ）万元。
   A. 77.5　　　　B. 55　　　　C. 100　　　　D. 400

4. 一台设备的原值为200万元，在当期和以前期间已抵扣折旧费用40万元。假定税法折旧等于会计折旧。那么此时该项设备的计税基础为（  ）万元。
   A. 200　　　　B. 40　　　　C. 160　　　　D. 0

5. 甲公司于2017年年末以2 100万元取得一项投资性房地产，采用公允价值模式计量。2018年年末该项投资性房地产的公允价值为2 400万元。税法规定该投资性房地产按照30年计提折旧，假设不计残值。则在2018年年末该项投资性房地产的计税基础和账面价值分别为（  ）万元。
   A. 2 030和2 030　　B. 2 100和2 030　　C. 2 400和2 100　　D. 2 030和2 400

6. 甲公司于2018年1月1日用银行存款1 000万元购入3年期，到期时一次还本付息国债作为债权投资。该国债面值为1 000万元，票面利率为4.2%，实际利率也为4.2%。假定国债利息免交所得税。2018年12月31日该债权投资的计税基础为（  ）万元。
   A. 1 042　　　　B. 1 000　　　　C. 0　　　　D. 958

7. 甲公司在开始正常生产经营活动之前发生了1 000万元的筹建费用，在发生时已计入当期损益，按照税法规定，企业在筹建期间发生的费用，允许在开始正常生产经营活动之后5年内分期计入应纳税所得额。假定企业在2018年开始正常生产经营活动，当期税前扣除了200万元，那么该项费用支出在2018年年末的计税基础为（  ）万元。
   A. 0　　　　B. 800　　　　C. 200　　　　D. 1 000

8. 下列各项投资收益中，按税法规定免交所得税，在计算应纳税所得额时应予以调减的项目是（  ）。
   A. 国债利息收入　　　　　　　　　B. 股票转让净收益
   C. 处置固定资产净收益　　　　　　D. 公司债券转让净收益

9. 甲公司因为关联方提供债务担保确认了预计负债600万元。假定税法规定与该预计负债有关的损失不允许税前扣除，那么该项预计负债在当期期末的计税基础为（  ）万元。
   A. 600　　　　B. 0　　　　C. 300　　　　D. 无法确定

10. 甲公司为研制新产品、新技术发生研发支出共计1 000万元，其中资本化形成无形资产的为 600 万元。假设税法规定企业为开发新技术、新产品、新工艺发生的研究开发费用,未形成无形资产计入当期损益的,在按照规定据实扣除的基础上,按照研究开发费用的50%加计扣除;形成无形资产的,按照无形资产成本的150%摊销。甲公司2018年1月开始对该无形资产进行摊销。假定税法和会计均规定该无形资产按10年摊销。则2018年年末产生的暂时性差异为( )。

A. 0　　　　　　　　　　　　B. 可抵扣暂时性差异300万元
C. 应纳税暂时性差异270万元　　D. 可抵扣暂时性差异270万元

11. 直接计入所有者权益的交易或事项,相关资产、负债的账面价值与计税基础之间形成暂时性差异的,在确认递延所得税资产或递延所得税负债的同时,应计入( )。

A. 当期所得税　　B. 所得税费用　　C. 所有者权益　　D. 商誉

12. 下列项目中不属于可抵扣暂时性差异的是( )。

A. 计提产品保修费用
B. 计提存货跌价准备
C. 固定资产按照税法规定采用加速折旧方法,而会计采用直线法计提折旧
D. 计提无形资产减值准备

13. 甲公司采用资产负债表债务法核算所得税,2018年适用的所得税税率为15%,"递延所得税资产"账户的期初借方余额为300万元,2019年及以后年度适用的所得税税率为25%,2018年计提无形资产减值准备400万元,2018年年初已计提的存货跌价准备于本期转回200万元,2018年"递延所得税资产"账户的发生额为( )万元。

A. 贷方50　　B. 借方250　　C. 借方100　　D. 借方400

14. 下列各因素导致的差异中,属于永久性差异的是( )。

A. 计提存货跌价准备　　　　　B. 会计和税法计提折旧年限不同
C. 企业支付的税收罚款　　　　D. 交易性金融资产的公允价值变动收益

15. 下列事项中,会计准则规定应确认相应的递延所得税负债的有( )。

A. 商誉的初始确认
B. 其他权益工具投资产生的应纳税暂时性差异
C. 发生的既不影响会计利润,也不影响应纳税所得额的事项,形成的应纳税暂时性差异
D. 发生的既不影响会计利润,也不影响应纳税所得额的事项,产生的可抵扣暂时性差异

16. 甲公司2018年度实现利润总额2 000万元,资产减值准备年初余额为800万元,本年度计提资产减值准备300万元,冲销资产减值准备100万元。所得税采用资产负债表债务法核算,2018年起所得税税率为25%,而以前为15%。假定按税法规定,计提的各项资产减值准备均不得在应纳税所得额中扣除;2018年度除资产减值准备产生的暂时性差异外,无其他纳税调整事项;可抵扣暂时性差异转回时有足够的应纳税所得额可供抵扣。则甲公司2018年度发生的所得税费用为( )万元。

A. 500　　　　　　　　　　　　B. 550
C. 420　　　　　　　　　　　　D. 250

17. 在确定未来收回资产或清偿负债期间的应纳税所得额时,将导致产生应税金额的暂时性差异是( )。

A. 永久性差异　　　　　　　　B. 时间性差异
C. 应纳税暂时性差异　　　　　D. 可抵扣暂时性差异

18. 甲公司持有的某项其他权益工具投资,成本为200万元,会计期末,其公允价值为240万元,该企业适用的所得税税率为25%。期末该权益投资对所得税费用的影响额为( )万元。

   A. 66	B. 13.2	C. 79.2	D. 0

19. 甲公司2016年12月26日购入一台不需安装的设备,原价为3 000万元,预计净残值为0。税法规定的折旧年限为5年,会计上规定折旧年限为3年,均按直线法计提折旧。2018年1月1日,公司适用的所得税税率由25%降为15%。甲公司预计将来会产生足够的会计利润。除该事项外,无其他纳税调整事项。甲公司采用资产负债表债务法进行所得税会计处理。甲公司2018年年末资产负债表中的"递延所得税资产"项目的金额为( )万元。

   A. 12	B. 60	C. 120	D. 192

20. 甲公司采用资产负债表债务法进行所得税会计处理,所得税税率为25%。该企业2018年度利润总额为200万元,发生的应纳税暂时性差异为10万元,递延所得税期初余额为0。经计算,该企业2018年度应交所得税为30万元,则该企业2018年度的所得税费用为( )万元。

   A. 30	B. 32.5	C. 27.5	D. 50

21. 甲公司2018年实现税前利润500万元,本年度职工工资超过计税标准100万元,发生应纳税暂时性差异200万元。甲公司采用资产负债表债务法对所得税业务进行核算,所得税税率为25%,假设期初不存在暂时性差异。则2018年甲公司的净利润为( )万元。

   A. 250	B. 350	C. 125	D. 450

**(二)多项选择题**

1. 关于所得税的下列说法中,正确的有( )。
   A. 本期递延所得税资产发生额不一定会影响本期所得税费用
   B. 企业应将所有应纳税暂时性差异确认为递延所得税负债
   C. 企业应将所有可抵扣暂时性差异确认为递延所得税资产
   D. 资产的账面价值大于其计税基础产生应纳税暂时性差异
   E. 本期递延所得税负债发生额不一定会影响本期所得税费用

2. 下列表述中正确的有( )。
   A. 递延所得税资产的确认应以未来期间可能抵扣的应纳税所得额为限
   B. 按照税法规定可以结转以后年度的未弥补亏损和税款抵减,应视同可抵扣暂时性差异处理
   C. 与直接计入所有者权益的交易或事项相关的可抵扣暂时性差异,相应的递延所得税资产应计入所有者权益
   D. 因其他权益工具投资公允价值下降应确认递延所得税负债
   E. 资产负债表日,有确凿证据表明未来期间很可能获得足够的应纳税所得额用来抵扣可抵扣暂时性差异的,应当确认以前期间未确认的递延所得税资产

3. 下列项目中,可能使本期所得税费用减少的有( )。
   A. 本期应交所得税	B. 本期递延所得税资产借方发生额
   C. 本期递延所得税资产贷方发生额	D. 本期递延所得税负债借方发生额
   E. 本期递延所得税负债贷方发生额

4. 下列各种情形中,会产生应纳税暂时性差异的有(　　)。
   A. 资产的账面价值大于其计税基础    B. 资产的账面价值小于其计税基础
   C. 负债的账面价值大于其计税基础    D. 负债的账面价值小于其计税基础
   E. 可抵扣亏损

5. 下列有关计税基础的表述中,正确的有(　　)。
   A. 资产的计税基础＝资产的成本－以前期间已税前列支的金额
   B. 资产的计税基础＝资产的账面价值－以前期间已税前列支的金额
   C. 负债的计税基础＝账面价值－未来可税前列支的金额
   D. 负债的计税基础＝账面价值－以前期间已税前列支的金额
   E. 应付职工薪酬不会产生暂时性差异

6. 在不考虑其他影响因素的情况下,企业发生的下列交易或事项中,期末会引起"递延所得税资产"增加的有(　　)。
   A. 本期计提固定资产减值准备
   B. 本期转回存货跌价准备
   C. 本期发生净亏损,税法允许未来5年内在税前补亏
   D. 根据预计的未来将发生的产品售后保修费用,确认预计负债
   E. 本期取得国债利息收益

7. 下列各事项中,会产生暂时性差异的有(　　)。
   A. 对固定资产计提减值准备
   B. 期末其他权益工具投资的公允价值发生变动
   C. 企业的非公益性对外捐赠支出
   D. 企业违反合同协议而支付的违约金,尚未支付
   E. 企业预提产品质量保证费

8. 企业在确认递延所得税时,其应计入的项目可能有(　　)。
   A. 所得税费用              B. 商誉
   C. 其他综合收益            D. 投资收益
   E. 营业外收入

9. 以下关于递延所得税资产、负债的表述中,正确的有(　　)。
   A. 递延所得税资产的确认应以未来期间可能抵扣的应纳税所得额为限
   B. 确认递延所得税负债一定会增加利润表中的所得税费用
   C. 资产负债表日,应该对递延所得税资产进行复核
   D. 递延所得税资产或递延所得税负债的确认均不要求折现
   E. 除准则规定之外,应纳税暂时性差异应确认递延所得税负债

10. 下列各项目,在计算应纳税所得额时,应进行纳税调减的有(　　)。
    A. 期末其他权益工具投资公允价值上升
    B. 期末其他权益工具投资公允价值下降
    C. 期末交易性金融资产公允价值上升
    D. 期末计提存货跌价准备
    E. 期末确认国债利息收入

### (三) 判断题

1. 在资产负债表债务法下,期末递延所得税资产或递延所得税负债的余额等于期末所有暂时性差异与现行税率的乘积。（　　）
2. 购入交易性金融资产后,公允价值持续增加,这将形成可抵扣暂时性差异。（　　）
3. 对于可抵扣暂时性差异,应一律确认递延所得税资产。（　　）
4. 如果不存在暂时性差异,企业确认的本期所得税费用等于本期应交所得税。（　　）
5. 企业应当对递延所得税资产和递延所得税负债进行折现。（　　）
6. 按照现行会计准则规定,企业利润表的所得税费用等于当期应纳税所得额乘以所得税税率。（　　）
7. 企业在本期转回已确认的暂时性差异对所得税的影响金额时,应采用当期的现行税率。（　　）
8. 企业合并中产生的商誉,其账面价值与计税基础不同形成的应纳税暂时性差异,不应确认递延所得税负债。（　　）
9. 资产或负债账面价值与计税基础之间的差额产生的可抵扣暂时性差异,都应确认递延所得税资产。（　　）
10. 企业内部研发形成的无形资产,在初始确认时账面价值和计税基础之间存在差异,企业应确认相应的递延所得税。（　　）

### (四) 计算及会计处理题

1. 甲公司 2018 年开始对某项设备计提折旧。税法规定,该设备按 4 年采用直线法提取折旧,会计按 6 年采用直线法提取折旧,该项固定资产原值 120 万元,假设净残值为 0。甲公司 2018 年实现税前会计利润 300 万元,其中取得国债利息收益 20 万元。甲公司的所得税税率为 25%,无其他纳税调整事项。

要求:

计算 2018 年年末甲公司固定资产的账面价值、计税基础、暂时性差异及递延所得税负债（或资产）的发生额、应纳税所得额、应交所得税和所得税费用（列出计算过程）。

2. 甲公司持有某其他权益工具投资,成本为 80 000 元,2018 年年末该金融资产的公允价值为 100 000 元;甲公司 2018 年因产品售后服务确认了 100 000 元的预计负债。除上述项目外,甲公司其他资产和负债的账面价值与其计税基础之间不存在差异。甲公司 2018 年的会计利润为 600 000 元,适用的所得税税率为 25%。期初的递延所得税资产和递延所得税负债均无余额。

要求:

（1）计算应交所得税、应纳税暂时性差异、可抵扣暂时性差异、递延所得税资产和递延所得税负债及所得税费用项目金额。

（2）编制 2018 年确认递延所得税和所得税费用的会计分录。

3. 甲公司采用资产负债表债务法核算所得税。2017 年年初"递延所得税负债"账户的贷方余额为 50 万元（不是直接计入所有者权益的交易或事项所产生的）,适用所得税税率为 25%。根据税法规定,从 2018 年起,甲公司适用的所得税税率将由原来的 25% 调整为 15%。甲公司 2017 年新增应纳税暂时性差异 300 万元,转回期初的应纳税暂时性差异 100 万元。甲公司 2017 年的会计利润为 1 000 万元。

要求：

计算甲公司2017年"递延所得税负债"的本期发生额以及2017年应纳税所得额、应交所得税和所得税费用，并进行相应的会计处理。

4. 甲公司采用资产负债表债务法进行所得税会计的处理。2018年会计利润总额500万元，所得税税率为25%，甲公司2018年因交通违章被罚款2万元，业务招待费超支28万元，国债利息收入30万元，甲公司2018年年初"预计负债——应付产品质量担保费"余额为30万元，2018年提取了产品质量担保费15万元，同时支付了5万元的产品质量担保费。

要求：

计算甲公司2018年的应纳税所得额、应交所得税和所得税费用，并编制有关会计分录。

5. 甲公司适用的企业所得税税率为25%，2017年期初不存在暂时性差异。2017年和2018年相关资料如下：

(1) 2017年利润总额为800万元。甲公司当年会计与税收之间的差异包括以下事项：

① 取得国债利息收入100万元。

② 支付税款滞纳金50万元。

③ 交易性金融资产的成本为600万元，期末公允价值为650万元。

④ 本期计提存货跌价准备200万元。

⑤ 因售后服务预计负债100万元。

甲企业2017年12月31日资产负债表中部分项目的账面价值与计税基础情况如下：

单位：万元

| 项　　目 | 账　面　价　值 | 计　税　基　础 |
| --- | --- | --- |
| 交易性金融资产 | 650 | 600 |
| 存货 | 2 000 | 2 200 |
| 预计负债 | 100 | 0 |

(2) 2018年该企业的应纳税所得额为1 000万元，资产负债表中部分项目情况如下：

单位：万元

| 项　　目 | 账　面　价　值 | 计　税　基　础 |
| --- | --- | --- |
| 交易性金融资产 | 480 | 380 |
| 存货 | 270 | 280 |
| 预计负债 | 50 | 0 |
| 无形资产 | 200 | 300 |

其中无形资产是自行研发形成的无形资产。

要求：

(1) 计算确定2017年应纳税所得额、应交所得税、递延所得税资产和递延所得税负债。

(2) 计算确定2018年递延所得税资产和递延所得税负债。

(3) 编制2017年、2018年所得税费用会计分录。

6. 甲公司所得税采用资产负债表债务法核算，2018年所得税税率为25%。甲公司2018

年年初的递延所得税资产为 100 万元,递延所得税负债为 150 万元(递延所得税均非直接计入所有者权益的事项产生)。甲公司 2018 年实现利润 1 000 万元。2018 年甲公司发生以下业务:

(1) 3 月 10 日,购入 A 股票 10 万股,支付价款 120 万元,划为交易性金融资产;年末甲公司持有的 A 股票的市价为 100 万元。同时购入 B 股票 100 万股,支付价款 800 万元,划为其他权益工具投资,年末甲公司持有的 B 股票的市价为 1 000 万元。

(2) 12 月 31 日,无形资产账面价值 1 000 万元,预计可收回金额为 940 万元,该无形资产以前没有计提减值准备,会计和税法对该无形资产计提的摊销相同。

(3) 除上述业务产生的差异外,2018 年还因预计售后服务支出计提了 100 万元的预计负债,期初的应纳税暂时性差异在本期转回了 100 万元。

(4) 甲公司 2018 年实发工资超过税法扣除标准 1 000 万元,2018 年确认国债利息收入 160 万元,因违反环保规定支付罚款 200 万元,违反经营合同支付罚款 200 万元。

要求:

(1) 编制上述业务(1)、(2)有关的会计分录。

(2) 计算 2018 年应纳税所得额、应交所得税、递延所得税和所得税费用,并编制所得税核算的会计分录。

7. 甲股份有限公司(以下简称甲公司)系上市公司,2018 年 1 月 1 日递延所得税资产为 100 万元,递延所得税负债为 125 万元,这些暂时性差异均不是因为计入所有者权益的交易或事项产生的,适用的所得税税率为 25%。按照税法的相关规定,自 2019 年 1 月 1 日起,该公司适用的所得税税率变为 15%。甲公司预计会持续盈利,各年能够获得足够的应纳税所得额。2018 年利润总额为 1 000 万元,该公司 2018 年会计与税法之间的差异包括以下事项:

(1) 1 月 1 日,自证券市场购入当日发行的一项 5 年期到期还本付息国债,甲公司将该国债作为债权投资核算,当年确认利息收益 40 万元。税法规定,国债利息收入免交所得税。

(2) 因违反税收政策,需支付罚款 60 万元,款项尚未支付。

(3) 7 月 1 日,甲公司自证券市场购入某股票,支付价款 260 万元(假定不考虑交易费用)。甲公司将该股票作为交易性金融资产核算。12 月 31 日,该股票的公允价值为 300 万元。

(4) 9 月 1 日,甲公司自证券市场购入某股票,支付价款 150 万元(假定不考虑交易费用)。甲公司将该股票作为其他权益工具投资核算。12 月 31 日,该股票的公允价值为 100 万元。

(5) 12 月 31 日提取存货跌价准备 210 万元,期初存货跌价准备余额为 0 万元。

(6) 2018 年预计产品质量保证费用 50 万元,将其确认为预计负债,期初产品质量保证费用为 0。

(7) 2017 年末取得一项投资性房地产,成本为 1 800 万元,采用公允价值模式计量。2018 年年末其公允价值为 1 600 万元。该房产税法规定折旧年限为 30 年,净残值为 0。

(8) 2018 年共计提"应付职工薪酬"120 万元,按照税法规定,该企业允许税前扣除的合理职工薪酬为 100 万元。

(9) 2018 年 1 月 1 日存在的可抵扣暂时性差异在本期转回 100 万元,应纳税暂时性差异在本期转回 200 万元。

假定除上述所述事项外,无其他差异。

要求:

(1) 计算甲公司 2018 年度的应纳税所得额和应交所得税。

（2）计算甲公司2018年年末应纳税暂时性差异余额和可抵扣暂时性差异余额。

（3）计算甲公司2018年度应确认的递延所得税资产和递延所得税负债。

（4）计算甲公司2018年度应确认的所得税费用。

（5）编制甲公司2018年度确认所得税费用和递延所得税资产及递延所得税负债的会计分录。

# 第三章 外币业务会计

## 一、学习要求

通过本章的学习,重点理解并掌握以下内容:
1. 记账本位币及其确定;
2. 外币业务会计处理的两种方法;
3. 我国外币交易的会计核算;
4. 外币财务报表折算的基本方法;
5. 外币报表折算差额的会计处理;
6. 我国外币报表的折算方法。

## 二、重点和难点

1. 重点:选择记账本位币应考虑的因素;统账制下外币交易的会计处理;外币报表折算方法及折算差额的会计处理;我国外币报表的折算。
2. 难点:外币账户的期末调整;外币报表折算差额的会计处理。

## 三、主要内容讲解

### (一)记账本位币的确定

| | |
|---|---|
| 1. 记账本位币的概念 | 记账本位币是指企业经营所处的主要经济环境中的货币。这里的主要经济环境通常是指企业主要收取和支付现金的经济环境 |
| 2. 境外经营的概念 | 境外经营通常是指在境外的子公司、合营企业、联营企业、分支机构。当企业在境内的子公司、合营企业、联营企业或者分支机构选定的记账本位币不同于企业的记账本位币时,也应当视同境外经营 |

3. 确定记账本位币应考虑的因素

| 企业选择记账本位币一般考虑下列因素 | 境外经营记账本位币的确定,除考虑一般因素外,还应当考虑下列因素 |
|---|---|
| (1) 通常以该货币进行商品和劳务的计价和结算 | (1) 境外经营对其所从事的活动是否拥有很强的自主性 |
| (2) 以该货币进行商品和劳务所需人工、材料和其他费用的计价和结算 | (2) 境外经营活动中与企业的交易是否在境外经营活动中占有较大比重 |
| (3) 融资活动获得的资金以及保存从经营活动中收取款项所使用的货币 | (3) 境外经营活动产生的现金流量是否直接影响企业的现金流量、是否可以随时汇回 |
| | (4) 境外经营活动产生的现金流量是否足以偿还其现有债务和可预期的债务 |

## （二）外币交易中常用的汇率

| 1. 汇率的概念 | 汇率，又称为外汇汇价，是指两个国家的货币在指定时间相互交换的比价。汇率有直接标价法和间接标价法两种标价方法 |
|---|---|

2. 常用的汇率

| （1）市场汇率 | 市场汇率是指外汇市场上由交易双方的供求关系形成的汇率，这种汇率随市场行情的变化而上下波动 |
|---|---|
| （2）现行汇率 | 现行汇率是指企业将外汇款项记入账簿时，或编制财务报表时采用的汇率，因此，又称为记账汇率或编报汇率 |
| （3）历史汇率 | 历史汇率是相对于现行汇率而言的，是指最初取得外币资产、承担外币负债时记入账簿中的汇率，因此，又称为账面汇率 |
| （4）买入汇率 | 买入汇率（买入价）是指银行等在买进外汇时使用的汇率 |
| （5）卖出汇率 | 卖出汇率（卖出价）是指银行等在卖出外汇时使用的汇率 |
| （6）中间汇率 | 中间汇率是买入汇率与卖出汇率的平均值，也是买入价和卖出价的平均值 |
| （7）即期汇率 | 即期汇率是指外汇买卖的双方在成交后即期（原则上不超过两个工作日）办理交割业务时采用的汇率 |
| （8）远期汇率 | 远期汇率是订立远期外汇交易合同时的约定汇率 |

## （三）汇兑损益的概念及其内容

| 1. 汇兑损益的概念 | 汇兑损益是指将同一项目的外币资产或外币负债折合为记账本位币时，由于业务发生的时间不同，所采用的汇率不同而产生的记账本位币的差额，或者是不同货币兑换，由于两种货币采用的汇率不同而产生的折合为记账本位币的差额，它给企业带来的利得或损失，也是衡量企业外汇风险的一个指标 |
|---|---|

2. 汇兑损益的内容及含义

| （1）兑换损益 | 企业在将人民币兑换为外币或外币之间进行兑换时，由于实际兑换汇率与企业记账汇率或账面汇率不同而产生的汇兑损益 |
|---|---|
| （2）交易损益 | 企业发生的外币债权债务在结算时，由于时间的不同，汇率发生了变化使其折合为记账本位币的金额发生差额，而产生的汇兑损益 |
| （3）调整损益 | 期末对外币账户按期末即期汇率进行调整时，由于企业外币性账户的账面汇率与期末即期汇率不同，而产生的汇兑损益 |
| （4）折算损益 | 为了编制合并财务报表或为了重新表述会计记录和财务报表金额，而把外币计量单位的金额转换为按记账本位币计量的金额时所产生的汇兑损益 |

3. 已实现的汇兑损益与未实现的汇兑损益

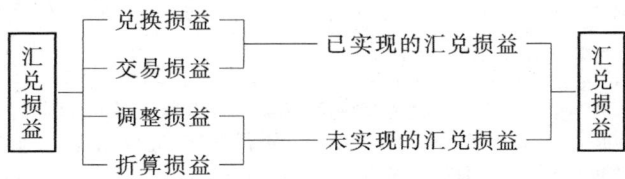

## （四）外币交易的会计处理方法

| | 含　义 | 处理原则 | 会计处理（以销售为例） |
|---|---|---|---|
| 1. 一项交易观 | 一项交易观认为，企业以外币结算的销售（或采购）和收款（或付款）业务是一个完整购销交易必不可少的两个阶段，只有在账款结算日，购销业务才算完成 | 汇率的变动直接调整采购物资的成本或者销售收入的金额。采购物资的成本或者销售收入的金额需要在结算时才能最终确定<br>该方法是收付实现制的反映 | 借：应收账款<br>　　贷：主营业务收入（销售时）<br>借或贷：应收账款<br>　　贷或借：主营业务收入（期末汇率变动）<br>借：银行存款<br>　　贷：应收账款<br>借或贷：主营业务收入（结算时） |
| 2. 两项交易观 | 两项交易观认为，购、销业务和账款结算是两项独立的交易，期末和结算日汇率发生变动，则形成"汇兑损益"，不影响购货成本或者销售收入的入账金额 | 汇率的变动直接计入当期损益（财务费用）。采购物资的成本或者销售收入的金额在交易发生时即可确定<br>该方法是权责发生制的反映 | 借：应收账款<br>　　贷：主营业务收入（销售时）<br>借或贷：应收账款<br>　　贷或借：财务费用（期末汇率变动）<br>借：银行存款<br>　　贷：应收账款<br>借或贷：财务费用（结算时） |

## （五）统账制下外币交易的会计处理

| | | |
|---|---|---|
| 1. 基本原理 | 对于发生的外币交易，应当将外币金额折算为记账本位币金额。外币交易应当在初始确认时，采用交易发生日的即期汇率将外币金额折算为记账本位币金额；也可以采用按照系统合理的方法确定的、与交易发生日即期汇率近似的汇率折算。特别提醒的是，对于外币账户来说，既要登记记账本位币金额，也要登记外币金额和采用的折算汇率 | |
| 2. 外币业务的会计处理 | | |
| （1）外币兑换业务 | 企业卖出外汇时，实际收入的记账本位币金额与付出的外币按当日市场汇率折算为记账本位币金额的差额，作为汇兑损益 | 借：银行存款——人民币<br>　　财务费用<br>　　贷：银行存款——××外币 |
| | 企业买入外汇时，实际付出的记账本位币金额与收取的外币按照当日市场汇率折算为本位币金额之间的差额，作为当期汇兑损益 | 借：银行存款——××外币<br>　　财务费用<br>　　贷：银行存款——人民币 |
| （2）以外币计价的购销业务 | 企业从国外或境外购进原材料、商品或引进设备时，按照即期或即期汇率的近似汇率将支付的外汇或应支付的外汇折算为人民币记账，以确定购入原材料等货物及债务的入账价值，同时按照外币的金额登记有关外币账户<br>▲注意　非外币账户：仅按当日即期汇率折算后的金额入账<br>　　　　外币账户：既要登记外币金额，也要登记本位币金额 | |
| （3）外币借款业务 | 企业借入外币时，按照借入外币时的市场汇率折算为记账本位币入账，同时按照借入外币的金额登记相关的外币账户 | |
| （4）投入外币投资 | 企业收到投资者以外币投入的资本，无论是否有合同约定汇率，均不采用合同约定汇率和即期汇率的近似汇率折算，而是采用交易发生日即期汇率折算。这样，外币投入资本与相应的货币性项目的记账本位币金额相等，不会产生外币资本折算差额 | |
| 3. 资产负债表日及结算日外币项目的会计处理 | | |
| （1）外币货币性项目的处理 | 货币性项目，是指企业持有的货币资金和将以固定或可确定的金额收取的资产或者偿付的负债。货币性资产包括库存现金、银行存款、应收账款、其他应收款、长期应收款等；货币性负债包括短期借款、应付账款、其他应付款、长期借款、应付债券、长期应付款等 | |

（续表）

| | | | |
|---|---|---|---|
| （1）外币货币性项目的处理 | 对于外币货币性项目账户，在资产负债表日应按照期末的即期汇率（即现行汇率）折合为记账本位币金额，按照期末即期汇率折合的记账本位币金额与原账面记账本位币的差额，作为汇兑损益，计入"财务费用"<br>某外币账户的汇兑损益＝期末外币余额×资产负债表日的即期汇率－（期初记账本位币余额＋本期外币增加发生额×折算汇率－本期外币减少发生额×折算汇率） | | 会计处理：<br>借：银行存款（或贷）<br>　　应收账款（或贷）<br>　　财务费用（差额）<br>　贷：应付账款（或借） |
| （2）外币非货币性项目的处理 | ① 非货币性项目，是指货币性项目以外的项目，包括存货、长期股权投资、固定资产、无形资产等 | | |
| | ② 以历史成本计量的外币非货币性项目，由于已在交易发生日按当日即期汇率折算，资产负债表日不应改变其原记账本位币金额，不产生汇兑差额 | | |
| | ③ 对以成本与可变现净值孰低计量的存货，如果其可变现净值以外币确定，则在确定存货的期末价值时，应先将可变现净值折算为记账本位币，再与以记账本位币反映的存货成本进行比较 | | |
| | ④ 以公允价值计量的外币非货币性项目，如交易性金融资产（股票、基金等），采用公允价值确定日的即期汇率折算，折算后的记账本位币金额与原记账本位币金额的差额，作为公允价值变动（含汇率变动）处理，计入当期损益；对于其他权益工具投资产生的差额，则计入其他综合收益 | | |

▲ 学习时应注重各种外币业务的会计处理和期末汇兑损益的确定。

## （六）外币报表的四种折算方法

| 折算方法 | 折算汇率的选择标准 | 资产负债表折算 | 利润表折算 |
|---|---|---|---|
| 1. 现行汇率法 | 资产、负债采用现行汇率折算 | 资产、负债项目采用现行汇率折算，所有者权益项目采用历史汇率折算 | 收入、费用一般采用平均汇率进行折算 |
| 2. 流动性与非流动性项目法 | 根据资产、负债的流动性来选择折算汇率 | 流动资产和流动负债采用现行汇率折算，非流动资产、非流动负债以及所有者权益项目采用历史汇率折算 | 折旧和摊销一般采用历史汇率折算，其他项目采用平均汇率折算 |
| 3. 货币性与非货币性项目法 | 根据货币性项目和非货币性项目来选择折算汇率 | 货币性资产和货币性负债采用现行汇率折算，非货币性资产与负债和所有者权益项目采用历史汇率折算 | |
| 4. 时态法 | 根据项目的计量属性来选择折算汇率 | 以现行成本（或价值）计量的项目采用现行汇率折算，以历史成本计量的项目采用历史汇率折算 | |

## （七）我国外币报表的折算

| | |
|---|---|
| 1. 资产负债表折算 | （1）资产和负债项目，采用资产负债表日的即期汇率折算<br>（2）所有者权益项目除"未分配利润"项目外，其他项目采用发生时的即期汇率折算<br>（3）外币报表折算差额，在编制合并财务报表时，应在合并资产负债表中所有者权益项目下作为"其他综合收益"项目列示 |
| 2. 利润表折算 | 利润表中的收入和费用项目，均采用交易发生日的即期汇率或即期汇率的近似汇率折算 |

*(续表)*

| | | |
|---|---|---|
| 3. 特殊项目的处理 | （1）少数股东应分担的外币财务报表折算差额,应并入少数股东权益<br>（2）母公司含有实质上构成对子公司（境外经营）净投资的外币货币性项目的情况下,在编制合并财务报表时,应对以下两种情况分别编制抵销分录：<br>① 实质上构成对子公司净投资的外币货币性项目以母公司或子公司的记账本位币反映,则该外币货币性项目产生的汇兑差额应转入"其他综合收益"<br>② 实质上构成对子公司净投资的外币货币性项目以母、子公司的记账本位币以外的货币反映,则应将母、子公司此项外币货币性项目产生的汇兑差额相互抵销,其差额计入"其他综合收益" | |
| 4. 境外经营的处置 | 企业在处置境外经营时,应当将资产负债表中所有者权益项目下列示的、与境外经营相关的外币报表折算差额,自所有者权益项目转入当期损益；部分处置境外经营的,应当按处置的比例将处置部分的外币报表折算差额,转入处置当期损益 | 会计处理为：<br>借（或贷）：其他综合收益<br>　贷（或借）：财务费用 |

▲ 学习时应注重我国外币报表的折算方法。

## 四、练习题

### （一）单项选择题

1. 根据我国《会计法》的规定,下列关于记账本位币的说法中不正确的是(　　)。
   A. 记账本位币是指企业经营所处的主要经济环境中的货币
   B. 企业的记账本位币只能是人民币
   C. 无论企业采用哪种货币作为记账本位币,编报的财务会计报告均应当折算为人民币
   D. 企业的记账本位币一经确定,不得随意变更

2. 下列关于记账本位币变更的说法中,符合我国《会计法》规定的是(　　)。
   A. 记账本位币变更时应当采用变更当期期初的市场汇率将所有的项目进行折算
   B. 企业的记账本位币变更产生的汇兑差额计入当期损益
   C. 记账本位币变更时应当采用变更日的即期汇率将所有的项目进行折算
   D. 记账本位币一经确定不得变更

3. 假设甲股份公司的记账本位币是人民币,对外币交易采用即期汇率折算。2月18日,与某外商签订注资协议,协议规定：外商将投入资本1 000 000美元,合同中约定的汇率是1美元＝6.25元人民币。5月18日,甲公司实际收到外商的投资额1 000 000美元,当日的即期汇率是1美元＝6.20元人民币。甲公司实际收到款项时应当进行的账务处理是(　　)。

    A. 借：银行存款——美元户　　（$1 000 000×6.25）　6 250 000
    　　贷：股本　　　　　　　　　　　　　　　　　　　6 250 000

    B. 借：银行存款——美元户　　（$1 000 000×6.20）　6 200 000
    　　贷：股本　　　　　　　　　　　　　　　　　　　6 200 000

    C. 借：银行存款——美元户　　（$1 000 000×6.20）　6 200 000
    　　　资本公积——股本溢价　　　　　　　　　　　　　　50 000
    　　贷：股本　　　　　　　　　　　　　　　　　　　6 250 000

    D. 借：银行存款——美元户　　（$1 000 000×6.25）　6 250 000
    　　贷：股本　　　　　　　　　　　　　　　　　　　6 200 000
    　　　资本公积——股本溢价　　　　　　　　　　　　　　50 000

4. 假设乙公司的记账本位币为美元,对外币交易采用交易发生日的即期汇率折算。2月15日出售价值为 300 000 美元的存货,当日的即期汇率为 1 美元＝6.3 元人民币。2月25日实际收到货款,当日的即期汇率为 1 美元＝6.28 元人民币。假定不考虑增值税等其他因素,下列说法中不正确的是(　　)。

   A. 2月15日应收账款的初始入账金额是 1 890 000 元人民币
   B. 2月15日应收账款的初始入账金额是 300 000 美元
   C. 2月25日实际收到款项时,银行存款的入账金额是 300 000 美元
   D. 2月25日实际收到款项时,应当计入财务费用的金额是 0

5. 按我国会计准则的规定,外币财务报表折算为人民币报表时,所有者权益变动表中的"未分配利润"项目应当(　　)。

   A. 按历史汇率折算
   B. 按即期汇率的近似汇率折算
   C. 根据折算后所有者权益变动表中的其他项目的数额计算确定
   D. 按即期汇率折算

6. 我国外币报表折算会计准则规定,下列项目中应当采用交易发生时的即期汇率或即期汇率的近似汇率折算的报表项目是(　　)。

   A. 银行存款　　B. 未分配利润　　C. 财务费用　　D. 应收账款

7. 我国关于归属于子公司少数股东的外币报表折算差额在合并财务报表中的列示,下列说法中正确的是(　　)。

   A. 在外币报表折算差额项目中反映
   B. 单独设置少数股东外币报表折算差额
   C. 将其并入少数股东权益列示于合并资产负债表
   D. 在资本公积项目下单独列示

8. 采用流动性与非流动性项目法折算外币资产负债表时,下列各项中,应按现行汇率折算的是(　　)。

   A. 存货　　B. 固定资产　　C. 实收资本　　D. 未分配利润

9. 设乙公司以人民币为记账本位币,对外币交易采用交易日的即期汇率折算。6月1日,以人民币购汇 100 000 美元,当日银行的美元买入价为 1 美元＝6.50 元人民币,中间价为 1 美元＝6.60 元人民币,卖出价为 1 美元＝6.70 元人民币。将人民币兑换成外币时所产生的汇兑收益是(　　)。

   A. 10 000 美元
   B. 20 000 美元
   C. −10 000 美元
   D. −10 000 元人民币

10. 对我国而言,"1 美元＝6.75 元人民币"的标价方法是(　　)。

    A. 收进标价法　　B. 直接标价法　　C. 功能标价法　　D. 间接标价法

11. 在以下四种外币报表折算方法中,(　　)最有利于保持原会计报表各项目之间的比例关系。

    A. 现行汇率法　　　　　　　　B. 流动与非流动项目法
    C. 货币与非货币性项目法　　　D. 时态法

12. 甲公司对外币业务采用业务发生日的市场汇率进行折算,按月计算汇兑差额。6月20日从境外购买零配件一批,价款总额为 500 万美元,货款尚未支付,当日的市场汇率为 1 美

元＝6.21元人民币。6月30日的市场汇率为1美元＝6.22元人民币。7月31日的市场汇率为1美元＝6.23元人民币。该外币债务7月份所发生的汇兑损失为（　　）万元人民币。

A. －10　　　　　　B. －5　　　　　　C. 5　　　　　　D. 10

13. 甲股份有限公司对外币业务采用交易发生日的即期汇率折算，按月结算汇兑损益。3月20日，甲股份有限公司从中国银行购入3 000 000美元，银行当日的美元卖出价为1美元＝6.25元人民币，当日的美元买入价为1美元＝6.20元人民币，当日市场汇率为1美元＝6.21元人民币。3月31日的市场汇率为1美元＝6.22元人民币。甲股份有限公司购入的该3 000 000美元于3月所产生的汇兑损益为（　　）万元人民币。

A. 3　　　　　　　B. 6　　　　　　　C. －9　　　　　　D. 9

14. 对于交易性金融资产采用公允价值确定日的即期汇率折算，折算后的记账本位币金额与原记账本位币金额的差额，计入（　　）。

A. 营业外支出　　　　　　　　　　B. 其他综合收益
C. 财务费用　　　　　　　　　　　D. 公允价值变动损益

15. 下列汇兑差额计入当期损益的是（　　）。

A. 其他权益工具投资　　　　　　　B. 外币应收账款
C. 外币专门借款资本化期间的汇兑差额　　D. 外币报表折算差额

16. 某公司的一个境外子公司记账本位币为欧元，期初折算汇率为1欧元＝10元人民币，期末折算汇率为1欧元＝10.4元人民币，该公司即期采用平均汇率对利润及其分配项目核算，期初未分配利润有100万欧元，折合人民币950万元，本期取得净利润200万欧元，计提盈余公积20万欧元，期末该企业折合后"未分配利润"项目的人民币金额应为（　　）万元。

A. 2 786　　　　　B. 2 990　　　　　C. 3 020　　　　　D. 1 836

17. 当境外经营全部或部分处置时，所有者权益中相应的外币报表折算差额应（　　）。

A. 转入财务费用　　　　　　　　　B. 转入投资收益
C. 不作账务处理　　　　　　　　　D. 直接转入利润分配

18. 我国外币报表折算中产生的外币报表折算差额，应反映在（　　）中。

A. 会计报表附注　　　　　　　　　B. 利润表
C. 资产负债表　　　　　　　　　　D. 现金流量表

19. 直接标价法下，汇率上升，产生汇兑收益的项目是（　　）。

A. 货币性资产　　　　　　　　　　B. 外币货币性资产
C. 货币性负债　　　　　　　　　　D. 外币货币性负债

20. 不论采用流动项目与非流动项目法，还是采用货币性与非货币性项目法折算外币报表，折算后的数值无差异的是（　　）。

A. 应收账款　　　　　　　　　　　B. 存货
C. 债权投资　　　　　　　　　　　D. 长期借款

### （二）多项选择题

1. 企业在确定记账本位币时应当考虑的因素有（　　）。

A. 该货币能够对商品和劳务所需人工、材料产生主要影响，通常以该货币进行这些费用的计价和结算

B. 该货币能够对企业商品和劳务销售价格起主要作用,通常以该货币进行商品和劳务销售价格的计价和结算

C. 融资活动获得资金时使用的货币

D. 企业保存从经营活动中收取款项所使用的货币

E. 企业的母公司所采用的记账本位币

2. 下列交易中,属于外币交易的有( )。

A. 买入以外币计价的商品或者劳务

B. 卖出以外币计价的商品或者劳务

C. 借入外币资金

D. 向国外销售以记账本位币计价和结算的商品

E. 向国外购买以记账本位币计价的原材料

3. 下列观点中,属于对外币业务会计处理方法的有( )。

A. 一项交易观  B. 两项交易观  C. 三项交易观  D. 四项交易观

E. 五项交易观

4. 假设某企业的记账本位币是美元,那么其发生的下列交易中不属于外币交易的有( )。

A. 以美元支付生产工人工资

B. 以人民币购买一项专利权

C. 在证券市场上购入以美元计价的股票1 000万股,作为交易性金融资产

D. 销售一批产品,以美元标价和结算

E. 卖出以港币标价的债券,取得价款5 000万港币

5. 下列关于外币交易会计处理的说法中正确的有( )。

A. 企业初始确认时应当采用交易日的即期汇率或即期汇率的近似汇率将外币金额折算为记账本位币金额

B. 期末应将所有项目的外币金额按照期末即期汇率计算汇兑差额

C. 期末应将所有货币性项目的外币金额按照期末即期汇率计算汇兑差额

D. 企业收到投资者以外币投入的资本,应当采用合同利率折算收到的外币金额

E. 企业收到投资者以外币投入的资本,应当采用即期汇率的近似汇率折算收到的外币金额

6. 下列项目中属于非货币性项目的有( )。

A. 银行存款  B. 应收账款  C. 存货  D. 其他应付款

E. 固定资产

7. 下列说法中,符合我国会计准则对外币报表折算规定的有( )。

A. 资产负债表中的资产项目,应当采用资产负债表日的即期汇率折算

B. 资产负债表中的所有者权益项目都应当采用交易发生时的即期汇率折算

C. 利润表中的项目都应当采用交易发生日的即期汇率或即期汇率的近似汇率折算

D. 外币报表折算差额应当在所有者权益项目下作为其他综合收益列示

E. 少数股东应分担的外币报表折算差额,应并入少数股东权益列示于合并资产负债表

8. 企业发生各类外币业务形成的汇兑差额,根据不同业务内容有可能计入的科目有( )。

A. 其他综合收益　　B. 研发支出　　C. 在建工程　　D. 财务费用
E. 生产成本

9. 外币会计报表的折算方法主要有（　　）。
A. 流动性与非流动性项目法　　B. 货币性与非货币性项目法
C. 现行汇率法　　　　　　　　D. 成本与市价孰低法
E. 时态法

10. 外币交易应当在初始确认时将外币金额折算为记账本位币金额,可以采用的汇率有（　　）。
A. 交易发生日的即期汇率
B. 按照系统合理的方法确定的、与交易发生日即期汇率近似的汇率
C. 与交易发生日即期汇率相差较大的汇率
D. 当汇率波动较大时,当年1月1日的汇率
E. 交易发生日的买入汇率

### （三）判断题

1. 按照我国会计准则的规定,确定企业是否为境外经营是以企业的位置是否在境外作为判断标准。（　　）
2. 汇兑损益是指将同一项目的外币资产或负债折合为记账本位币时,由于汇率变动而形成的差异额。（　　）
3. 对外币交易采用"两项交易观"进行会计处理时,交易发生日与报表编制日汇率变动的差额应该全部作当期损益处理。（　　）
4. 按照我国会计准则的规定,收到外币资本投资时,如需折算为记账本位币,有关资产账户按收到出资额当日的即期汇率折算。（　　）
5. 外币兑换损益是指企业实际进行货币兑换而形成的损益。（　　）
6. 所有的非货币性项目在期末均不需要重新折算。（　　）
7. 存货、应收账款、长期应收款以及短期借款、应付票据都属于货币性资产项目。（　　）
8. 如果将企业的销售与收款业务视为一个整体,只在实际收到货币资金时才确认销售的实现,就是"单一交易（或一笔业务）观",它的基础是权责发生制。（　　）
9. 我国会计准则规定,所有者权益所属项目中,除"未分配利润"项目外,其他项目均采用发生时的即期汇率折算。（　　）
10. 现行汇率法采用单一汇率对资产、负债项目进行折算,相当于各项目乘上一个常数,因而计算简便。（　　）

### （四）计算及会计处理题

1. 甲、乙、丙公司的记账本位币均为人民币。三家公司分别发生以下业务：

（1）甲公司与美国一公司签订合同,接受其250 000美元投资。签订合同时美元对人民币汇率为1美元＝6.24元人民币,实际收到美元投资款时美元对人民币汇率为1美元＝6.15元人民币。

（2）乙企业将100 000港元兑换成美元。兑换日银行美元买入价1美元＝6.20元人民币,卖出价1美元＝6.30元人民币;港元买入价1港元＝0.7元人民币,卖出价1港元＝0.8元人民币。兑换日美元的即期汇率（中间价）1美元＝6.25元人民币,港元的即期汇率（中间

价)1 港元＝0.75 元人民币。

（3）丙股份有限公司外币业务采用业务发生时的即期汇率折算。本期从中国银行借入港币 1 500 000 元,期限为 6 个月,用于生产经营,借入的港币暂存银行。借入时的即期汇率为 1 港元＝0.75 元人民币。

要求：

根据上述业务分别编制相关的会计分录。

2. 甲公司采用当日的市场汇率作为即期汇率对外币业务进行核算,并按月计算汇兑差额。期初有关外币账户的数额如下表所示：

| 项　　目 | 外币金额(美元) | 期初汇率 | 人民币金额(元) |
| --- | --- | --- | --- |
| 银行存款(借方) | 50 000 | 6.28 | 314 000 |
| 应收账款(借方) | 80 000 | 6.28 | 502 400 |
| 应付账款(贷方) | 60 000 | 6.28 | 376 800 |

该公司本期发生的有关经济业务如下(购销业务均不考虑增值税)：

（1）用银行存款归还应付账款 30 000 美元,当日美元对人民币的市场汇率为 1 美元＝6.31 元人民币。

（2）用人民币购买 10 000 美元,当日美元对人民币的市场汇率为 1 美元＝6.30 元人民币；当日银行美元的买入价为 1 美元＝6.28 元人民币,美元的卖出价为 1 美元＝6.32 元人民币。

（3）买入原材料一批,价款为 10 000 美元,当日美元对人民币的市场汇率为 1 美元＝6.29 元人民币,价款尚未支付。

（4）收回应收账款 50 000 美元,当日的美元对人民币的市场汇率为 1 美元＝6.30 元人民币。

（5）取得 50 000 美元短期借款,取得日美元对人民币的市场汇率为 1 美元＝6.29 元人民币。

期末美元对人民币的市场汇率为 1 美元＝6.30 元人民币。

要求：

（1）根据上述资料,编制所有业务的会计分录。

（2）编制期末调整外币账户余额及确认汇兑损益的会计分录。

3. 甲股份有限公司外币交易采用业务发生时的市场汇率进行折算,并按月计算汇兑损益。11 月 30 日,市场汇率为 1 美元＝6.2 元人民币。有关外币账户期末余额如下：

| 项　　目 | 外币账户金额($) | 汇　率 | 记账本位币金额(¥) |
| --- | --- | --- | --- |
| 银行存款 | 300 000 | 6.2 | 1 860 000 |
| 应收账款 | 100 000 | 6.2 | 620 000 |
| 应付账款 | 50 000 | 6.2 | 310 000 |
| 短期借款 | 100 000 | 6.2 | 620 000 |

甲股份有限公司12月份发生如下外币业务(假设不考虑有关税费)：

(1) 5日,对外赊销产品1 000件,每件单价100美元,当日的市场汇率为1美元=6.17元人民币。

(2) 12日,从国外进口原材料一批,价款共计100 000美元,款项尚未支付,当日的市场汇率为1美元=6.18元人民币。

(3) 15日,偿还期初应付账款50 000美元,当日的市场汇率为1美元=6.17元人民币。

(4) 18日,将100 000美元卖给银行,当日的买入汇率为1美元=6.10元人民币,卖出汇率为1美元=6.16元人民币;当日的市场汇率为1美元=6.13元人民币。

(5) 20日,收到12月5日赊销货款100 000美元,当日的市场汇率为1美元=6.15元人民币。

(6) 对乙公司的投资10万股(指定为其他权益工具投资)在12月31日的公允价值为10美元/股。该股票在11月30日的公允价值为9.5美元/股。

(7) 31日发现,A商品的成本为1 000 000元。国内没有同类该商品销售,该商品的国际价格为148 000美元。

(8) 31日,偿还借入的短期外币借款100 000美元,当日的市场汇率为1美元=6.16元人民币。

要求：

(1) 编制上述业务的会计分录。

(2) 计算期末汇兑损益并做出相关的账务处理。

4. 甲公司系M公司的境外全资子公司。M公司于2×19年年初投资160万美元设立甲公司；又于年中追加投资40万美元。年初投资时汇率为1美元=6元人民币,年中追加投资时汇率为1美元=6.2元人民币,第1季度末汇率为1美元=6.1元人民币,第2季度末汇率为1美元=6元人民币,第3季度末汇率为1美元=6.4元人民币,年末汇率为1美元=6.6元人民币,当年平均汇率为1美元=6.3元人民币。甲公司以美元反映的资产负债表简表如下：

**甲公司资产负债表简表(2×19年12月31日)**　　　　　单位：万元(美元)

| 资产 | 金额 | 负债及所有者权益 | 金额 |
| --- | --- | --- | --- |
| 流动资产 | 300 | 流动负债 | 380 |
| 长期投资 | 120 | 非流动负债 | 20 |
| 固定资产 | 150 | 所有者权益 | |
| 无形资产 | 30 | 实收资本 | 200 |
| 合计 | 600 | 合计 | 600 |

要求：

根据我国规定,将甲公司美元资产负债表折算为人民币资产负债表,并将折算汇率和人民币金额填入下表中。

**甲公司资产负债表简表(2×19年12月31日)** 单位：万元(人民币)

| 资　产 | 折算汇率 | 金　额 | 负债及所有者权益 | 折算汇率 | 金　额 |
|---|---|---|---|---|---|
| 流动资产 | | | 流动负债 | | |
| 长期投资 | | | 非流动负债 | | |
| 固定资产 | | | 所有者权益 | | |
| 无形资产 | | | 实收资本 | | |
| | | | 其他综合收益 | | |
| 合　计 | | | 合　计 | | |

5. 甲公司在美国有一子公司乙公司,于2×19年开始经营。乙公司采用美元记账并编制会计报表,该公司于2×19年12月31日结束的会计年度的利润及其分配情况详见下表。

**乙公司利润及收益分配情况表(2×19年度)** 单位：元

| 项　目 | 美元数额 | 折算汇率 | 人民币元数额 |
|---|---|---|---|
| 营业收入 | 50 000 | | |
| 营业成本 | 30 000 | | |
| 管理费用 | 5 000 | | |
| 销售费用 | 2 000 | | |
| 财务费用 | 3 000 | | |
| 利润总额 | 10 000 | | |
| 所得税费用 | 3 000 | | |
| 净利润 | 7 000 | | |
| 年初未分配利润 | 0 | | |
| 可分配利润合计 | 7 000 | | |
| 股利分配 | 3 000 | | |
| 年末未分配利润 | 4 000 | | |

又假设：

2×19年12月31日美元对人民币的即期汇率为1美元＝6.29元人民币。

2×19年美元对人民币的平均汇率为1美元＝6.26元人民币。

2×19年第四季度美元对人民币的平均汇率为1美元＝6.27元人民币。

股利支付日美元对人民币的即期汇率为1美元＝6.28元人民币。

要求：

按我国规定进行外币报表折算,并将有关数据直接填入上表中。

# 第四章 企业合并

## 一、学习要求

通过本章的学习,重点应理解并掌握以下内容:

1. 企业合并的界定及分类;
2. 权益结合法和购买法下的会计处理;
3. 同一控制下企业合并的会计处理及合并日合并财务报表的编制;
4. 非同一控制下企业合并的会计处理及合并日合并财务报表的编制。

## 二、重点和难点

1. 重点:权益结合法和购买法核算的基本原理;同一控制下企业合并和非同一控制下企业合并的会计处理及合并日合并财务报表的编制。
2. 难点:非同一控制下企业合并的会计处理及合并日合并财务报表的编制。

## 三、主要内容讲解

### (一) 企业合并及其分类

| | | |
|---|---|---|
| 1. 企业合并的定义 | \multicolumn{2}{l\|}{企业合并是指将两个或者两个以上单独的企业合并形成一个报告主体的交易或事项} |
| | 理解的关键——要看交易的对象是否构成业务;有关交易或事项发生前后,是否引起报告主体的变化 | |
| 2. 按照企业合并的法律形式分类 | 吸收合并 | 吸收合并也称兼并,是指一家企业通过发行股票、支付现金或其他资产、发行债券等方式取得另一家或几家企业的全部净资产,参与合并的企业在合并后,只有前者(合并方)保持原有的法人地位,其他企业(被合并方)丧失其原有法人资格,不再存在<br>表达式:A公司+B公司=A公司 |
| | 新设合并 | 新设合并也称创立合并,是指两家或两家以上的企业联合成立一个新的企业,用新企业的股份交换原来各企业的股份。合并后,新企业作为一个法人机构存在,原来各企业均失去法人资格,新企业在接受已解散的原企业资产的同时,也承担其债务<br>表达式:A公司+B公司=C公司 |
| | 控股合并 | 控股合并是指一家企业通过支付现金或其他资产、发行股票或债券的方式取得另一家企业全部或部分有表决权的股份,从而达到能够对被投资企业(被合并方)实施控制的企业合并形式。合并后,参与合并的两家企业仍然保持其独立的法人地位,但合并方与被合并方之间形成了母子公司关系,合并方需要编制合并财务报表<br>表达式:A公司+B公司=A公司+B公司 |

(续表)

| | | |
|---|---|---|
| 3. 按照合并企业所涉及的行业分类 | 横向合并 | 横向合并也称水平合并,是指合并双方或多方原来属于同一个行业,或生产工艺、产品、劳务相同或相似的企业之间合并,如中国吉利控股集团与瑞典沃尔沃汽车公司的合并 |
| | 纵向合并 | 纵向合并也称垂直合并,是指生产工艺、产品、劳务虽不相同或相近,但相互之间具有前后联系的企业间合并 |
| | 混合合并 | 混合合并也称多种经营合并、多元化合并,是指合并双方的生产工艺、产品、劳务没有内在联系的企业间合并 |
| 4. 按是否受同一方最终控制分类 | 同一控制下的企业合并 | 同一控制下的企业合并是指参与合并的企业在合并前后均受同一方或相同的多方最终控制且该控制并非暂时性的(超过1年) |
| | 非同一控制下的企业合并 | 非同一控制下的企业合并是指参与合并各方在合并前后不受同一方或相同的多方最终控制的合并交易,即除判断属于同一控制下企业合并的情况以外的其他企业合并 |

### (二) 企业合并的会计处理方法

#### 1. 权益结合法

| | | |
|---|---|---|
| (1) 含义 | | 权益结合法也称权益联合法、股权合并法、权益联营法,是指将企业合并视为参与合并的各企业所有者(或股东)权益的结合,而非企业资产的购买。合并后,股东在新企业中的股权相对不变 |
| (2) 特点 | ① 合并的实质不属于交易 | 权益结合法的实质是将企业合并视为参与合并的各个企业原有的股东权益在新的合并主体中的联合和继续,而不是作为企业之间发生的一项购买交易 |
| | ② 不产生新的计价基础 | 权益结合法下,参与合并的企业的资产、负债均按其原来的账面价值计价 |
| | ③ 不单独确定和分配合并成本 | 在权益结合法下,不存在购买关系,不需要确认和分配购买成本,而企业合并过程中所发生的所有相关的直接费用和间接费用,均计入合并当期损益 |
| | ④ 不确认商誉 | 权益结合法要求按被合并方净资产的账面价值入账,因此不涉及商誉的确认 |
| | ⑤ 股东权益的调整 | 权益结合法要求合并方在合并中取得的净资产或股权,按被合并方净资产的账面价值或被合并方净资产账面价值的份额作为入账价值,其与合并方支付的合并对价(换出股票的面值加上支付的现金或其他非现金资产等的账面价值)之间的差额,应调整股东权益;同时,应按取得的股权比例将被合并方留存收益并入合并方合并后的留存收益中 |
| | ⑥ 参与合并各方当年净损益均作为合并方的损益 | 不论合并发生在会计期间内的哪个时点,参与合并各方自期初至合并日的损益均应包括在合并后企业的利润表中 |

(续表)

| | | |
|---|---|---|
| （3）会计处理要点 | 合并后所有者权益总额不变。合并方发行股票面值总额与被合并方资本数额（股本＋资本公积）的差额应分别不同情况处理 | 吸收合并下，合并方取得被合并方的资产、负债均按其原账面价值入账，合并前后资产、负债总额保持不变 |
| | | 控股合并下，合并方在合并中取得被合并方的股权应按享有被合并企业净资产账面价值的份额作为入账价值 |
| | | 当合并方发行股票面值总额小于被合并方账面资本数额（股本＋资本公积）时，其差额增加合并方的资本公积，被合并方的留存收益继续保持 |
| | | 当合并方发行股票面值总额大于被合并方账面资本数额时，其差额应当冲减合并方的资本公积（股本溢价），资本公积（股本溢价）不足以冲减的部分冲减留存收益 |

### 2. 购买法

| | | |
|---|---|---|
| （1）含义 | | 购买法也称购受法、收买法，是将企业合并视为一家企业购买另一家或几家企业的行为 |
| （2）特点 | ① 合并的实质是一项交易 | 购买法将企业合并看作是一个企业（购买方）购买另一个企业（被购买方）净资产和经营的控制权的一项交易，该交易与企业购买固定资产、存货等其他资产相类似 |
| | ② 会产生新的计价基础 | 购买法下企业合并的交易性质，决定了企业合并应以公允价值作为计价基础 |
| | ③ 需要确定和分配合并成本 | 在购买法下，应按购买成本作为合并成本。购买成本按购买日支付的现金或非现金资产、发行的权益性证券或承担的负债的公允价值加以确定，同时，要将合并成本在取得的可辨认资产和负债中进行分配 |
| | ④ 要确认商誉或负商誉 | 当购买方支付的购买成本大于被购买方可辨认净资产（可辨认资产减可辨认负债的差额）的公允价值时，其差额确认为商誉；购买方支付的购买成本小于被购买方可辨认净资产的公允价值时，其差额确认为负商誉 |
| | ⑤ 被购买方自期初至购买日的净损益的处理 | 在购买法下，购买方合并当年的净损益仅包括购买方当年实现的净损益以及被购买方自购买日后当年实现的净损益中购买方应享有的份额，不包括被购买方自期初至购买日的净损益 |
| | ⑥ 不保留被购买方的留存收益，被购买方的留存收益包含在购买成本中 | |
| （3）会计处理要点 | ① 购买成本的确定 | 购买法下，购买方需要单独确定合并成本，并将合并成本在取得的可辨认资产和承担的负债之间进行适当分配 |
| | ② 被购买方可辨认净资产公允价值的确定 | 购买成本的分配主要是指将购买成本按被购买方各项可辨认资产、负债在合并日的公允价值确定 |
| | ③ 商誉的确认、计量及其会计处理 | 商誉是指购买方支付的购买成本大于（或小于）所取得的被购买方可辨认净资产公允价值的差额 |

| | 商誉的会计处理方法 | 分期摊销法 |
|---|---|---|
| | | 直接冲销法 |
| | | 永久保留法 |
| | 负商誉的会计处理方法 | 抵减非流动资产的价值 |
| | | 直接计入资本公积 |
| | | 计入当期损益（我国采用该方法） |

▲ 学习时应重点理解和掌握权益结合法和购买法的特点及具体会计处理,以及两种方法的异同。

**3. 权益结合法与购买法的比较**

| | 购 买 法（1） | 权益结合法（2） | 比　　较 |
|---|---|---|---|
| 计量基础 | 公允价值 | 账面价值 | |
| 净资产 | 被合并方净资产按购买日公允价值计量 | 被合并方净资产按账面价值计量 | (1)＞(2) |
| 合并商誉 | 合并成本大于享有被合并方可辨认净资产公允价值份额的差额作为合并商誉 | 无商誉 | (1) 有商誉<br>(2) 无商誉 |
| 合并留存收益 | 仅包括被合并方合并后留存收益 | 包括被合并方所有累积留存收益 | (1)＜(2) |
| 合并净收益 | 仅包括被合并方合并后净收益 | 包括被合并方合并当期整个会计期间的净收益 | (1)＜(2) |

▲ 上述比较中,假设被合并方的收益与留存收益均为正数。

### （三）同一控制下企业合并的会计处理

| | | | |
|---|---|---|---|
| 1. 同一控制下企业合并的处理原则 | (1) 合并方在合并中确认取得的被合并方的资产、负债仅限于被合并方账面上原已确认的资产和负债,合并中不产生新的资产和负债 | | |
| | (2) 合并方在合并中取得的被合并方各项资产、负债应维持其在被合并方的原账面价值不变 | | |
| | (3) 合并方在合并中取得的净资产的入账价值相对于为进行企业合并支付的对价账面价值之间的差额,不作为资产的处置损益,不影响合并当期利润表,有关差额应调整所有者权益相关项目 | | |
| | (4) 参与合并各方在合并以前期间实现的留存收益应体现为合并财务报表中的留存收益 | | |
| 2. 同一控制下控股合并的会计处理 | （1）长期股权投资的确认和计量 | 合并方应在合并日按照所取得的被合并方在最终控制方合并财务报表中的净资产的账面价值的份额作为长期股权投资的初始投资成本<br>借：长期股权投资　（应享有被合并方所有者权益账面价值的份额）<br>　　应收股利　（享有被投资单位已宣告但尚未发放的现金股利或利润）<br>　贷：有关资产　（支付的合并对价的账面价值）<br>　　资本公积　（初始投资成本与支付的现金、非现金资产的差额）<br>（或借资本公积,资本溢价或股本溢价的余额不足冲减的,相应调整留存收益） | |
| | （2）合并日合并财务报表的编制 | 种类 | 同一控制下的企业在合并日需要编制合并资产负债表、合并利润表及合并现金流量表 |
| | | 编制步骤 | 同一控制下的企业合并,在编制合并日合并财务报表时,可按以下步骤进行:<br>第一步,加总——将合并方与被合并方个别报表相关项目的数字进行加总<br>第二步,抵销——将合并方与被合并方之间发生的内部交易予以抵销（编制抵销分录）<br>第三步,调整——以合并方资本公积(资本溢价或股本溢价)账面贷方余额为限,将被合并方在合并前实现的留存收益中归属于合并方的部分自"资本公积"调整转入"盈余公积"和"未分配利润"项目（编制调整分录）<br>第四步,计算合并数（编制合并财务报表） |
| | | 资产负债表 | 被合并方的有关资产、负债应以其账面价值并入合并财务报表。合并方与被合并方在合并日及以前期间发生的交易,应作为内部交易进行抵销<br>① 合并方账面资本公积(资本溢价或股本溢价)贷方余额大于被合并方 |

| | | | |
|---|---|---|---|
| 2. 同一控制下控股合并的会计处理 | （2）合并日合并财务报表的编制 | 资产负债表 | 在合并前实现的留存收益中归属于合并方的部分，在合并资产负债表中，应将被合并方在合并前实现的留存收益中归属于合并方的部分自"资本公积"转入"盈余公积"和"未分配利润"：<br>借：资本公积　（被合并方合并前实现的留存收益×合并方持股比例）<br>　　贷：盈余公积　（被合并方合并前的盈余公积×合并方持股比例）<br>　　　　未分配利润（被合并方合并前的未分配利润×合并方持股比例）<br>② 合并方账面资本公积（资本溢价或股本溢价）贷方余额小于被合并方在合并前实现的留存收益中归属合并方的部分，在合并资产负债表中，应以合并方资本公积（资本溢价或股本溢价）的贷方余额为限，将被合并方在企业合并前实现的留存收益中归属于合并方的部分自"资本公积"转入"盈余公积"和"未分配利润"。合并方应当在会计报表附注中对这一情况进行说明 |
| | | 合并利润表 | ① 包含合并方及被合并方自合并当期期初至合并日实现的净利润<br>② 双方在当期所发生的交易，应当按照合并财务报表的有关原则进行抵销<br>③ 合并方在合并利润表中的"净利润"项下应单列"其中：被合并方在合并前实现的净利润"项目，反映因同一控制下企业合并规定的编表原则，导致由于该项企业合并自被合并方在合并当期带入的损益情况 |
| 3. 同一控制下吸收合并的会计处理 | （1）合并中取得资产、负债入账价值的确定 | | 按照相关资产、负债在被合并方的原账面价值入账 |
| | （2）合并差额的处理 | | 差额＝净资产入账价值－支付的现金、非现金资产账面价值、发行股份面值总额<br>差额应调整资本公积（资本溢价或股本溢价），资本公积（资本溢价或股本溢价）的余额不足冲减的，应冲减盈余公积和未分配利润 |
| 4. 合并方为进行企业合并发生的有关费用的处理 | （1）同一控制下企业合并进行过程中发生的各项直接相关费用，应于发生时费用化，计入当期损益（管理费用） | | |
| | （2）以发行债券方式进行的企业合并，与发行债券相关的佣金、手续费等应计入负债的初始计量金额中。折价发行的，应增加折价的金额；溢价发行的，应减少溢价的金额 | | |
| | （3）发行权益性证券作为合并对价的，与所发行权益性证券相关的佣金、手续费等应自所发行权益性证券的发行收入中扣减；溢价发行的，自溢价收入中扣除；发行无溢价或溢价金额不足以扣减的，冲减留存收益（盈余公积和未分配利润） | | |

▲ 学习时应重点掌握同一控制下控股合并的会计处理和合并财务报表的编制，掌握同一控制下吸收合并的具体会计处理。

### （四）非同一控制下企业合并的会计处理

**1. 非同一控制下企业合并的会计处理原则**

| （1）确定购买方 | 购买方是指在企业合并中取得对另一方或多方控制权的一方。具体可从以下两方面来认定：<br>一是企业合并中一方取得了另一方半数以上有表决权股份的，除非有明确的证据表明不能形成控制，一般认为取得另一方半数以上表决权股份的一方为购买方<br>二是投资方持有被投资方半数或以下表决权，但通过与其他表决权持有人之间的协议能够控制半数以上表决权，一般也可以认为其获得了对另一方的控制权。持有半数或半数以下表决权的投资方，还应综合考虑下列事实和情况，以判断其持有的表决权与相关事实和情况相结合是否拥有对被投资方的控制权。① 投资方持有的表决权份额相对于其他投资 |
|---|---|

(续表)

| | | | | |
|---|---|---|---|---|
| (1) 确定购买方 | | 方持有的表决权份额的大小,以及其他投资方持有表决权的分散程度;② 投资方和其他投资方持有的潜在表决权;③ 其他合同安排产生的权利;④ 其他相关事实或情况等 | | |
| (2) 确定购买日 | | ① 企业合并合同或协议已获股东大会等内部权力机构通过<br>② 合并事项需要经过国家有关主管部门审批的,已获得相关部门的批准<br>③ 参与合并各方已办理了必要的财产权交接手续<br>④ 购买方已支付了购买价款的大部分(一般应超过50%),并且有能力支付剩余款项<br>⑤ 购买方实际上已经控制了被购买方的财务和经营政策,并享有相应的收益及承担相应的风险 | | |
| (3) 确定企业合并成本 | ① 一次交易实现的企业合并 | 企业合并成本包括购买方为进行企业合并支付的现金或非现金资产、发行或承担的债务、发行的权益性证券等在购买日的公允价值 | | |
| | ② 通过多次交换交易分步实现的企业合并 | 在购买方个别财务报表中,应当以购买日之前所持被购买方的股权投资的账面价值与购买日新增投资成本之和,作为该项投资的初始投资成本。购买日之前持有的股权投资,根据《企业会计准则第22号——金融工具确认和计量》进行会计处理的,应当将按照该准则确定的股权投资的公允价值加上新增投资成本之和,作为按成本法核算的初始投资成本 | | |
| | | 在合并财务报表中以购买日之前所持被购买方股权于购买日的公允价值与购买日支付对价的公允价值之和,作为合并成本 | | |
| | ③ 合并费用的处理 | 非同一控制下企业合并进行过程中发生的各项直接相关费用,应于发生时费用化计入当期损益(管理费用) | | |
| | | 以发行债券方式进行的企业合并,与发行债券相关的佣金、手续费等应计入负债的初始计量金额中。折价发行的,应增加折价的金额;溢价发行的,应减少溢价的金额 | | |
| | | 发行权益性证券作为合并对价的,与所发行权益性证券相关的佣金、手续费等应自所发行权益性证券的发行收入中扣减;溢价发行的,自溢价收入中扣除;发行无溢价或溢价金额不足以扣减的,冲减留存收益 | | |
| | ④ 或有对价的处理 | 购买方应当将合并协议约定的或有对价作为企业合并转移对价的一部分,按其在购买日的公允价值计入企业合并成本。符合资产定义并满足资产确认条件的,购买方应当将符合合并协议约定条件的、对已支付合并对价中可收回部分的权利确认为一项资产 | | |
| (4) 企业合并成本在取得的可辨认资产和负债之间的分配 | ① 控股合并 | 购买方在其个别财务报表中应确认所形成的对被购买方的长期股权投资,该长期股权投资所代表的是购买方在合并中取得的对被购买方各项资产、负债中享有的份额,具体体现在合并财务报表中应列示的有关资产、负债的公允价值 | | |
| | ② 吸收合并 | 购买方在企业合并中取得的被购买方各项可辨认资产和负债,要作为本企业的资产、负债进行确认,并按各项资产、负债在购买日的公允价值进行计量 | | |
| (5) 企业合并成本与合并中取得的被购买方可辨认净资产公允价值份额差额的处理 | ① 合并成本大于份额的差额 | 控股合并 | 该差额是指在合并财务报表中应予列示的商誉 | |
| | | 吸收合并 | 该差额是购买方在其账簿及个别财务报表中应确认的商誉 | |
| | ② 合并成本小于份额的差额 | 控股合并 | 该差额应体现在合并当期的合并利润表中,不影响购买方的个别利润表 | |
| | | 吸收合并 | 该差额应计入购买方的合并当期的个别利润表(营业外收入) | |

(续表)

| | | |
|---|---|---|
| (6) 购买日合并财务报表的编制 | 非同一控制下的控股合并,购买日只编制合并资产负债表,不编制利润表和现金流量表 | |
| | ① 在合并资产负债表中,合并中取得的被购买方各项可辨认资产、负债应以其在购买日的公允价值计量<br>② 长期股权投资的成本大于合并中取得的被购买方可辨认净资产公允价值份额的差额,体现为合并财务报表中的商誉<br>③ 长期股权投资的成本小于合并中取得的被购买方可辨认净资产公允价值份额的差额,应计入合并利润表中作为合并当期损益<br>④ 因购买日不需要编制合并利润表,该差额体现在合并资产负债表上,应调整合并资产负债表的盈余公积和未分配利润 | |

**2. 非同一控制下控股合并的会计处理**

| | | |
|---|---|---|
| (1) 长期股权投资的初始投资成本确定 | 按照合并成本(不包括应自被投资单位收取的现金股利或利润)作为形成的对被购买方长期股权投资的初始投资成本。其会计处理为:<br>借:长期股权投资<br>　　应收股利　　(已宣告但尚未发放的股利)<br>　　管理费用　　(相关直接费用)<br>　贷:银行存款等 | |
| (2) 计算确定商誉 | 合并商誉=企业合并成本-合并中取得被购买方可辨认净资产公允价值的份额 | |
| (3) 购买日合并财务报表的编制步骤 | 第一步:加总 | 将购买方与被购买方个别财务报表各项目的数字录入合并工作底稿,并进行加总 |
| | 第二步:调整<br>(编制调整分录) | 借:存货　　(公允价值大于账面价值的差额)<br>　　固定资产<br>　　无形资产等<br>　贷:资本公积 |
| | 第三步:抵销<br>(编制抵销分录) | 借:股本(实收资本)　　(被购买方股本账面数)<br>　　资本公积　　　　　(被购买方经调整后的资本公积数)<br>　　盈余公积　　　　　(被购买方盈余公积账面数)<br>　　未分配利润　　　　(被购买方未分配利润账面数)<br>　　商誉　　　　　　　(合并成本＞被合并方可辨认净资产公允价值×购买方持股比例)<br>　贷:长期股权投资　　(确定的合并成本)<br>　　少数股东权益　　(被合并方可辨认净资产公允价值×少数股权比例)<br>　或营业外收入　　　(合并成本＜被合并方可辨认净资产公允价值×购买方持股比例) |
| | 第四步:计算合并数(编制合并财务报表) | |

**3. 非同一控制下吸收合并的会计处理**

| | |
|---|---|
| (1) 入账价值 | 购买方在购买日将合并中取得的各项资产、负债,按其公允价值确认为本企业的资产和负债 |
| (2) 资产处置损益 | 作为合并对价的有关非货币性资产在购买日的公允价值与其账面价值的差额,应作为资产的处置损益计入合并当期的利润表 |

(续表)

| | | |
|---|---|---|
| (3) 合并差额的处理 | 合并成本与所取得的被购买方可辨认净资产公允价值的差额,视情况分别确认为商誉或是作为企业合并当期的损益(营业外收入)计入利润表 | |
| (4) 具体会计处理 | 其具体处理原则与非同一控制下的控股合并类似,不同点在于在非同一控制下的吸收合并中,合并中取得的可辨认资产和负债是作为个别报表中的项目列示 | |

**4. 通过多次交易分步实现的企业合并的会计处理**

| | |
|---|---|
| (1) 个别财务报表中 | 在个别财务报表中,购买方应当以购买日之前所持有被购买方的股权投资的账面价值与购买日新增股权投资成本之和,作为该项投资的初始投资成本;购买日之前持有的股权投资,采用金融工具确认和计量准则进行会计处理的,应当将按照该准则确定的股权投资的公允价值加上新增投资成本之和,作为按成本法核算的初始投资成本。 |
| | 购买日之前持有的股权采用权益法核算的,相关其他综合收益应当在处置该项投资时采用与被投资单位直接处置相关资产或负债相同的基础进行会计处理,因被投资方除净损益、其他综合收益和利润分配以外的其他所有者权益变动而确认的所有者权益,应当在处置该项投资时相应转入处置期间的当期损益。购买日之前持有的股权投资,采用金融工具确认和计量准则进行会计处理的,原计入其他综合收益的累计公允价值变动应当全部转入按成本法核算的当期留存收益。 |
| (2) 合并财务报表中 | ① 购买方对于购买日之前持有的被购买方的股权,按照该股权在购买日的公允价值进行重新计量,公允价值与其账面价值的差额计入当期投资收益,即应编制如下调整分录:<br>借:长期股权投资(购买日之前持有的被购买方的股权的公允价值大于其账面价值的差额)<br>  贷:投资收益<br>② 合并成本=购买日之前持有的被购买方的股权于购买日的公允价值+新购入股权所支付对价的公允价值<br>③ 商誉=合并成本－购买方享有购买日被购买方可辨认净资产公允价值的份额<br> (如为负数,则计入发生期损益)<br>④ 购买方对于购买日之前持有的被购买方的股权涉及综合收益的,与其相关的其他综合收益应当转为购买日所属当期投资收益(不能重分类进损益的除外),即应编制如下调整分录:<br>借:其他综合收益  (购买日之前持有的被购买方的股权涉及的综合收益)<br>  贷:投资收益 |

▲ 这部分内容是本章的重点和难点,学习时应重点掌握非同一控制下控股合并的会计处理和合并日合并财务报表的编制;掌握非同一控制下吸收合并的具体会计处理;掌握通过多次交易分步实现的企业合并的会计处理。

## 四、练习题

### (一) 单项选择题

1. 依据企业会计准则的规定,下列有关企业合并的表述中,不正确的是( )。
   A. 企业合并是将两个或两个以上单独的企业合并形成一个报告主体的交易或事项
   B. 受同一母公司控制的两个企业之间进行的合并,属于同一控制下的企业合并
   C. 同一控制下的控股合并发生当期,合并方于期末编制合并利润表时应包括被合并方自合并当期期初至期末的净利润
   D. 同一控制下的企业合并中,合并成本是购买方为取得对被购买方的控制权支付对价的公允价值及各项直接相关费用之和

2. 同一控制下的企业合并,合并方在合并中取得的净资产的入账价值相对于为进行企业

合并支付的对价账面价值之间的差额（　　）。

  A. 应调整所有者权益相关项目

  B. 作为资产的处置损益，计入合并当期利润表

  C. 取得的净资产的入账价值大于合并对价账面价值之间的差额计入所有者权益相关项目；取得的净资产的入账价值小于合并对价账面价值之间的差额计入当期损益

  D. 取得的净资产的入账价值大于合并对价账面价值之间的差额计入当期损益；取得的净资产的入账价值小于合并对价账面价值之间的差额计入所有者权益相关项目

3. 同一控制下的企业合并形成母子公司关系的，合并方应在合并日编制合并财务报表，如合并方账面资本公积（资本溢价或股本溢价）贷方余额大于被合并方在合并前实现的留存收益中归属于合并方的部分，在合并资产负债表中，对被合并方在合并前实现的留存收益中归属于合并方的部分（　　）。

  A. 不作调整

  B. 自"盈余公积"和"未分配利润"转入"资本公积"

  C. 自"盈余公积"转入"未分配利润"

  D. 自"资本公积"转入"盈余公积"和"未分配利润"

4. 同一控制下的吸收合并中，合并中取得的资产、负债应（　　）。

  A. 均按公允价值入账

  B. 均按在被合并方的原账面价值入账

  C. 资产按在被合并方的原账面价值入账，负债按公允价值入账

  D. 资产按公允价值入账，负债按在被合并方的原账面价值入账

5. A公司和B公司分别为M公司控制下的两家子公司。A公司于4月10日自B公司处取得C公司80%的股权，合并后C公司仍维持独立法人资格并继续经营。为进行此项企业合并，A公司发行了700万股本公司普通股（每股面值为1元）作为对价。C公司合并当日的所有者权益账面价值总额为3 000万元，公允价值为3 500万元。A公司应确认的资本公积——股本溢价的金额为（　　）万元。

  A. 700    B. 2 300    C. 2 100    D. 1 700

6. 非同一控制下企业合并进行过程中发生的各项直接相关费用，应于发生时计入（　　）。

  A. 合并成本  B. 管理费用  C. 财务费用  D. 资本公积

7. 非同一控制下企业合并，购买方在对企业合并成本进行分配、确认合并中取得可辨认资产和负债时不应予以考虑的项目是（　　）。

  A. 公允价值能够可靠计量的无形资产  B. 固定资产

  C. 递延所得税资产  D. 应付账款

8. 按照我国企业会计准则的规定，非同一控制下企业合并在购买日一般应编制（　　）。

  A. 合并资产负债表  B. 合并利润表

  C. 合并所有者权益变动表  D. 合并现金流量表

9. A公司于2月1日向B公司的股东定向增发1 000万股普通股（每股面值为1元），对B公司进行合并，所发行股票每股市价4元，并于当日取得B公司70%的股权。B公司购买日可辨认净资产的公允价值为4 500万元，假定此合并为非同一控制下的企业合并，则A公司应确认的合并商誉为（　　）万元。

  A. 1 000    B. 750    C. 850    D. 960

10. 非同一控制下的控股合并,在编制合并财务报表时对取得的被合并方的可辨认资产、负债应( )。

　　A. 以其公允价值计量

　　B. 以其在被合并方的原账面价值计量

　　C. 资产以其在被合并方的原账面价值计量,负债以公允价值计量

　　D. 包括被合并方在合并之前已经确认的商誉和递延所得税项目

11. 甲公司为增值税一般纳税人,适用的增值税税率为13%。甲公司于1月1日以增发的500万股普通股(每股市价4元)和一批存货作为对价,从乙公司处取得A公司80%的股权,能够对A公司实施控制。该批存货的成本为80万元,公允价值(等于计税价格)为100万元。合并合同规定,如果A公司未来两年的平均净利润增长率超过10%,则甲公司应另向乙公司支付200万元的合并对价。当日,甲公司预计A公司未来两年的平均净利润增长率很可能将超过10%。A公司可辨认净资产账面价值和公允价值均为2 000万元。甲公司与乙公司不具有关联方关系。甲公司购买A公司80%股权的合并成本为( )。

　　A. 2 313万元　　B. 2 113万元　　C. 2 100万元　　D. 1 913万元

12. 12月1日,甲公司以银行存款400万元和一台大型设备对A公司进行投资,取得A公司60%的普通股份。该设备的账面原价为6 000万元,已计提累计折旧600万元,已计提减值准备200万元,公允价值为5 600万元。同日,A公司所有者权益账面价值为8 000万元,可辨认净资产公允价值为9 000万元。甲公司与A公司不存在任何关联关系。假设不考虑相关税费,甲公司12月1日应确认的合并成本是( )。

　　A. 6 000万元　　B. 5 600万元　　C. 5 400万元　　D. 4 800万元

13. 12月1日,甲公司以银行存款400万元和一台大型设备对A公司进行投资,取得A公司注册资本的60%。该设备的账面原价为6 000万元,已计提累计折旧600万元,已计提减值准备200万元,公允价值为5 600万元。同日,A公司所有者权益账面价值为8 000万元,可辨认净资产公允价值为9 000万元。甲公司与A公司不存在任何关联方关系,不考虑相关税费。则下列有关甲公司编制合并日合并报表的说法中,不正确的是( )。

　　A. 不需要编制合并日的合并利润表

　　B. A公司资产、负债应以其公允价值并入合并资产负债表

　　C. A公司所有者权益应抵销9 000万元

　　D. 合并报表中应确认商誉1 200万元

14. 甲公司于2019年1月1日以800万元取得乙公司10%的普通股份,取得投资时乙公司可辨认净资产的公允价值为7 000万元。甲公司对乙公司的投资作为其他权益工具投资核算。乙公司2019年实现的净利润为600万元,不存在需要对净利润进行调整的因素,未向投资者进行利润分配。2019年12月1日,甲公司召开临时董事会会议,作出增持乙公司股份的决议。2020年1月1日,甲公司支付4 500万元取得乙公司另外50%的普通股份,从而能够对乙公司实施控制,当日乙公司所有者权益的账面价值为7 600万元,可辨认净资产的公允价值为8 000万元。甲公司之前取得的10%股份于2019年12月31日和购买日的公允价值为900万元。甲公司与乙公司在合并前不存在任何关联方关系。下列有关甲公司合并日合并报表的说法中,正确的是( )。

　　A. 甲公司的合并成本为5 300万元

　　B. 应确认的商誉为600

C. 列报少数股东权益的金额为 2 600 万元

D. 对乙公司长期股权投资应抵销的金额为 5 300 万元

15. 甲公司于 2019 年 1 月以 12 000 万元取得 A 公司 30% 的股权,取得投资时 A 公司可辨认净资产公允价值(与账面价值相同)为 38 000 万元。甲公司对所取得的长期股权投资按照权益法核算。A 公司 2019 年实现净利润 1 500 万元,A 公司未宣告发放现金股利或利润。A 公司持有的某项其他债权投资公允价值上升 500 万元。2020 年 1 月,甲公司又斥资 15 000 万元取得 A 公司另外 30% 的股权,追加投资后,甲公司能够对 A 公司实施控制,从而形成企业合并。当日 A 公司可辨认净资产公允价值为 41 000 万元,甲公司之前取得的 30% 股权在购买日的公允价值为 14 000 万元。不考虑其他因素,则甲公司在购买日编制合并财务报表时,应确认的投资收益为( )。

A. 2 180 万元    B. 1 370 万元    C. 1 550 万元    D. 1 490 万元

## (二) 多项选择题

1. 下列各项中,属于企业合并准则中所界定的企业合并的有( )。
   A. 甲公司通过发行债券自 A 公司原股东处取得 A 公司的全部股权,交易事项发生后 A 公司仍维持其独立法人资格持续经营
   B. 甲公司以其资产作为出资投入 B 公司,取得对 B 公司的控制权,交易事项发生后 B 公司仍维持其独立法人资格继续经营
   C. 甲公司支付对价取得 C 公司的净资产,交易事项发生后 C 公司失去法人资格
   D. 甲公司购买 D 公司 40% 的股权,对 D 公司的生产经营决策具有重大影响

2. 以发行债券方式进行的企业合并,与发行债券相关的佣金、手续费的处理,正确的说法有( )。
   A. 债券发行费用应增加合并成本
   B. 债券发行费用应计入管理费用
   C. 债券如为溢价发行的,该部分费用应减少溢价的金额
   D. 债券如为折价发行的,该部分费用应增加折价的金额

3. 以发行权益性证券作为合并对价的,与所发行权益性证券相关的佣金、手续费等的处理,正确的说法有( )。
   A. 在权益性工具发行有溢价的情况下,自溢价收入中扣除,在权益性证券发行无溢价或溢价金额不足以扣减的情况下增加合并成本
   B. 在权益性工具发行有溢价的情况下,自溢价收入中扣除,在权益性证券发行无溢价或溢价金额不足以扣减的情况下计入管理费用
   C. 在权益性工具发行有溢价的情况下,自溢价收入中扣除
   D. 在权益性证券发行无溢价或溢价金额不足以扣减的情况下,应当冲减盈余公积和未分配利润

4. 下列有关同一控制下企业合并的理解中正确的有( )。
   A. 合并各方合并前后均受同一方最终控制
   B. 合并各方合并前后均受相同的多方最终控制
   C. 合并各方在合并之前后较长时间内为最终控制方所控制,一般为 1 年以上(含 1 年)
   D. 合并成本大于被合并方所有者权益份额的差额确认商誉

5. 按照我国企业会计准则的规定,同一控制下吸收合并在合并日的会计处理中正确的有(  )。
   A. 合并方取得的资产和负债应当按照合并日被合并方的账面价值计量
   B. 合并方取得的资产和负债应当按照合并日被合并方的公允价值计量
   C. 发生的各项直接相关费用计入管理费用
   D. 合并方取得净资产账面价值与支付的合并对价账面价值的差额调整资本公积

6. 同一控制下控股合并在合并日合并报表编报的下列说法中,正确的有(  )。
   A. 合并资产负债表中被合并方的各项资产、负债按其账面价值计量
   B. 合并资产负债表中被合并方的各项资产、负债按其公允价值计量
   C. 合并留存收益为合并方自身和享有被合并方留存收益份额的合计数确定
   D. 被合并方合并前留存收益中归属于合并方的部分应自资本公积转入留存收益

7. 下列有关同一控制下企业合并的说法中,正确的有(  )。
   A. 同一控制下企业合并中发生的各项直接相关费用,一般应于发生时计入当期损益
   B. 合并中不产生新的资产和负债
   C. 合并方在合并中取得的被合并方各项资产、负债应维持其在被合并方的原账面价值不变
   D. 合并方在编制期末的合并利润表时,应包含合并方及被合并方从合并日至期末实现的净利润

8. 按照我国企业会计准则的规定,同一控制下企业合并在购买日应编制的报表有(  )。
   A. 合并资产负债表
   B. 合并利润表
   C. 合并所有者权益变动表
   D. 合并现金流量表

9. 确定非同一控制下企业合并的购买方,以下说法中正确的有(  )。
   A. 取得另一方半数以上表决权股份的一方为购买方
   B. 投资方持有被投资方半数以下表决权,但通过与其他表决权持有人之间的协议能够控制半数以上表决权
   C. 持有半数或半数以下表决权的投资方,在被购买企业董事会中拥有多数成员
   D. 持有半数或半数以下表决权的投资方,有权任免被购买企业董事会机构绝大多数成员

10. 非同一控制下企业合并的购买日是购买方获得对被购买方控制权的日期,即企业合并交易进行过程中,发生控制权转移的日期。同时满足了以下条件时,一般可以认为实现了控制权的转移,形成购买日。有关条件包括(  )。
    A. 企业合并合同或协议已获股东大会等内部权力机构通过,需要经过国家有关主管部门审批的,已获得相关部门的批准
    B. 参与合并各方已办理了必要的财产权交接手续
    C. 购买方已支付了购买价款的大部分(一般应超过50%),并且有能力支付剩余款项
    D. 购买方实际上已经控制了被购买方的财务和经营政策,并享有相应的收益和风险

11. 非同一控制下的企业合并中,合并成本包括(  )。
    A. 购买方为进行企业合并支付的现金
    B. 购买方为进行企业合并付出的非现金资产的公允价值
    C. 购买方为进行企业合并发行的权益性证券在购买日的公允价值
    D. 企业合并中发生的各项直接相关费用

12. 非同一控制下企业合并中发生的与企业合并直接相关的费用,包括(  )。

A. 为进行合并而发生的咨询费用、审计费用

B. 为进行合并而发生的法律服务费用

C. 为进行企业合并发行的权益性证券相关的手续费、佣金

D. 为进行企业合并发行的债券相关的手续费、佣金

13. 非同一控制下的企业合并中企业合并成本大于合并中取得的被购买方可辨认净资产公允价值份额的差额的处理中,下列说法中正确的有( )。

A. 控股合并的情况下,购买方在其账簿及个别财务报表中应确认商誉

B. 吸收合并的情况下,购买方在合并财务报表中应列示商誉

C. 控股合并的情况下,购买方在合并财务报表中应列示商誉

D. 吸收合并的情况下,购买方在其账簿及个别财务报表中应确认商誉

14. 按照我国企业会计准则的规定,非同一控制下企业合并成本小于合并中取得的被购买方可辨认净资产公允价值份额的部分,下列处理中正确的有( )。

A. 在吸收合并的情况下,应计入购买方的合并当期的个别利润表

B. 在控股合并的情况下,应体现在合并当期的合并利润表中

C. 在吸收合并的情况下,应体现在合并当期的合并利润表中

D. 在控股合并的情况下,应计入购买方的合并当期的个别利润表

15. 按照我国企业会计准则的规定,以下关于非同一控制下的企业合并的说法中,正确的有( )。

A. 非同一控制下企业合并,需确认新的商誉

B. 非同一控制下企业合并,需确认被合并方原有商誉

C. 非同一控制下企业合并,不确认新的商誉

D. 非同一控制下企业合并,不确认被合并方原有商誉

16. 下列有关非同一控制下企业合并成本的说法中,正确的有( )。

A. 企业合并成本包括购买方为进行企业合并支付的现金或非现金资产、发行或承担的债务、发行的权益性证券等在购买日的公允价值

B. 当企业合并合同或协议中提供了视未来或有事项的发生而对合并成本进行调整时,符合《企业会计准则第13号——或有事项》准则规定的确认条件的,应确认的支出也应作为企业合并成本的一部分

C. 非同一控制下企业合并中发生的与企业合并直接相关的费用,包括为进行合并而发生的会计审计费用、法律服务费用、咨询费用等,这些费用应当计入企业合并成本

D. 对于通过多次交换交易分步实现的企业合并,其企业合并成本为购买日之前持有的被购买方的股权于购买日的公允价值,与购买日新购入股权所支付对价的公允价值之和

17. 甲公司于12月30日以8 000万元取得对乙公司80%的股权,能够对乙公司实施控制,形成非同一控制下的企业合并,合并当日乙公司可辨认净资产公允价值总额为9 000万元。12月30日甲公司又出资1 500万元自乙公司的其他股东处取得乙公司10%的股权,交易日乙公司有关资产、负债以购买日开始持续计算的金额(对母公司的价值)为10 500万元。甲公司、乙公司及乙公司的少数股东在交易前不存在任何关联方关系。不考虑其他因素,下列关于12月31日财务报表的说法中,正确的有( )。

A. 个别报表中长期股权投资的账面价值为8 250万元

B. 个别报表中长期股权投资的账面价值为9 500万元

C. 合并报表中商誉为 800 万元
D. 合并报表中应调整减少资本公积 450 万元

18. 下列有关企业合并的表述中,不正确的有(　　)。
A. 对于非同一控制下多次交易实现的企业合并,合并报表中应确认的商誉,要通过比较各单项交易的总成本与购买日应享有的被投资单位可辨认净资产公允价值份额进行确定
B. 对于同一控制下的企业合并,不产生新的商誉
C. 非同一控制下企业合并中,被购买方可以按照合并中确定的有关资产、负债的公允价值调账
D. 对于非同一控制下多次交易实现的企业合并,在合并财务报表中,对于购买日之前持有的被购买方的股权,应当按照该股权在购买日的公允价值进行重新计量,公允价值与其账面价值的差额应当调整资本公积

19. 关于非同一控制下的企业合并,下列表述中正确的有(　　)。
A. 分步实现的企业合并中,购买日是指购买方最终取得对被购买方控制权的日期
B. 通过多次交换交易分步实现的企业合并,应当以购买日之前所持被购买方的股权投资的账面价值与购买日新增投资成本之和,作为个别报表中该项投资的初始投资成本
C. 吸收合并的情况下,合并方应将取得的被合并方各项可辨认资产、负债等反映在个别财务报表中
D. 合并成本小于合并中取得的被购买方可辨认净资产公允价值份额的差额,应计入资本公积

20. 甲公司于 2019 年 1 月 1 日以 8 600 万元取得 A 公司 20% 的股权,取得投资时 A 公司可辨认净资产的公允价值(与账面价值相同)为 40 000 万元。甲公司对所取得的长期股权投资按照权益法核算。A 公司 2019 年实现净利润 1 500 万元,A 公司未宣告发放现金股利或利润。A 公司持有的某项其他债权投资公允价值上升 500 万元。2020 年 1 月 10 日,甲公司又斥资 18 600 万元取得 A 公司另外 40% 的股权,追加投资后,甲公司能够对 A 公司实施控制,从而形成企业合并。当日 A 公司可辨认净资产公允价值为 42 000 万元,甲公司之前取得的 20% 股权于购买日的公允价值为 9 300 万元。不考虑其他因素,下列有关甲公司合并日合并报表的说法中,正确的有(　　)。
A. 甲公司的合并成本为 27 900 万元　　B. 应确认的商誉为 2 400 万元
C. 列报少数股东权益的金额为 16 800 万元　D. 应确认投资收益 400 万元

(三) 判断题

1. 企业合并是指将两个或者两个以上单独的企业合并成一个企业的交易或事项。(　)

2. 同一控制下的企业合并是指参与合并的企业在合并前后均受同一方或相同的多方最终控制且该控制可以是暂时性的。(　)

3. 同受国家控制的企业之间发生的合并,应作为同一控制下的企业合并。(　)

4. A 公司和 B 公司为没有关联的两个企业,现在 A 公司从 B 公司手中收购了 B 公司所持有的 C 公司 60% 的股权,从而使 C 公司转为 A 公司的子公司,此项合并属于非同一控制下的企业合并。(　)

5. 无论是同一控制下的企业合并还是非同一控制下的企业合并,企业合并过程中所发生的相关直接费用,包括企业为进行企业合并而发行股票或债券所发生的证券发行费用等,均应计入合并当期损益。(　)

6. 同一控制下的企业合并,合并方在企业合并中取得的净资产的账面价值相对于所支付对价的账面价值之间的差额,应当调整所有者权益。（　　）

7. 同一控制下的企业合并,合并方支付的合并对价与取得的被合并方净资产账面价值之间的差额,一般不确认新的商誉,对被合并方在合并前账面上原已确认的商誉也不确认。（　　）

8. 对于同一控制下的控股合并,在合并财务报表中,应将被合并方在合并日以前期间实现的留存收益自资本公积转入留存收益。（　　）

9. 同一控制下的控股合并,合并方在合并日一般只编制合并资产负债表。（　　）

10. 同一控制下的吸收合并,合并方取得的资产、负债应当按照相关资产、负债在被合并方的原账面价值入账。（　　）

11. 对于非同一控制下的控股合并,其合并成本大于合并中取得的被购买方可辨认净资产公允价值份额的部分,购买方应在其账簿及个别财务报表中确认为商誉。（　　）

12. 通过多次交换交易分步实现的企业合并,应当以购买日之前所持被购买方的股权投资的账面价值与购买日新增投资成本之和,作为合并成本。（　　）

13. 非同一控制下的企业合并中,购买方在企业合并中取得的被购买方在其财务报表中未确认的无形资产,在其公允价值能够可靠计量的情况下应单独予以确认。（　　）

14. 非同一控制下的企业合并中,对于购买方在企业合并时可能需要代被购买方承担的或有负债,不应作为负债予以单独确认。（　　）

15. 在非同一控制下吸收合并的情况下,企业合并成本小于合并中取得的被购买方可辨认净资产公允价值的差额,应计入购买方合并利润表中。（　　）

16. 非同一控制下的控股合并,购买方一般应于购买日编制合并资产负债表、合并利润表和合并现金流量表。（　　）

## （四）计算及会计处理题

1. 甲公司和乙公司为同一集团内两家全资子公司。2019年6月30日,甲公司以固定资产作为合并对价对乙公司进行吸收合并,并于当日取得乙公司净资产。甲公司作为对价的固定资产原价为8 000万元,累计折旧为2 900万元,公允价值为6 000万元。假定甲公司与乙公司在合并前采用的会计政策相同。当日,甲公司、乙公司的资产和负债情况如下表所示。

**资产负债表（简表）**

2019年6月30日　　　　　　　　　　　　　　　　　　　　单位：万元

|  | 甲公司 | 乙公司 | |
|---|---|---|---|
|  | 账面价值 | 账面价值 | 公允价值 |
| 资产： |  |  |  |
| 货币资金（银行存款） | 4 100 | 500 | 500 |
| 存货（原材料） | 6 200 | 200 | 400 |
| 应收账款 | 2 000 | 2 000 | 2 000 |
| 长期股权投资 | 4 000 | 2 100 | 3 500 |
| 固定资产 | 12 000 | 3 000 | 4 500 |
| 无形资产 | 9 500 | 500 | 1 500 |
| 商誉 | 0 | 0 | 0 |

(续表)

|  | 甲公司 | 乙公司 | |
|---|---|---|---|
|  | 账面价值 | 账面价值 | 公允价值 |
| 资产总计 | 37 800 | 8 300 | 12 400 |
| 负债和所有者权益: |  |  |  |
| 　短期借款 | 2 000 | 2 200 | 2 200 |
| 　应付账款 | 4 000 | 600 | 600 |
| 　负债合计 | 6 000 | 2 800 | 2 800 |
| 　股本 | 18 000 | 2 500 |  |
| 　资本公积 | 5 000 | 1 500 |  |
| 　盈余公积 | 4 000 | 500 |  |
| 　未分配利润 | 4 800 | 1 000 |  |
| 　所有者权益合计 | 31 800 | 5 500 | 9 600 |
| 　负债和所有者权益总计 | 37 800 | 8 300 |  |

要求:

编制甲公司的合并会计分录(假设不考虑相关税费)。

2. 沿用上题的有关资料,假定甲公司和乙公司为不同集团的两家公司,甲公司取得了乙公司60%的股权,其他资料不变。

要求:

(1) 编制甲公司长期股权投资的会计分录(假设不考虑相关税费)。

(2) 计算并确定商誉。

(3) 编制甲公司购买日的抵销分录和合并资产负债表。

### 合并资产负债表(简表)

2019年6月30日　　　　　　　　　　　　单位:万元

|  | 甲公司 | 乙公司 | 调整和抵销分录 | | 合并金额 |
|---|---|---|---|---|---|
|  |  |  | 借方 | 贷方 |  |
| 资产: |  |  |  |  |  |
| 　货币资金 |  |  |  |  |  |
| 　存货 |  |  |  |  |  |
| 　应收账款 |  |  |  |  |  |
| 　长期股权投资 |  |  |  |  |  |
| 　固定资产 |  |  |  |  |  |
| 　无形资产 |  |  |  |  |  |
| 　商誉 |  |  |  |  |  |
| 　资产总计 |  |  |  |  |  |
| 负债和所有者权益: |  |  |  |  |  |

(续表)

|  | 甲公司 | 乙公司 | 调整和抵销分录 | 合并金额 |
|---|---|---|---|---|
| 短期借款 |  |  |  |  |
| 应付账款 |  |  |  |  |
| 负债合计 |  |  |  |  |
| 股本 |  |  |  |  |
| 资本公积 |  |  |  |  |
| 盈余公积 |  |  |  |  |
| 未分配利润 |  |  |  |  |
| 少数股东权益 |  |  |  |  |
| 所有者权益合计 |  |  |  |  |
| 负债和所有者权益总计 |  |  |  |  |

3. A公司于2019年1月1日以8 000万元取得B公司10%的股份,取得投资时B公司可辨认净资产的公允价值为65 000万元。因未以任何方式参与B公司的生产经营决策,A公司对持有的该投资指定为其他权益工具投资。2020年1月1日,A公司另支付35 000万元取得B公司50%的股份,能够对B公司实施控制。购买日B公司可辨认净资产公允价值为68 000万元。甲公司之前取得的10%股权于购买日的公允价值为9 000万元。不考虑其他因素,B公司自2019年A公司取得投资后至2020年进一步购买股份前实现的留存收益为2 000万元,且未进行利润分配,假定不计提盈余公积。

要求:

(1) 计算企业合并时应确认的商誉。

(2) 编制A公司相关的会计处理、购买日的调整分录以及购买日的抵销分录。

4. 甲股份有限公司(本题下称"甲公司")为上市公司。为提高市场占有率及实现多元化经营,甲公司在2019年进行了一系列投资和资本运作。

(1) 甲公司于2019年3月31日与乙公司的控股股东A公司签订股权转让协议,约定以乙公司2019年3月30日经评估确认的净资产为基础,甲公司定向增发本公司普通股股票给A公司,取得其持有的乙公司80%的股权;甲公司定向增发的普通股股数以协议公告前一段合理时间内公司普通股股票的加权平均股价每股15.40元为基础计算确定,且A公司取得甲公司定向增发的股份当日即撤出其原派驻乙公司的董事会成员,由甲公司对乙公司董事会进行改组。

(2) 上述协议经双方股东大会批准后,具体执行情况如下:

① 经评估确定,乙公司可辨认净资产于2019年3月30日的公允价值为9 000万元。

② 经相关部门批准,甲公司于2019年5月31日向A公司定向增发500万股普通股股票(每股面值1元),并于当日办理了股权登记手续。A公司取得的股权占甲公司发行在外普通股的10%。2019年5月31日,甲公司普通股收盘价为每股16.60元。

③ 甲公司于2019年5月31日向A公司定向发行普通股股票后,即对乙公司董事会进行改组。改组后乙公司的董事会由9名董事组成,其中甲公司派出6名,其他股东派出1名,其

余 2 名为独立董事。乙公司章程规定,其财务和生产经营决策须由董事会半数以上成员表决通过,2019 年 5 月 31 日乙公司可辨认净资产的公允价值为 10 000 万元。

(3) 甲公司为该交易发生以下费用,均以银行存款支付:

① 在常年法律顾问 C 律师事务所的常年法律顾问费之外,支付 C 律师事务所为增发股份而提供额外服务的相关费用约 50 万元。

② 聘请 D 律师事务所对被收购的子公司提供尽职调查等法律服务,服务费约 20 万元。

③ 聘请 E 评估机构对被收购的子公司进行评估并出具评估报告,评估费用约 20 万元。

④ 聘请 F 会计师事务所对被收购的子公司进行审计并出具审计报告,对子公司的盈利预测出具审核意见,会计师费用约 30 万元。

要求:

(1) 分析甲公司发生的相关交易费用应如何处理。

(2) 计算该项合并的合并成本及合并财务报表中应确认的商誉金额。

(3) 编制甲公司个别报表中与企业合并相关的会计分录。

5. 甲股份有限公司(本题下称"甲公司")为上市公司,2019 年企业合并、长期股权投资有关资料如下:

(1) 2019 年 1 月 20 日,甲公司与乙公司签订购买乙公司持有的丙公司(非上市公司)60%股权的合同。合同规定:以丙公司 2019 年 5 月 30 日评估的可辨认净资产价值为基础,协商确定对丙公司 60%股权的购买价格;合同经双方股东大会批准后生效。

购买丙公司 60%股权时,甲公司与乙公司之间不存在关联方关系。

(2) 购买丙公司 60%股权的合同执行情况如下:

① 2019 年 3 月 15 日,甲公司和乙公司分别召开股东大会,批准通过了该购买股权的合同。

② 以丙公司 2019 年 5 月 30 日净资产评估值为基础,经调整后丙公司 2019 年 6 月 30 日的资产负债表各项目的数据如下表所示。

**丙公司资产负债表**

2019 年 6 月 30 日　　　　　　　　　　　　　　　　　　单位:万元

| 项　目 | 账面价值 | 公允价值 |
| --- | --- | --- |
| 资产: | | |
| 货币资金 | 1 400 | 1 400 |
| 存货 | 2 000 | 2 000 |
| 应收账款 | 3 800 | 3 800 |
| 固定资产 | 2 400 | 4 800 |
| 无形资产 | 1 600 | 2 400 |
| 资产合计 | 11 200 | 14 400 |
| 负债和股东权益: | | |
| 短期借款 | 800 | 800 |
| 应付账款 | 1 600 | 1 600 |

(续表)

| 项　　　目 | 账面价值 | 公允价值 |
|---|---|---|
| 长期借款 | 2 000 | 2 000 |
| 负债合计 | 4 400 | 4 400 |
| 股本 | 2 000 | |
| 资本公积 | 3 000 | |
| 盈余公积 | 400 | |
| 未分配利润 | 1 400 | |
| 股东权益合计 | 6 800 | 10 000 |

上表中固定资产为一栋办公楼,预计该办公楼自2019年6月30日起剩余使用年限为20年,净残值为零,采用年限平均法计提折旧;上表中无形资产为一项土地使用权,预计该土地使用权自2019年6月30日起剩余使用年限为10年、净残值为零,采用直线法摊销。假定该办公楼和土地使用权均为管理使用。

③ 经协商,双方确定丙公司60%股权的价格为7 000万元,甲公司以一项固定资产和一项土地使用权作为对价(假定不考虑相关税费)。甲公司作为对价的固定资产2019年6月30日的账面原价为2 800万元,累计折旧为600万元,计提的固定资产减值准备为200万元,公允价值为4 000万元;作为对价的土地使用权2019年6月30日的账面原价为2 600万元,累计摊销为400万元,计提的无形资产减值准备为200万元,公允价值为3 000万元。

2019年6月30日,甲公司以银行存款支付购买股权过程中发生的评估费用120万元,咨询费用80万元。

④ 甲公司和乙公司均于2019年6月30日办理完毕上述相关资产的产权转让手续。

⑤ 甲公司于2019年6月30日对丙公司董事会进行改组,并取得控制权。

(3) 甲公司2019年6月30日将购入丙公司60%股权入账后编制的资产负债表如下:

**甲公司资产负债表**

2019年6月30日　　　　　　　　　　　　　　　　　　单位:万元

| 资　产 | 金　额 | 负债和股东权益 | 金　额 |
|---|---|---|---|
| 货币资金 | 5 000 | 短期借款 | 4 000 |
| 存货 | 8 000 | 应付账款 | 10 000 |
| 应收账款 | 7 600 | 长期借款 | 6 000 |
| 长期股权投资 | 16 000 | 负债合计 | 20 000 |
| 固定资产 | 9 200 | | |
| 无形资产 | 3 000 | 股本 | 10 000 |
| | | 资本公积 | 9 000 |
| | | 盈余公积 | 2 000 |
| | | 未分配利润 | 7 800 |
| | | 股东权益合计 | 29 000 |
| 资产总计 | 48 800 | 负债和股东权益总计 | 48 800 |

要求：

(1) 根据资料(1)和(2)，判断甲公司购买丙公司60%股权导致的企业合并的类型，并说明理由。

(2) 根据资料(1)和(2)，计算甲公司该企业合并的成本，甲公司作为转让对价的固定资产和无形资产对2019年度损益的影响金额。

(3) 根据资料(1)和(2)，计算甲公司对丙公司长期股权投资的入账价值并编制相关会计分录。

(4) 编制甲公司购买日(或合并日)合并财务报表的调整分录和抵销分录，并填列合并财务报表各项目的金额。

6. A股份有限公司(以下简称"A公司")为上市公司，有关投资资料如下：

(1) A公司于2019年1月1日，以1 100万元银行存款取得B公司20%的普通股份，对B公司有重大影响，A公司采用权益法核算该项投资。2019年1月1日B公司可辨认净资产的公允价值为5 000万元，与所有者权益账面价值相同，其中实收资本3 500万元，资本公积(均为资本溢价)500万元，盈余公积200万元，未分配利润800万元。

2019年3月10日，B公司股东大会宣告分派2018年现金股利200万元。

2018年B公司实现净利润1 000万元，提取盈余公积100万元，未发生其他计入所有者权益的交易或事项。

(2) 2020年1月1日，A公司基于对B公司发展前景的信心，以银行存款3 600万元增持B公司50%的股份，至此A公司持有B公司70%的股权，能够对B公司实施控制。购买日B公司可辨认净资产公允价值为6 500万元，所有者权益账面价值为5 800万元，差额由B公司办公大楼产生，其账面价值为3 200万元，公允价值为3 900万元。当日A公司之前持有的B公司20%股权的公允价值为1 400万元。

(3) 其他有关资料如下：

① A公司与B公司在交易前不存在任何关联方关系，合并前A公司与B公司未发生任何内部交易，且A公司与B公司采用的会计政策及会计期间相同。

② A公司拟长期持有B公司股权，没有计划出售。按照权益法对B公司净利润进行调整时，不考虑所得税影响。

③ A公司和B公司均按净利润的10%提取法定盈余公积，不提取任意盈余公积。

要求：

(1) 根据资料(1)，计算2019年12月31日按照权益法核算的长期股权投资的账面价值，并编制相关会计分录。

(2) 根据资料(1)和(2)，判断该项交易是否形成企业合并，并说明判断依据。若形成企业合并，则分析A公司在2020年1月1日合并财务报表中如何计量对B公司的原有股权，并计算其对合并财务报表损益项目的影响金额。

(3) 计算A公司购买日合并财务报表中应列示的商誉金额，并编制相关调整和抵销分录。

# 第五章 合并财务报表

## 一、学习要求

通过本章的学习,重点应理解并掌握以下内容:

1. 合并财务报表合并范围的确定。
2. 合并财务报表的编制程序和合并工作底稿的编制。
3. 编制合并财务报表有关调整分录的编制。
4. 编制合并财务报表有关抵销分录的编制:
  (1) 内部股权投资的抵销;
  (2) 内部债权债务的抵销;
  (3) 内部存货交易的抵销;
  (4) 内部固定资产交易的抵销;
  (5) 内部无形资产交易的抵销;
  (6) 合并现金流量表有关抵销分录的编制。

## 二、重点和难点

1. 重点:合并财务报表合并范围的确定;编制合并财务报表有关调整分录及抵销分录的编制。

2. 难点:编制合并财务报表时对子公司个别报表的调整和按权益法对长期股权投资的调整;内部股权投资、内部股权投资收益、内部商品交易、内部固定资产交易、内部现金流量等抵销分录的编制;内部交易抵销时所得税的会计处理。

## 三、主要内容讲解

### (一) 合并财务报表概述

| | | |
|---|---|---|
| 1. 合并财务报表的概念 | | 合并财务报表是指反映母公司和其全部子公司形成的企业集团整体财务状况、经营成果和现金流量的财务报表 |
| 2. 合并财务报表的合并理论 | (1) 所有权理论 | 所有权理论,也称业主权理论,是指在编制合并财务报表时既不强调企业集团中存在的法定控制关系,也不强调企业集团的各成员企业所构成的经济实体,而是强调编制合并财务报表的企业对另一企业的经济活动和财务决策具有重大影响的所有权的一种合并理论 |
| | (2) 实体理论 | 实体理论,也称主体理论,是一种站在由母公司和子公司组成的经济主体的角度来看待母、子公司间控股关系的合并理论,它源自权益理论中的主体观念 |
| | (3) 母公司理论 | 母公司理论是一种站在母公司股东的角度来看待母、子公司之间控股关系的合并理论 |

(续表)

| | | |
|---|---|---|
| 3. 合并财务报表的构成 | (1) 合并资产负债表 | 合并资产负债表是反映母公司和子公司所形成的企业集团某一特定日期财务状况的财务报表 |
| | (2) 合并利润表 | 合并利润表是反映母公司和子公司所形成的企业集团在一定期间内经营成果的财务报表 |
| | (3) 合并所有者权益变动表 | 合并所有者权益变动表是反映母公司和子公司所形成的企业集团在一定期间内所有者权益各组成部分当期增减变动情况的财务报表 |
| | (4) 合并现金流量表 | 合并现金流量表是综合反映母公司和子公司所形成的企业集团在一定期间内现金及现金等价物流入流出情况的财务报表 |
| | (5) 合并财务报表附注 | |
| 4. 合并财务报表范围的确定 | (1) 控制的含义 | 控制,是指投资方拥有对被投资方的权力,通过参与被投资方的相关活动而享有可变回报,并且有能力运用对被投资方的权力影响其回报金额。控制包含三项基本要素,如果投资方具备以下所有的要素,则投资方能够控制被投资方:① 投资方拥有对被投资方的权力;② 通过参与被投资方的相关活动而享有可变回报;③ 有能力运用对被投资方的权力影响其回报金额 |
| | (2) 投资方拥有对被投资方的权力 | 投资方享有现时权利使其目前有能力主导被投资方的相关活动,而不论其是否实际行使权利,视为投资方拥有对被投资方的权力。投资方拥有对被投资方权力的情形:<br>① 投资方持有被投资方半数以上的表决权,拥有对被投资方的权力<br>② 投资方持有被投资方半数或以下表决权,但通过与其他表决权持有人之间的协议能够控制半数以上表决权。从而拥有对被投资方的权力<br>③ 持有半数或半数以下表决权的投资方,综合考虑下列事实和情况,可判断投资方拥有对被投资方的权力。一是投资方持有的表决权份额相对于其他投资方持有的表决权份额的大小,以及其他投资方持有表决权的分散程度。二是投资方和其他投资方持有的潜在表决权。三是其他合同安排产生的权利。如合同安排赋予投资方能够聘任被投资方董事会或类似权力机构多数成员。四是其他相关事实或情况 |
| | (3) 因参与被投资方的相关活动而享有可变回报 | 可变回报是不固定的且可能随被投资方业绩而变动的回报 |
| | (4) 有能力运用对被投资方的权力影响其回报金额 | 只有当投资方不仅拥有对被投资方的权力、通过参与被投资方的相关活动而享有可变回报,并且有能力运用对被投资方的权力来影响其回报的金额时,投资方才控制被投资方 |
| | (5) 投资性主体 | 母公司应当将其全部子公司(包括母公司所控制的被投资单位可分割部分、结构化主体)纳入合并范围。如果母公司是投资性主体,则只应将那些为投资主体的投资活动提供相关服务的子公司纳入合并范围,其他子公司不应予以合并,应按照公允价值计量且其变动计入当期损益处理 |

5. 编制合并财务报表的前期准备事项

| | |
|---|---|
| (1) 统一母子公司的资产负债表日及会计期间 | 对于境外子公司,由于当地法律限制不能与母公司财务报表决算日和会计期间一致的,可要求其为编制合并财务报表单独编报与母公司资产负债表日和会计期间一致的个别财务报表,也可由母公司根据自身的资产负债表日和会计期间对子公司的财务报表进行调整 |
| (2) 统一母子公司的会计政策 | 若子公司的会计政策确实无法与母公司保持一致,则可要求其按照母公司的会计政策重新编制财务报表,也可由母公司根据自身的会计政策对子公司的财务报表进行调整 |

(续表)

| | | |
|---|---|---|
| (3) 对子公司以外币表示的财务报表进行折算 | | 如果子公司因外币业务较多或因其在境外而采用某一种外币作为记账本位币,则在将这些子公司的财务报表进行合并时,应先将其折算为母公司所采用的记账本位币表示的财务报表 |
| (4) 子公司应提供的相关资料 | | 为了编制合并财务报表,子公司除了应当向母公司提供财务报表外,还应当向母公司提供所有者权益变动、内部交易等有关资料 |

6. 合并财务报表的编制程序与步骤

| | | |
|---|---|---|
| (1) 设置合并工作底稿 | | |
| (2) 将个别财务报表的数据过入工作底稿并加总 | | |
| (3) 编制调整分录和抵销分录 | 调整分录的编制 | ① 对子公司的个别财务报表进行调整 |
| | | ② 按权益法调整对子公司的长期股权投资 |
| | 抵销分录的编制 | 将企业集团的内部交易对合并财务报表有关项目的影响进行抵销处理 |
| (4) 计算合并财务报表各项目的合并金额 | ① 资产类各项目 | 其合并金额根据该项目加总金额,加上该项目调整分录和抵销分录的借方发生额,减去该项目调整分录和抵销分录的贷方发生额计算确定 |
| | ② 负债类各项目和有关所有者权益类项目 | 其合并金额根据该项目加总金额,减去该项目调整分录和抵销分录的借方发生额,加上该项目调整分录和抵销分录的贷方发生额计算确定 |
| | ③ 年初未分配利润项目 | 其合并金额根据该项目加总金额,减去该项目调整分录和抵销分录的借方发生额,加上该项目调整分录和抵销分录的贷方发生额计算确定 |
| | ④ 年末未分配利润项目 | 其合并金额根据该项目加总金额,减去合并工作底稿中利润表和所有者权益变动表中利润分配部分各该项目调整分录和抵销分录栏的借方发生额的合计数,加上合并工作底稿中利润表和所有者权益变动表中利润分配部分各该项目调整分录和抵销分录栏的贷方发生额的合计数计算确定 |
| | ⑤ 收入类各项目 | 其合并金额根据该项目加总金额,减去该项目调整分录和抵销分录的借方发生额,加上该项目调整分录和抵销分录的贷方发生额计算确定 |
| | ⑥ 费用类项目 | 其合并金额根据该项目加总金额,加上该项目调整分录和抵销分录的借方发生额,减去该项目调整分录和抵销分录的贷方发生额计算确定 |
| | ⑦ 利润(营业利润、利润总额和净利润)项目 | 其合并金额根据该项目加总金额,减去合并工作底稿中利润表自收入项目始至该利润项目止该项目调整分录和抵销分录栏的借方发生额的合计数,加上合并工作底稿中利润表自收入项目始至该利润项目止该项目调整分录和抵销分录栏的贷方发生额的合计数计算确定 |
| | ⑧ 现金流量表各项目 | 其流入项目的合并金额根据该项目加总金额,减去该项目抵销分录的贷方发生额计算确定;其流出项目的合并金额根据该项目加总金额,减去该项目抵销分录的借方发生额计算确定 |
| (5) 填列合并财务报表 | | |

▲ 学习时应注重合并财务报表合并范围的确定;理解合并财务报表的编制程序及其具体运用。

## （二）合并财务报表的编制——对个别财务报表的调整

### 1. 对子公司的个别财务报表进行调整

| | | |
|---|---|---|
| （1）同一控制下企业合并取得的子公司 | 子公司采用的会计政策、会计期间与母公司一致的情况下，编制合并财务报表时，应以有关子公司的个别财务报表为基础，不需要进行调整 | |
| | 子公司采用的会计政策、会计期间与母公司不一致的情况下，则需要考虑重要性原则，按照母公司的会计政策和会计期间，对子公司的个别财务报表进行调整 | |
| （2）非同一控制下企业合并取得的子公司 | 非同一控制下企业合并取得的子公司，除应考虑会计政策及会计期间的差别，需要对子公司的个别财务报表进行调整外，还应当根据母公司在购买日设置的备查簿中登记的该子公司有关可辨认资产、负债的公允价值，对子公司的个别财务报表进行调整，使子公司的个别财务报表反映为在购买日公允价值基础上确定的可辨认资产、负债等在本期资产负债表日应有的金额 | |
| | 对子公司资产负债表的调整 | 按公允价值对子公司的个别报表进行调整：<br>借：固定资产　　　（购买日公允价值大于原账面价值的差额）<br>　　无形资产　　　（购买日公允价值大于原账面价值的差额）<br>　　投资性房地产　（购买日公允价值大于原账面价值的差额）<br>　　存货等　　　　（购买日公允价值大于原账面价值的差额）<br>　贷：资本公积 |
| | 对子公司利润表的调整 | 借：未分配利润——年初（以前各年应补提的折旧、摊销等）<br>　贷：固定资产——累计折旧（以前各年按公允价值应补提的折旧）<br>　　　无形资产——累计摊销（以前各年按公允价值应补摊销的金额）<br>　　　存货（存货公允价值与其账面价值的差额×以前各年已销售的比例）<br>借：管理费用<br>　贷：固定资产——累计折旧（当期按公允价值应补提的折旧）<br>　　　无形资产——累计摊销（当期按公允价值应补摊销的金额）<br>借：营业成本<br>　贷：存货（存货公允价值与账面价值的差额×当期已销售的比例） |

### 2. 按权益法调整对子公司的长期股权投资

| | |
|---|---|
| （1）调整应享有子公司当期净损益的份额 | 借：长期股权投资［(调整后子公司当期的净利润－当期分派的现金股利)×母公司持股比例］<br>　贷：投资收益<br>应承担子公司当期发生亏损的份额——做相反的调整分录<br>注意：应按照对子公司调整后的损益进行调整，即需要将子公司损益调整为按公允价值计量的损益 |
| （2）调整应享有子公司以前年度净损益的份额 | 借：长期股权投资［(调整后子公司以前年度净利润－以前年度分派现金股利)×母公司持股比例］<br>　贷：未分配利润——年初<br>应承担子公司当期发生亏损的份额——做相反的调整分录 |
| （3）调整应享有子公司其他综合收益及除净损益、其他综合收益和分红以外的其他所有者权益变动的份额 | 借：长期股权投资<br>　贷：其他综合收益（子公司各年其他综合收益的净增加额×母公司持股比例）<br>　　　资本公积（子公司各年除净损益、其他综合收益和分红以外的其他所有者权益变动额×母公司持股比例）<br>在子公司其他综合收益、资本公积减少的情况下，编制相反的调整分录 |

▲ 学习时应注意，非同一控制下控股合并取得的子公司应按公允价值对子公司个别报表进行调整，对长期股权投资按权益法进行调整。

## （三）合并财务报表的编制——抵销分录的编制

### 1. 内部股权投资的抵销

| | | |
|---|---|---|
| （1）母公司对子公司长期股权投资与子公司所有者权益项目的抵销 | ① 同一控制下企业合并取得的子公司，应编制如下抵销分录（非全资子公司） | 借：股本（实收资本）　　（子公司股本的期末数）<br>　　资本公积　　　　　　（子公司资本公积的期末数）<br>　　其他综合收益　　　　（子公司其他综合收益的期末数）<br>　　盈余公积　　　　　　（子公司盈余公积期末数）<br>　　未分配利润——年末　（子公司未分配利润的期末数）<br>　贷：长期股权投资　　　　（母公司对子公司的长期股权投资按权益法调整后的期末数）<br>　　　少数股东权益　　　　（子公司所有者权益总额×少数股权比例）<br>▲同一控制下企业合并取得的子公司——抵销时不会产生差额，即不会产生商誉<br><br>同时编制如下调整分录：<br>借：资本公积　　　　　　（子公司合并前实现的留存收益×母公司的持股比例）<br>　贷：盈余公积　　　　　　（子公司合并前的盈余公积×母公司的持股比例）<br>　　　未分配利润——年初　（子公司合并前的未分配利润×母公司的持股比例） |
| | ② 非同一控制下企业合并取得的子公司，应编制如下抵销分录（非全资子公司） | 借：股本（实收资本）　　（子公司实收资本的期末数）<br>　　资本公积　　　　　　（子公司资本公积经调整后的期末数）<br>　　其他综合收益　　　　（子公司其他综合收益的期末数）<br>　　盈余公积　　　　　　（子公司盈余公积的期末数）<br>　　未分配利润——年末　（经调整后子公司未分配利润的期末数）<br>　　商誉　　　　　　　　（长期股权投资大于应享有子公司可辨认净资产公允价值份额的差额）<br>　贷：长期股权投资　　　　（母公司对子公司的长期股权投资按权益法调整后的期末数）<br>　　　少数股东权益　　　　（子公司可辨认净资产公允价值总额×少数股权比例）<br>▲需要说明的是，子公司持有母公司的长期股权投资，应当视为企业集团的库存股，作为所有者权益的减项，在合并资产负债表中所有者权益项目下以"减：库存股"项目所示，即在合并工作底稿中做如下抵销分录：<br>借：库存股<br>　贷：长期股权投资<br>子公司相互之间持有的长期股权投资，应当比照母公司对子公司的股权投资的抵销方法，将长期股权投资与其对应的子公司所有者权益中所享有的份额相互抵销 |
| （2）内部股权投资收益与子公司利润分配项目的抵销处理 | | 借：投资收益　　　　　　（子公司经调整后的净利润×母公司持股比例）<br>　　少数股东损益　　　　（子公司经调整后的净利润×少数股东持股比例）<br>　　未分配利润——年初　（子公司调整后的年初未分配利润）<br>　贷：提取盈余公积　　　　（子公司本期提取的盈余公积）<br>　　　对所有者（股东）分配　（子公司利润分配数）<br>　　　未分配利润——年末　（子公司经调整后的年末未分配利润）<br>▲应当注意的是，如果子公司当年亏损，投资收益和少数股东损益用负数表示。子公司少数股东分担的当期亏损超过了少数股东在该子公司期初所有者权益中所享有的份额的，其余额仍应冲减少数股东权益 |

### 2. 内部债权、债务的抵销

| | | | |
|---|---|---|---|
| （1）应收账款与应付账款的抵销（连续编报） | ① 期末内部应收账款和应付账款 | 抵销内部应收账款和应付账款 | 借：应付账款　　（期末数）<br>　贷：应收账款 |
| | | 抵销根据期初内部应收账款计提的坏账准备 | 借：应收账款　　（内部应收账款计提的坏账准备期初数）<br>　贷：未分配利润——年初 |
| | | 抵销内部应收账款计提坏账准备的所得税影响 | 借：未分配利润——年初　（抵销以前期间计提坏账准备×适用税率）<br>　贷：递延所得税资产 |

(续表)

| | | | |
|---|---|---|---|
| （1）应收账款与应付账款的抵销（连续编报） | ② 期末内部应收账款＞期初内部应收账款 | 抵销内部应收账款和应付账款 | 借：应付账款　（期末数）<br>　贷：应收账款 |
| | | 抵销根据期初内部应收账款计提的坏账准备 | 借：应收账款　（内部应收账款计提的坏账准备期初数）<br>　贷：未分配利润——年初 |
| | | 抵销本期根据内部应收账款补提的坏账准备 | 借：应收账款　（本期补提的坏账准备数）<br>　贷：信用减值损失 |
| | | 抵销内部应收账款计提坏账准备的所得税影响 | 借：未分配利润——年初　（抵销以前期间计提的坏账准备×适用税率）<br>　　所得税费用　（抵销本期补提坏账准备的金额×适用税率）<br>　贷：递延所得税资产（抵销坏账准备的金额×适用税率） |
| | ③ 期末内部应收账款＜期初内部应收账款 | 抵销内部应收账款和应付账款 | 借：应付账款　（期末数）<br>　贷：应收账款 |
| | | 抵销根据期初内部应收账款计提的坏账准备 | 借：应收账款　（内部应收账款计提的坏账准备期初数）<br>　贷：未分配利润——年初 |
| | | 抵销本期根据内部应收账款冲销的坏账准备 | 借：信用减值损失<br>　贷：应收账款　（本期冲销的坏账准备数） |
| | | 抵销内部应收账款计提坏账准备的所得税影响 | 借：未分配利润——年初　（抵销以前期间计提的坏账准备×适用税率）<br>　贷：所得税费用　（抵销本期冲销坏账准备的金额×适用税率）<br>　　递延所得税资产　（抵销坏账准备的金额×适用税率） |
| （2）债权投资与应付债券的抵销 | ① 抵销债权投资和应付债券 | 债券投资的余额大于应付债券的余额 | 借：应付债券　（发行方应付债券的期末余额×内部购买比例）<br>　　投资收益　（债权投资大于应付债券的差额）<br>　贷：债权投资　（购买方债权投资的期末余额） |
| | | 债券投资的余额小于应付债券的余额 | 借：应付债券　（发行方应付债券的期末余额×内部购买比例）<br>　贷：债权投资　（购买方债权投资的期末余额）<br>　　财务费用　（债权投资小于应付债券的差额） |
| | ② 抵销内部债券的利息收益和利息支出 | | 借：投资收益<br>　贷：财务费用　（费用化的利息）<br>　　在建工程等　（资本化的利息） |
| | ③ 抵销以前期间资本化的利息支出 | | 借：未分配利润——年初<br>　贷：在建工程/固定资产等　（以前期间资本化的利息） |

**3. 内部存货交易的抵销**

| | | | |
|---|---|---|---|
| （1）内部商品交易当期（初次交易） | ① 抵销当期内部销售收入 | 借：营业收入　　（内部购销时销售方的销售收入）<br>贷：营业成本　　（购买方对外销售的销售成本） | |
| | ② 抵销期末存货价值中包含的未实现内部销售损益 | 借：营业成本　　（期末存货中包含的未实现内部销售利润）<br>贷：存货　　（期末内部购进存货的成本×销售企业的毛利率）<br>如为逆流交易，应将内部销售形成的存货中包含的未实现内部销售损益进行分摊，即还应做如下抵销分录：<br>借：少数股东权益<br>贷：少数股东损益　（金额＝存货中包含的未实现内部交易损益×少数股权比例） | |
| | ③ 调整因抵销期末存货中包含的未实现内部销售损益的所得税影响 | 借：递延所得税资产　　（抵销期末存货中包含的未实现内部销售利润×适用税率）<br>贷：所得税费用<br>如为逆流交易，应抵销因逆流交易发生的递延所得税对少数股东权益的份额，即还应做如下抵销分录：<br>借：少数股东损益<br>贷：少数股东权益　（金额＝抵销因逆流交易发生的递延所得税×少数股权比例） | |
| | ④ 抵销内部购进商品所形成的存货计提的跌价准备 | 借：存货——存货跌价准备　　（本期对内部购入存货多计提的存货跌价准备）<br>贷：资产减值损失<br>注意：抵销的金额不能超过存货中包含的毛利（未实现的利润） | |
| | ⑤ 抵销根据内部购入存货计提的存货跌价准备而确认的递延所得税资产 | 借：所得税费用　（抵销内部购入存货本期计提存货跌价准备×适用税率）<br>贷：递延所得税资产 | |
| （2）连续编制合并会计报表（以后各期） | ① 抵销期初存货价值中包含的未实现内部销售利润 | 借：未分配利润——年初　　（期初内部购进存货价值中包含的未实现内部销售损益）<br>贷：营业成本<br>（视同上期存货在本期已全部销售） | |
| | ② 抵销本期内部销售收入和销售成本 | 借：营业收入　　（本期销售企业内销售收入的金额）<br>贷：营业成本 | |
| | ③ 抵销期末内部购入存货中包含的未实现内部销售损益 | 借：营业成本　　（期末内部购入存货成本×销售企业的毛利率）<br>贷：存货 | |
| | ④ 调整因抵销未实现内部销售损益产生的所得税影响 | 借：递延所得税资产　　（抵销的期末存货中包含的未实现内部销售毛利×适用税率）<br>贷：未分配利润——年初　　（抵销期初存货中包含的未实现内部销售毛利×适用税率）<br>贷（或借）：所得税费用　　　　（差额） | |
| | ⑤ 抵销上期内部购进存货计提的存货跌价准备 | 借：存货——存货跌价准备　　（上期末抵销内部购进存货计提的存货跌价准备）<br>贷：未分配利润——年初<br>如果上期存货在本期已全部销售，则直接抵销营业成本 | |
| | ⑥ 抵销本期根据内部购进存货补提或冲销的存货跌价准备 | 借：存货——存货跌价准备　　（本期内部购入存货多提的存货跌价准备数）<br>贷：资产减值损失<br>或　借：资产减值损失　　（本期冲销内部购进存货多提的存货跌价准备数）<br>贷：存货——存货跌价准备 | |

(续表)

| | | |
|---|---|---|
| （2）连续编制合并会计报表（以后各期） | ⑦抵销本期销售存货结转的存货跌价准备 | 借：营业成本　（本期已售内部购进存货结转的存货跌价准备数）<br>贷：存货——存货跌价准备 |
| | ⑧抵销购买企业因计提存货跌价准备而确认的递延所得税资产 | 借：未分配利润——年初　（抵销以前期间存货跌价准备数×适用所得税税率）<br>　　所得税费用　（抵销本期存货跌价准备数×适用所得税税率）<br>贷：递延所得税资产　（抵销存货跌价准备总数×适用所得税税率） |

**4. 内部固定资产交易的抵销**

| | | |
|---|---|---|
| （1）内部固定资产交易发生当期的抵销处理 | 企业集团内部买卖固定资产交易的抵销 | ①抵销固定资产原价中的未实现内部交易损益：<br>借：资产处置收益　（变卖固定资产收入大于固定资产账面价值的金额）<br>贷：固定资产——原价<br>或编制如下抵销分录：<br>借：固定资产——原价<br>贷：资产处置收益　（变卖固定资产收入小于固定资产价值的金额）<br><br>②抵销根据包含未实现内部交易损益的固定资产每期多提(或少提)的折旧：<br>借：固定资产——累计折旧　（内部交易固定资产当期多计提折旧的数额）<br>贷：管理费用等<br>或编制如下抵销分录：<br>借：管理费用等<br>贷：固定资产——累计折旧（内部交易固定资产当期少计提折旧的数额）<br><br>③调整因抵销未实现内部交易损益产生的所得税影响：<br>借：递延所得税资产　[（抵销原价中的未实现内部交易损益－抵销的折旧）×适用税率]<br>贷：所得税费用 |
| | 企业集团内部企业将产品销售给其他企业作为固定资产的交易的抵销 | ①抵销固定资产原价中的未实现内部交易损益：<br>借：营业收入　（内部销售企业销售产品的售价）<br>贷：营业成本　（内部销售企业销售产品的成本）<br>　　固定资产——原价　（固定资产原价中包含的未实现内部销售利润）<br><br>②抵销根据包含未实现内部交易损益的固定资产每期多计提(或少计提)的折旧：<br>借：固定资产——累计折旧　（根据包含未实现内部交易损益的原价多计提的折旧）<br>贷：管理费用等<br><br>③调整因抵销未实现内部交易损益产生的所得税影响：<br>借：递延所得税资产　[（抵销原价中的未实现内部交易损益－抵销的折旧）×适用税率]<br>贷：所得税费用 |

(续表)

| | | |
|---|---|---|
| （2）内部交易固定资产取得后至处置前各期间的抵销处理 | ① 抵销固定资产原价中包含的未实现内部交易损益：<br>借：未分配利润——年初　（固定资产原价中包含的未实现内部交易损益的金额）<br>　　贷：固定资产——原价 | |
| | ② 抵销以前期间根据包含未实现内部交易损益的固定资产原价多计提的折旧：<br>借：固定资产——累计折旧　（以前期间内部交易固定资产多计提的折旧额）<br>　　贷：未分配利润——年初 | |
| | ③ 抵销本期根据包含的未实现内部交易损益的固定资产原价多计提的折旧：<br>借：固定资产——累计折旧　（本期内部交易固定资产多计提的折旧额）<br>　　贷：管理费用等 | |
| | ④ 调整因抵销未实现内部交易损益及多提折旧所产生的可抵扣暂时性差异的所得税影响：<br>借：递延所得税资产　[抵销原价中包含的未实现内部交易损益－抵销至本期累计多提折旧]×适用税率]<br>　　所得税费用　（抵销的本期多计提的折旧×适用税率）<br>　　贷：未分配利润——年初　[（抵销原价中包含的未实现内部交易损益－抵销至上期累计多提的折旧）×适用税率] | |
| （3）内部交易固定资产清理期间的抵销处理 | 期满清理时的抵销 | 借：未分配利润——年初　（内部交易固定资产清理当期多计提的折旧额）<br>　　贷：管理费用等 |
| | 超期使用后清理的抵销 | 内部交易固定资产超期使用后的清理期间编制合并财务报表时，不需要再进行抵销处理 |
| | 提前进行清理期间的抵销 | ① 抵销内部交易时确认的未实现内部交易损益（调整年初未分配利润）：<br>借：未分配利润——年初　（固定资产交易中确认的未实现内部交易利润）<br>　　贷：资产处置收益 |
| | | ② 抵销内部交易固定资产以前年度多计提的折旧：<br>借：资产处置收益　（以前期间内部交易固定资产多计提的累计折旧）<br>　　贷：未分配利润——年初 |
| | | ③ 抵销清理当期内部交易固定资产多计提的折旧：<br>借：资产处置收益　（清理当期内部交易固定资产多计提的折旧额）<br>　　贷：管理费用等<br>如果是报废损毁，则将上述抵销分录中的资产处置收益改为营业外支出 |
| | | ④ 调整因抵销未实现内部销售损益和折旧产生的所得税影响：<br>借：所得税费用　[抵销原价中包含的未实现毛利－抵销至上期累计多提的折旧）×适用税率]<br>　　贷：未分配利润——年初 |

**5. 内部无形资产交易的抵销**

| | |
|---|---|
| （1）内部固定资产交易发生当期的抵销处理 | ① 抵销无形资产成本中的未实现内部交易损益：<br>借：资产处置收益　（变卖无形资产收入大于账面价值的金额）<br>　　贷：无形资产<br>或编制如下抵销分录：<br>借：无形资产<br>　　贷：资产处置收益　（变卖无形资产收入小于账面价值的金额） |

(续表)

| | |
|---|---|
| (1) 内部固定资产交易发生当期的抵销处理 | ② 抵销根据包含未实现内部交易损益的无形资产多摊销的金额：<br>借：无形资产——累计摊销　（内部交易无形资产当期多摊销的数额）<br>　　贷：管理费用等<br>或编制如下抵销分录：<br>借：管理费用等<br>　　贷：无形资产——累计摊销　（内部交易无形资产当期少摊销的数额）<br>③ 调整因抵销未实现内部销售损益产生的所得税影响：<br>借：递延所得税资产　[（抵销无形资产成本中的未实现内部交易损益－抵销的摊销金额）×适用税率]<br>　　贷：所得税费用 |
| (2) 内部交易固定资产取得后至处置前各期间的抵销处理 | ① 抵销无形资产成本中包含的未实现内部交易损益：<br>借：未分配利润——年初　（无形资产成本中包含的未实现内部交易损益的金额）<br>　　贷：无形资产——成本<br>② 抵销以前期间根据包含未实现内部交易损益的无形资产成本多摊销的金额：<br>借：无形资产——累计摊销　（以前期间内部交易无形资产多摊销的金额）<br>　　贷：未分配利润——年初<br>③ 抵销本期根据包含的未实现内部交易损益的无形资产成本多摊销的金额：<br>借：无形资产——累计摊销（本期内部交易无形资产多摊销的金额）<br>　　贷：管理费用等<br>④ 调整因抵销未实现内部交易损益及多摊销的无形资产所产生的所得税影响<br>借：递延所得税资产　[（抵销包含的未实现内部交易损益－抵销至本期累计多提摊销的金额）×适用税率]<br>　　所得税费用　（抵销的本期多摊销的无形资产×适用税率）<br>　　贷：未分配利润——年初　[（抵销的未实现内部交易损益－抵销的至上期累计多摊销的无形资产）×适用税率] |
| (3) 内部交易无形资产摊销完毕期间 | 抵销当期多摊销的无形资产：<br>借：未分配利润——年初（内部交易无形资产处置当期多摊销的金额）<br>　　贷：管理费用等<br>调整因抵销未实现内部销售损益的所得税影响：<br>借：所得税费用　（抵销内部交易无形资产处置当期多摊销的金额×适用税率）<br>　　贷：未分配利润——年初 |

### 6. 编制合并现金流量表的抵销分录

| | |
|---|---|
| (1) 母公司与子公司、子公司相互之间当期以现金投资或收购股权增加的投资所产生的现金流量的抵销处理 | ① 母公司直接以现金对子公司进行的长期股权投资：<br>借：投资支付的现金　（母公司以现金向子公司投资的金额）<br>　　贷：吸收投资收到的现金<br>② 母公司与子公司、子公司相互之间买卖其持有的其他企业的股票：<br>借：投资支付的现金　（内部购买投资实际支付的购买价款）<br>　　贷：收回投资收到的现金 |
| (2) 母公司与子公司、子公司相互之间取得投资收益收到的现金与分配股利、利润或偿付利息支付的现金的抵销处理 | 借：分配股利、利润或偿付利息支付的现金<br>　　贷：取得投资收益收到的现金　（内部投资实际收到的现金股利或利息） |

(续表)

| | |
|---|---|
| (3) 母公司与子公司、子公司相互之间以现金结算债权与债务所产生的现金流量的抵销处理 | ① 母公司与子公司、子公司相互之间以现金结算应收账款与应付账款等：<br>借：购买商品、接受劳务支付的现金 （当期以现金偿付应付账款等金额）<br>　　贷：销售商品、提供劳务收到的现金<br>② 母公司与子公司、子公司相互之间以现金结算其他应收款与其他应付款：<br>借：支付的其他与经营活动有关的现金 （当期以现金偿付其他应付款等金额）<br>　　贷：收到的其他与经营活动有关的现金<br>③ 母公司与子公司、子公司相互之间发行和购买债券：<br>借：投资支付的现金 （内部购买债券实际支付的购买价款）<br>　　贷：吸收投资收到的现金<br>④ 母公司与子公司、子公司相互之间兑付到期债券：<br>借：偿还债务支付的现金 （实际兑付债券的本金，不包括支付的利息）<br>　　贷：收回投资收到的现金 |
| (4) 母公司与子公司、子公司相互之间当期销售商品所产生的现金流量的抵销处理 | ① 母公司与子公司、子公司相互之间当期购买商品没有形成固定资产的：<br>借：购买商品、接受劳务支付的现金 （当期内部购买商品实际支付的价款和增值税）<br>　　贷：销售商品、提供劳务收到的现金<br>② 母公司与子公司、子公司相互之间当期购买商品形成固定资产的：<br>借：购建固定资产、无形资产和其他长期资产所支付的现金<br>　　贷：销售商品、提供劳务收到的现金（当期内部销售商品实际收到的价款和增值税） |
| (5) 母公司与子公司、子公司相互之间处置固定资产等收回的现金净额与购建固定资产等支付的现金的抵销处理 | 借：购建固定资产、无形资产和其他长期资产支付的现金<br>　　贷：处置固定资产、无形资产和其他长期资产收到的现金净额（内部购买固定资产等支付的价款） |

▲ 学习时应注重不同情况下的母公司与子公司之间、子公司相互之间发生的内部交易的抵销处理。

### （四）合并财务报表中特殊交易的会计处理

| | | |
|---|---|---|
| (1) 追加投资的会计处理 | 母公司购买子公司少数股东拥有的子公司股权的会计处理 | 因购买少数股权新取得的长期股权投资与按照新增持股比例计算应享有子公司自购买日（或合并日）开始持续计算的净资产份额之间的差额，应当调整母公司个别报表中资本公积（资本溢价或股本溢价），资本公积不足冲减的，调整留存收益 |
| | 企业因追加投资等原因能够对非同一控制下的被投资方实施控制的会计处理 | 如果分步取得对子公司股权投资直至取得控制权的各项交易属于"一揽子交易"，应当将各项交易作为一项取得子公司控制权的交易，并区分企业合并的类型分别进行会计处理 |

(续表)

| | | |
|---|---|---|
| (1) 追加投资的会计处理 | 企业因追加投资等原因能够对非同一控制下的被投资方实施控制的会计处理 | 如果不属于"一揽子交易",在合并财务报表中,还应区分企业合并的类型分别进行会计处理。对于分步实现的非同一控制下企业合并,购买日之前持有的被购买方的股权,应当按照该股权在购买日的公允价值进行重新计量,公允价值与其账面价值的差额计入当期投资收益;购买日之前持有的被购买方的股权涉及权益法核算下的其他综合收益、其他所有者权益变动的,应当转为购买日所属当期投资收益,不能结转进损益的其他综合收益除外 |
| | 通过多次交易分步实现的同一控制下企业合并的会计处理 | 对于分步实现的同一控制下企业合并,根据企业合并准则,同一控制下企业合并在编制合并财务报表时,应视同参与合并的各方在最终控制方开始控制时即以目前的状态存在进行调整,在编制比较报表时,以不早于合并方和被合并方同处于最终控制方的控制之下的时点为限,将被合并方的有关资产、负债并入合并方合并财务报表的比较报表中,并将合并而增加的净资产在比较报表中调整所有者权益项下的相关项目 |
| (2) 处置对子公司投资的会计处理 | ① 不丧失控制权处置对子公司的长期股权投资的会计处理 | 应将处置价款与处置长期股权投资相对应享有子公司自购买日或合并日开始持续计算的净资产份额之间的差额,应当调整资本公积(资本溢价或股本溢价),资本公积不足冲减的,调整留存收益 |
| | ② 因处置对子公司长期股权投资而丧失控制权的会计处理 —— 一次交易的处置子公司 | 母公司因处置部分股权投资或其他原因丧失了对原有子公司控制的,在合并财务报表中,对于剩余股权,应当按照丧失控制权日的公允价值进行重新计量。处置股权取得的对价和剩余股权公允价值之和,减去按原持股比例计算应享有原有子公司自购买日开始持续计算的净资产的份额与商誉之和的差额,计入丧失控制权当期的投资收益 此外,与原有子公司的股权投资相关的其他综合收益、其他所有者权益变动,应当在丧失控制权时转入当期损益 |
| | 多次交易分步处置子公司 | 如果分步交易不属于"一揽子交易",则在丧失对子公司控制权以前的各项交易,应按"母公司在不丧失控制权的情况下部分处置对子公司的长期股权投资"的有关规定进行会计处理 |
| | | 如果分步交易属于"一揽子交易",则应将各项交易作为一项处置原有子公司并丧失控制权的交易进行会计处理,其中,对于丧失控制权之前的每一次交易,处置价款与处置投资对应的享有该子公司自购买日开始持续计算的净资产账面价值的份额之间的差额,在合并财务报表中应当计入其他综合收益,在丧失控制权时一并转入丧失控制权当期的损益 |
| (3) 因子公司的少数股东增资而稀释母公司拥有的股权比例的会计处理 | | 子公司的其他股东对子公司进行增资,由此稀释了母公司对子公司的股权比例,在这种情况下,应当按照增资前的母公司股权比例计算其在增资前子公司账面净资产中的份额,该份额与增资后按母公司持股比例计算的在增资后子公司账面净资产份额之间的差额计入资本公积,资本公积不足冲减的,调整留存收益 |

(续表)

| | | |
|---|---|---|
| (4) 交叉持股的会计处理 | ① 对于母公司持有的子公司股权 | 与通常情况下母公司长期股权投资与子公司所有者权益的合并抵销处理相同 |
| | ② 对于子公司持有的母公司股权 | 按照子公司取得母公司股权日所确认的长期股权投资的初始投资成本,将其转为合并财务报表中的库存股,作为所有者权益的减项 |
| | | 对于子公司持有母公司股权所确认的投资收益(如利润分配或现金股利),应当进行抵销处理 |
| | | 子公司将所持有的母公司股权分类为其他权益工具投资,按照公允价值计量的,同时冲销子公司累计确认的公允价值变动 |
| (5) 其他特殊交易 | | 对于站在企业集团合并财务报表角度的确认和计量结果与其所属的母公司或子公司的个别财务报表层面的确认结果不一致的,在编制合并财务报表时,应站在企业集团角度对该特殊交易事项予以调整 |

### (五)母公司在报告期内增减子公司在合并资产负债表、合并利润表和合并现金流量表的反映

| | | |
|---|---|---|
| (1) 母公司在报告期增减子公司在合并资产负债表的反映 | 增加子公司 | ① 因同一控制下企业合并增加的子公司,编制合并资产负债表时应当调整合并资产负债表的期初数 |
| | | ② 因非同一控制下企业合并增加的子公司,不应该调整合并资产负债表的期初数 |
| | 处置子公司 | 母公司在报告期内处置子公司,编制合并资产负债表时,不应当调整合并资产负债表的期初数 |
| (2) 母公司在报告期内增减子公司在合并利润表的反映 | 增加子公司 | ① 因同一控制下企业合并增加的子公司,在编制合并利润表时,应当将该子公司合并当期期初至报告期末的收入、费用、利润纳入合并利润表 |
| | | ② 因非同一控制下企业合并增加的子公司,在编制合并利润表时,应当将该子公司购买日至报告期末的收入、费用、利润纳入合并利润表 |
| | 处置子公司 | 母公司在报告期内处置子公司,应当将该子公司期初至处置日的收入、费用、利润纳入合并利润表 |
| (3) 母公司在报告期增减子公司在合并现金流量表的反映 | 增加子公司 | ① 因同一控制下企业合并增加的子公司,在编制合并现金流量表时,应当将该子公司合并当期期初至报告期末的现金流量纳入合并现金流量表 |
| | | ② 因非同一控制下企业合并增加的子公司,在编制合并现金流量表时,应当将该子公司购买日至报告期末的现金流量纳入合并现金流量表 |
| | 处置子公司 | 母公司在报告期内处置子公司,应将该子公司期初至处置日的现金流量纳入合并现金流量表 |

▲ 学习时应注意报告期内增减子公司的具体处理。

### 四、练习题

#### (一)单项选择题

1. 下列被投资单位中,应当纳入合并财务报表合并范围的是(    )。

   A. 已宣告破产的子公司

B. 合营企业
C. 所有者权益为负数的持续经营的子公司
D. 联营企业

2. M 公司拥有 A 公司 70% 的股权,持有 B 公司 30% 的股权,A 公司持有 B 公司 40% 股权,则 M 公司合计拥有 B 公司的表决权比例为(　　)。

   A. 30%　　　　　　B. 40%　　　　　　C. 70%　　　　　　D. 100%

3. 甲公司期初和期末对其子公司的应收款项余额分别为 250 万元和 200 万元,甲公司年末均按 10% 的综合比例对应收款项计提坏账准备。甲公司期末编制合并财务报表时抵销内部应收款项计提的坏账准备的抵销分录是(　　)。

   A. 借:应收账款——坏账准备　　　　　　200 000
        贷:信用减值损失　　　　　　　　　　　　　200 000
   B. 借:未分配利润——年初　　　　　　　250 000
        贷:应收账款——坏账准备　　　　　　　　　200 000
          信用减值损失　　　　　　　　　　　　　　50 000
   C. 借:应收账款——坏账准备　　　　　　250 000
        贷:未分配利润——年初　　　　　　　　　　200 000
          信用减值损失　　　　　　　　　　　　　　50 000
   D. 借:应收账款——坏账准备　　　　　　200 000
        信用减值损失　　　　　　　　　　　　50 000
        贷:未分配利润——年初　　　　　　　　　　250 000

4. 对于上一年度抵销的内部应收账款计提的坏账准备金额,在本年度编制合并抵销分录时,应当(　　)。

   A. 借:应收账款——坏账准备　　　　　　B. 借:信用减值损失
        贷:信用减值损失　　　　　　　　　　　　贷:应收账款——坏账准备
   C. 借:未分配利润——年初　　　　　　　D. 借:应收账款——坏账准备
        贷:应收账款——坏账准备　　　　　　　　贷:未分配利润——年初

5. 在连续编制合并会计报表的情况下,由于上年坏账准备抵销而应调整本年"未分配利润——年初"项目的金额为(　　)。

   A. 上年度应收账款计提的坏账准备的数额
   B. 本年度应收账款计提的坏账准备的数额
   C. 上年度抵销的内部应收账款计提的坏账准备的数额
   D. 本年度内部应收账款计提的坏账准备的数额

6. 某公司采用备抵法核算坏账损失,坏账准备的综合计提比例为应收账款余额的 10%。上年年末该公司对其子公司内部应收账款余额为 4 000 万元,本年年末对其子公司内部应收账款余额为 6 000 万元。该公司本年编制合并财务报表时应抵销"未分配利润——年初"项目的金额为(　　)万元。

   A. 600　　　　　　B. 200　　　　　　C. 0　　　　　　D. 400

7. 甲公司销售一批产品给其子公司,销售成本 600 万元,售价 800 万元。子公司购进后,已销售 50%,取得收入 500 万元,另外 50% 作为存货。甲公司销售毛利率为 25%。甲公司编制合并财务报表时应抵销的未实现内部销售的利润为(　　)万元。

A. 100    B. 200    C. 300    D. 0

8. 企业对于期初存货价值中包含的未实现内部销售利润应当编制的抵销分录是( )。
   A. 借：未分配利润——年初
      贷：存货
   B. 借：未分配利润——年初
      贷：营业成本
   C. 借：营业收入
      贷：存货
   D. 借：管理费用
      贷：存货

9. A公司上期从其母公司甲公司购入的500万元存货，本期全部实现了对外销售，取得700万元的销售收入，该项存货在母公司的销售成本为400万元，甲公司编制本期合并财务报表时应做的抵销分录是( )。
   A. 借：未分配利润——年初           200万
      贷：营业成本                     200万
   B. 借：未分配利润——年初           100万
      贷：存货                         100万
   C. 借：未分配利润——年初           100万
      贷：营业成本                     100万
   D. 借：营业收入                     700万
      贷：营业成本                     700万

10. 甲公司2月10日从其拥有80%股份的被投资企业A公司购进设备一台，该设备成本70万元，售价100万元，增值税13万元，另支付运输安装费7万元，甲公司已付款且该设备当月投入使用，预计使用5年，净残值为0，采用年限平均法计提折旧。甲公司当年年末编制合并报表时，下列有关固定资产折旧抵销分录中正确的是( )。
    A. 借：固定资产——累计折旧        20万
       贷：管理费用                    20万
    B. 借：固定资产——累计折旧        8.33万
       贷：管理费用                    8.33万
    C. 借：固定资产——累计折旧        5万
       贷：管理费用                    5万
    D. 借：固定资产——累计折旧        7.83万
       贷：管理费用                    7.83万

11. 2019年6月，甲公司以1 000万元的价格（不含增值税税额），将其生产的设备销售给其全资子公司作为管理用固定资产，当月投入使用。该设备的生产成本为800万元。子公司采用年限平均法对该设备计提折旧，该设备预计使用年限为5年，预计净残值为零。甲、乙公司的所得税税率为25%。编制2019年合并财务报表时，因该设备相关的未实现内部销售利润的抵销而影响合并净利润的金额为( )。
    A. 200万元    B. 160万元    C. 135万元    D. 180万元

12. 甲公司拥有乙和丙两家子公司。2018年6月15日，乙公司将其产品以市场价格销售给丙公司，售价为100万元（不考虑相关税费），销售成本为76万元。丙公司购入后作为管理用固定资产，当月投入使用，按4年的使用期限采用年限平均法对该项固定资产计提折旧，预计净残值为零。甲公司在编制2019年年末合并资产负债表时，应调减"固定资产"项目金额( )万元。
    A. 24    B. 15    C. 9    D. 6

13. 将期初内部交易无形资产多摊销额抵销时,应编制的抵销处理是(　　)。

A. 借:未分配利润——年初
　　贷:管理费用

B. 借:无形资产——累计摊销
　　贷:管理费用

C. 借:无形资产——累计摊销
　　贷:未分配利润——年初

D. 借:未分配利润——年初
　　贷:无形资产——累计摊销

14. 甲公司只有一个子公司A公司,2019年度,甲公司和A公司个别现金流量表中"销售商品提供劳务收到现金"项目的金额分别为2 000万元和1 400万元,"购买商品接受劳务支付现金"项目的金额分别为1 800万元和1 200万元。2019年甲公司向A公司销售商品收到现金100万元,不考虑其他事项,合并现金流量表中"购买商品、接受劳务支付现金"项目的金额为(　　)万元。

A. 3 400　　　　B. 3 000　　　　C. 2 900　　　　D. 3 300

15. 母公司在编制合并现金流量表时,下列各项中,会引起筹资活动产生的现金流量发生增减变动的是(　　)。

A. 子公司依法减资支付给少数股东的现金
B. 子公司购买少数股东的固定资产支付的现金
C. 子公司向少数股东出售无形资产收到的现金
D. 子公司购买少数股东发行的债券支付的现金

16. 根据现行会计准则的规定,对于上一年度纳入合并范围、本年处置的子公司,下列会计处理中正确的是(　　)。

A. 合并利润表应当将处置该子公司的损益作为营业外收支
B. 合并利润表应当包括该子公司年初至处置日的相关收入、费用和利润
C. 合并利润表应当将该子公司年初至处置日实现的净利润作为投资收益
D. 合并利润表应当将该子公司年初至处置日实现的净利润与处置该子公司的损益一并作为投资收益

### (二)多项选择题

1. 合并财务报表的特点有(　　)。

A. 合并财务报表反映的是经济意义主体的财务状况、经营成果及现金流量
B. 合并财务报表的编制主体是母公司
C. 合并财务报表的编制基础是构成企业集团的母、子公司的个别报表
D. 合并财务报表就是各个子公司个别报表的汇总

2. 下列公司的股东均按所持股份行使表决权并按表决权比例享有相关可变回报,拥有权力的一方能够运用权力影响其回报的金额,W公司编制合并报表时应纳入合并范围的公司包括(　　)。

A. 甲公司(W公司拥有其60%的股权)
B. 乙公司(甲公司拥有其55%的股权)
C. 丙公司(W公司拥有其30%的股权,甲公司拥有其40%的股权)
D. 丁公司(W公司拥有其20%的股权,乙公司拥有其40%的股权)

3. 下列被投资企业的股东均按所持股份行使表决权并按表决权比例享有相关可变回报,拥有权力的一方能够运用权力影响其回报的金额,投资企业应当将其纳入合并会计报表范围

的有(　　)。

A. 直接拥有其半数以上权益性资本的被投资企业

B. 通过子公司间接拥有其半数以上权益性资本的被投资企业

C. 直接和通过子公司合计拥有其半数以上权益性资本的被投资企业

D. 拥有其35%的权益性资本并能主导其相关活动的被投资企业

4. 下列情况中,W公司没有拥有该被投资单位半数以上权益性资本,但可以纳入合并会计报表的合并范围的有(　　)。

A. 通过与被投资企业其他投资者之间的协议,持有该被投资企业半数以上表决权

B. 根据公司章程或协议,有权控制被投资企业财务和经营政策

C. 有权任免董事会等类似权力机构的多数成员

D. 在董事会或类似权力机构的会议上有多数投票权

5. W公司拥有甲、乙、丙、丁四家公司的权益性资本比例分别是63%、32%、25%和28%。此外,甲公司拥有乙公司26%的权益性资本,丙公司拥有丁公司30%的权益性资本,各公司均按所持股份行使表决权并按表决权比例享有相关可变回报,拥有权利的一方能够运用权力影响其回报的金额。则应纳入W公司合并会计报表合并范围的有(　　)。

A. 甲公司　　　　　　　　　　B. 乙公司

C. 丙公司　　　　　　　　　　D. 丁公司

6. 在内部销售商品未实现对外销售的情况下,编制抵销分录涉及的项目有(　　)。

A. 营业收入　　　　　　　　　B. 营业成本

C. 未分配利润——年初　　　　D. 存货

7. 甲股份有限公司于2018年通过投资成为乙股份有限公司的母公司。2018年年末,甲公司应收乙公司账款为600万元;2019年年末,甲公司应收乙公司账款为800万元。甲公司坏账准备的综合计提比例为10%。在不考虑所得税的情况下,甲公司2019年编制合并财务报表时,应编制的抵销分录有(　　)。

A. 借:应付账款　　　　　　　　8 000 000
　　　贷:应收账款　　　　　　　　　　　8 000 000

B. 借:应收账款——坏账准备　　600 000
　　　贷:未分配利润——年初　　　　　　600 000

C. 借:应收账款——坏账准备　　200 000
　　　贷:信用减值损失　　　　　　　　　200 000

D. 借:信用减值损失　　　　　　200 000
　　　贷:应收账款——坏账准备　　　　　200 000

8. 在连续编制合并会计报表时,有些业务要通过"未分配利润——年初"项目予以抵销。这些经济业务有(　　)。

A. 上期内部固定资产交易未实现利润抵销

B. 本期内部存货交易中期末存货未实现利润抵销

C. 内部存货交易中期初存货未实现利润抵销

D. 上期内部固定资产交易后多计提折旧的抵销

9. 内部交易固定资产的当期,抵销固定资产原价中包含的未实现内部销售利润时,应做的抵销处理有(　　)。

A. 借：营业收入
　　贷：营业成本
　　　　固定资产

B. 借：营业利润
　　贷：固定资产

C. 借：净利润
　　贷：固定资产

D. 借：资产处置收益
　　贷：固定资产

10. 关于母公司在报告期增减子公司在合并资产负债表的反映,下列说法中正确的有(　　)。

A. 因同一控制下企业合并增加的子公司,编制合并资产负债表时,应当调整合并资产负债表的期初数

B. 因非同一控制下企业合并增加的子公司,不应调整合并资产负债表的期初数

C. 母公司在报告期内处置子公司,编制合并资产负债表时,不应当调整合并资产负债表的期初数

D. 因同一控制下企业合并增加的子公司,编制合并资产负债表时,不应当调整合并资产负债表的期初数

11. 关于母公司在报告期增减子公司在合并利润表中的反映,下列说法中正确的有(　　)。

A. 因同一控制下企业合并增加的子公司,在编制合并利润表时,应当将该子公司合并当期期初至报告期末的收入、费用、利润纳入合并利润表

B. 因非同一控制下企业合并增加的子公司,在编制合并利润表时,应当将该子公司合并当期期初至报告期末的收入、费用、利润纳入合并利润表

C. 因非同一控制下企业合并增加的子公司,在编制合并利润表时,应当将该子公司购买日至报告期末的收入、费用、利润纳入合并利润表

D. 母公司在报告期内处置子公司,应当将该子公司期初至处置日的收入、费用、利润纳入合并利润表

12. 关于母公司在报告期内增减子公司在合并现金流量表中的反映,下列说法中正确的有(　　)。

A. 因同一控制下企业合并增加的子公司,在编制合并现金流量表时,应当将该子公司合并当期期初至报告期末的现金流量纳入合并现金流量表

B. 母公司在报告期内处置子公司,应将该子公司处置日至期末的现金流量纳入合并现金流量表

C. 因非同一控制下企业合并增加的子公司,在编制合并现金流量表时,应当将该子公司购买日至报告期末的现金流量纳入合并现金流量表

D. 母公司在报告期内处置子公司,应将该子公司期初至处置日的现金流量纳入合并现金流量表

(三)判断题

1. 合并财务报表与个别报表一样是每个独立的法人企业都应编制的财务报表。(　　)

2. 合并财务报表是通过将母公司和纳入合并范围的子公司的个别财务报表汇总而成。(　　)

3. 合并财务报表和汇总财务报表都是经过汇总而成,所以两者没有区别。(　　)

4. 在母公司理论下，合并资产负债表中将少数股东权益视为负债单独列报，合并利润表中将少数股东享有的净利润份额视为费用单独列报。（    ）

5. 母公司在编制合并财务报表时，根据重要性原则对于规模较小的子公司可以不纳入合并财务报表的合并范围。（    ）

6. 母公司应当将其全部子公司纳入合并财务报表的合并范围。（    ）

7. 受所在国外汇管制及其他管制，资金调度受到限制的境外子公司不应纳入合并财务报表的合并范围。（    ）

8. 企业对与其他投资方一起实施共同控制的被投资企业，应采用比例合并法将其纳入合并财务报表。（    ）

9. 一体性原则要求在编制合并会计报表时，应将纳入合并范围的各成员企业作为一个整体来看待，视为一个法律主体。（    ）

10. 对于同一控制下企业合并取得的子公司，应当根据合并日子公司有关可辨认资产、负债的公允价值，对子公司的个别财务报表进行调整。（    ）

11. 同一控制下企业合并取得的子公司，在子公司采用的会计政策、会计期间与母公司一致的情况下，编制合并财务报表时，不需要对子公司的个别财务报表进行调整。（    ）

12. 在编制合并财务报表时，按照权益法调整对子公司的长期股权投资，并据此调整母公司的账簿记录和个别财务报表列报。（    ）

13. 在对长期股权投资按权益法进行调整，确认应享有子公司净损益份额时，对于非同一控制下企业合并取得的子公司，应当根据母公司在购买日设置的备查簿中登记的该子公司有关可辨认资产、负债的公允价值，对子公司的个别财务报表进行调整后确认。（    ）

14. 根据现行会计准则规定，同一控制下企业合并取得子公司，母公司编制合并资产负债表时，子公司的各项可辨认资产、负债及损益应当以公允价值在合并财务报表中列示。（    ）

15. 根据现行会计准则规定，"少数股东权益"在合并资产负债表中应作为负债项目单独列示。（    ）

16. 同一控制下企业合并取得的子公司，合并财务报表中应以母公司资本公积（资本溢价或股本溢价）的贷方余额为限，将子公司在合并前实现的留存收益中归属于母公司的份额自"资本公积"转入"盈余公积"和"未分配利润"项目。（    ）

17. 同一控制下企业合并和非同一控制下企业合并取得的子公司在抵销内部股权投资时会产生商誉。（    ）

18. 在连续编制合并财务报表的情况下，即使上期存在内部应收应付款项，只要本期未发生内部应收应付款项就不需要做抵销处理。（    ）

19. 对于同一控制下企业合并和非同一控制下企业合并增加的子公司，均不应该调整合并资产负债表的期初数。（    ）

20. 对于同一控制下企业合并和非同一控制下企业合并增加的子公司，应当将该子公司自购买日至报告期末的收入、费用、利润纳入合并利润表。（    ）

### （四）计算及会计处理题

1. 甲公司 2017 年 2 月 2 日向拥有 80% 股份的被投资企业乙公司销售其生产设备一台。甲公司销售该产品的销售成本为 84 万元，销售价款为 120 万元，销售毛利率为 30%。乙公司支付价款总额为 120 万元，另支付运杂费 2 万元，发生安装调试费用 7.6 万元，于 2017 年 6 月

10日竣工验收交付使用。乙公司采用年限平均法计提折旧,该设备用于行政管理,使用年限为3年,预计净残值为原价的4%。乙公司所得税采用资产负债表债务法核算,所得税税率为25%。假设不考虑增值税等相关税费。

要求:

(1) 假定该设备在使用期满时进行清理,甲公司2017年度、2018年度、2019年度、2020年度编制合并财务报表时有关购买、使用该设备的抵销分录。

(2) 假定该设备于2019年6月20日被出售给A公司,在出售过程中发生清理费用5万元。设备出售价款65万元(为简化核算,有关税费略)。编制甲公司2019年度合并会计报表时有关该设备的抵销分录。

2. A公司于2018年1月3日投资2 000万元,与其他投资者共同组建B公司,A公司持有B公司的80%股权。当日,B公司的股东权益为2 500万元,均为股本。坏账准备综合计提比例为应收账款期末余额的10%。假设不考虑增值税等相关税费。

(1) 2018年A公司出售甲商品给B公司,售价(不含增值税)4 000万元,成本3 000万元。至2018年12月31日,B公司向A公司购买的上述存货中尚有50%未出售给集团外部单位,这批存货的可变现净值为1 800万元。2018年12月31日,A公司对B公司的应收账款为3 000万元。B公司2018年向A公司购入存货所剩余的部分,至2019年12月31日尚未出售给集团外部单位,其可变现净值为1 500万元。

(2) 2019年A公司出售甲商品给B公司,售价(不含增值税)5 000万元,成本4 000万元。至2019年12月31日,A公司对B公司的所有应收账款均已结清。B公司2019年向A公司购入的存货至2019年12月31日全部未出售给集团外部单位,其可变现净值为4 500万元。

(3) 2018年3月6日A公司出售乙商品给B公司,售价300万元,成本240万元,B公司购入后作为管理用固定资产,双方款项已结清。B公司发生安装费9万元,于2018年8月1日达到预定可使用状态,折旧年限5年,残值为0,采用年限平均法计提折旧。

(4) 2018年度B公司实现的净利润为-500万元,2018年12月31日,B公司的股东权益为2 000万元,其中股本2 500万元,未分配利润-500万元。2019年度B公司实现的净利润为-500万元,2019年12月31日,B公司的股东权益为1 500万元,其中股本2 500万元,未分配利润-1 000万元。

要求:

(1) 编制2018年合并报表的有关抵销分录。

(2) 编制2019年合并报表的有关抵销分录。

3. 甲股份有限公司(以下简称"甲公司")系非上市公司,需要对外提供合并会计报表。甲公司拥有一家子公司A公司,系2018年1月5日以4 000万元购买其60%股份而取得的子公司(非同一控制)。购买日,A公司的净资产公允价值和账面价值均为6 000万元,其中实收资本为4 000万元,资本公积为2 000万元。

A公司2018年度、2019年度分别实现净利润1 000万元和800万元。A公司除按净利润的10%提取法定盈余公积外,未进行其他利润分配。假定除净利润外,A公司无其他所有者权益变动事项。

甲公司2019年12月31日应收A公司账款余额为600万元,年初应收A公司账款余额为500万元。假定甲公司计提坏账准备的综合比例为10%。

A公司2019年12月31日的无形资产中包含有一项从甲公司购入的无形资产。该无形资产系 2018 年 1 月 10 日以 500 万元的价格购入的;甲公司转让该项无形资产时的账面价值为 400 万元。假定 A 公司对该项无形资产采用直线法摊销,摊销年限为 10 年。

甲公司所得税采用资产负债表债务法核算,所得税税率为 25%。

要求:

编制 2019 年度甲公司合并财务报表有关的调整分录和抵销分录。

4. 甲公司和其全资子公司 A 公司均为一般纳税人,所得税采用资产负债表债务法核算,所得税税率为 25%。有关交易事项如下:

(1) A 公司 2019 年 1 月 1 日结存的存货中含有从甲公司购入的存货 600 万元,该批存货甲公司的销售毛利率为 15%。2018 年度甲公司向 A 公司销售商品,售价为 3 390 万元(含增值税)。甲公司 2019 年度的销售毛利率为 20%,A 公司 2019 年度将从甲公司的一部分存货对外销售,实现的销售收入为 3 000 万元,销售成本为 2 500 万元。A 公司对存货的发出采用先进先出法核算。

(2) 2019 年 3 月 20 日,甲公司向 A 公司销售一件商品,售价为 226 万元(含 13% 的增值税),销售成本为 160 万元,A 公司购入上述商品后作为固定资产并于当月投入到行政管理部门使用,A 公司另支付运杂费等支出 44 万元,固定资产预计使用年限为 5 年,无残值,按平均年限法计提折旧。甲公司和 A 公司均为增值税一般纳税企业,适用的增值税税率均为 13%。

(3) 2019 年 1 月 1 日,甲公司以 538 万元的价格购入子公司于 2018 年 1 月 1 日按面值发行的三年期一次还本付息的债券作为债权投资(假定不考虑相关税费)。该债券票面金额为 500 万元,票面利率为 6%。因实际利率与票面利率差别较小,甲公司对债券溢折价采用直线法摊销。子公司发行债券所筹集的资金用以补充流动资金。

要求:

(1) 编制 2019 年度合并会计报表时与存货相关的抵销分录。

(2) 计算甲公司从子公司购入的固定资产的入账价值,编制 2019 年度合并会计报表时与固定资产相关的抵销分录。

(3) 编制 2019 年度合并会计报表时与内部债券相关的抵销分录。

5. 甲股份有限公司为上市公司(以下简称甲公司),2018 年度和 2019 年度有关业务资料如下:

(1) 2018 年度有关业务资料:

① 2018 年 1 月 1 日,甲公司以银行存款 1 000 万元,自非关联方大方公司购入乙公司 80% 有表决权的股份。当日,乙公司可辨认资产、负债的公允价值与其账面价值相同,所有者权益总额为 1 000 万元,其中,股本为 800 万元,资本公积为 100 万元,盈余公积为 20 万元,未分配利润为 80 万元。在此之前,甲公司与乙公司之间不存在关联方关系。

② 2018 年 3 月,甲公司向乙公司销售 A 商品一批,不含增值税的价款共计 100 万元。至 2018 年 12 月 31 日,乙公司已将该批 A 商品全部对外售出,但甲公司仍未收到该货款,为此计提坏账准备 10 万元。

③ 2018 年 6 月,乙公司自甲公司购入 B 商品作为管理用固定资产,当月投入使用。该固定资产采用年限平均法计提折旧,折旧年限为 5 年,预计净残值为 0。甲公司出售该商品不含增值税货款 150 万元,成本为 100 万元;乙公司已于当日支付货款。

④ 2018 年 10 月,乙公司自甲公司购入 D 商品一批,已于当月支付货款。甲公司出售该批商品的不含增值税货款为 50 万元,成本为 30 万元。至 2018 年 12 月 31 日,乙公司购入的

该批 D 商品仍有 80% 未对外销售,形成期末存货。

⑤ 2018 年度,乙公司实现净利润 150 万元,年末计提盈余公积 15 万元,股本和资本公积未发生变化。

(2) 2019 年度有关业务资料:

① 2019 年 3 月,甲公司收回上年度向乙公司销售 A 商品的全部货款。

② 2019 年 4 月,乙公司将结存的上年度自甲公司购入的 D 商品全部对外售出。

③ 2019 年度,乙公司实现净利润 300 万元,年末计提盈余公积为 30 万元,股本和资本公积未发生变化。

(3) 其他相关资料:

① 甲公司、乙公司的会计年度和采用的会计政策相同。

② 不考虑增值税、所得税等相关税费。除应收账款以外,其他资产均未发生减值。

③ 假定乙公司在 2018 年度和 2019 年度均未分配股利。

要求:

(1) 编制甲公司 2018 年 12 月 31 日合并乙公司财务报表时按照权益法调整长期股权投资的调整分录。

(2) 编制甲公司 2018 年 12 月 31 日合并乙公司财务报表的各项抵销分录。

(3) 编制甲公司 2019 年 12 月 31 日合并乙公司财务报表时按照权益法调整长期股权投资的调整分录。

(4) 编制甲公司 2019 年 12 月 31 日合并乙公司财务报表的各项相关抵销分录。

# 第六章 租 赁

## 一、学习要求

通过本章内容的学习,重点理解掌握以下内容:
1. 租赁的实质及识别;
2. 租赁的相关概念(租赁付款额、租赁收款额、租赁内含利率等)的含义;
3. 租赁的分类及融资租赁的认定标准;
4. 承租人的会计处理;
5. 出租人的会计处理;
6. 售后租回的会计处理。

## 二、重点和难点

1. 重点:租赁的识别、分拆与合并;出租人认定融资租赁与经营租赁的标准;承租人对租赁的会计处理;出租人对经营租赁和融资租赁的会计处理;售后租回的会计处理。

2. 难点:租赁付款额及其现值的计算;内插法计算租赁内含利率;承租人对租赁的会计处理;出租人对融资租赁的会计处理。售后租回交易利得/损失的确认与计量。

## 三、主要内容讲解

### (一)相关概念

| 内　容 | 含　义 |
| --- | --- |
| 1. 租赁 | 租赁是指在一定期间内,出租人将资产的使用权让与承租人以获取对价的合同 |
| 2. 租赁期 | 租赁期是指承租人有权使用租赁资产且不可撤销的期间 |
| 3. 租赁开始日 | 租赁开始日是指租赁合同签署日与租赁各方就主要条款作出承诺日中的较早者 |
| 4. 租赁期开始日 | 租赁期开始日是指出租人提供租赁资产使其可供承租人使用的起始日期,表明租赁行为的开始 |
| 5. 资产余值 | 资产余值是指在租赁开始日估计的租赁期届满时租赁资产的公允价值 |
| 6. 担保余值 | 担保余值是租赁期满租赁资产剩余价值的最低保障。<br>(1) 可以由承租人或与其有关一方提供担保<br>(2) 也可以由有经济能力、履行担保义务的独立第三方提供担保 |
| 7. 未担保余值 | 未担保余值是指租赁资产余值中,出租人无法保证能够实现或仅由与出租人有关的一方予以担保的部分。未担保余值的金额为租赁资产余值中扣除就出租人而言的担保余值以后的资产余值 |

(续表)

| 内容 | | 含义 |
|---|---|---|
| 8. 初始直接费用 | | 初始直接费用是指为达成租赁所发生的增量成本。增量成本是指若企业不取得该租赁,则不会发生的成本,如签订租赁合同后发生的佣金等与租赁项目直接相关的费用 |
| 9. 租赁激励 | | 租赁激励,是指出租人为达成租赁向承租人提供的优惠,包括出租人向承租人支付的与租赁有关的款项、出租人为承租人偿付或承担的成本等 |
| 10. 租赁付款额 | 概念 | 租赁付款额,是指承租人向出租人支付的与在租赁期内使用租赁资产的权利相关的款项 |
| | 构成内容 (1) 租赁合同没有规定优惠购买选择权 | ① 固定付款额及实质固定付款额,存在租赁激励的,扣除租赁激励相关金额<br>② 取决于指数或比率的可变租赁付款额,该款项在初始计量时根据租赁期开始日的指数或比率确定<br>③ 行使终止租赁选择权需支付的款项,前提是租赁期反映出承租人将行使终止租赁选择权<br>④ 根据承租人提供的担保余值预计应支付的款项 |
| | 构成内容 (2) 租赁合同规定有优惠购买选择权 | ① 固定付款额及实质固定付款额,存在租赁激励的,扣除租赁激励相关金额<br>② 取决于指数或比率的可变租赁付款额,该款项在初始计量时根据租赁期开始日的指数或比率确定<br>③ 行使终止租赁选择权需支付的款项,前提是租赁期反映出承租人将行使终止租赁选择权<br>④ 购买选择权的行权价格,前提是承租人合理确定将行使该选择权 |
| 11. 可变租赁付款额 | | 可变租赁付款额是指承租人为取得在租赁期内使用租赁资产的权利,向出租人支付的因租赁期开始日后的事实或情况发生变化(而非时间推移)而变动的款项 |
| 12. 租赁收款额 | 概念 | 租赁收款额是指出租人因让渡在租赁期内使用租赁资产的权利而应向承租人收取的款项 |
| | 构成内容 | ① 承租人需支付的固定付款额及实质固定付款额,存在租赁激励的,扣除租赁激励相关金额<br>② 取决于指数或比率的可变租赁付款额,该款项在初始计量时根据租赁期开始日的指数或比率确定<br>③ 购买选择权的行权价格,前提是合理确定承租人将行使该选择权<br>④ 承租人行使终止租赁选择权需支付的款项,前提是租赁期反映出承租人将行使终止租赁选择权<br>⑤ 由承租人、与承租人有关的一方以及有经济能力履行担保义务的独立第三方向出租人提供的担保余值 |
| 13. 租赁内含利率 | | 租赁内含利率,是指使出租人的租赁收款额的现值与未担保余值的现值之和等于租赁资产公允价值与出租人的初始直接费用之和的利率 |

▲学习时重点注意租赁付款额和租赁收款额及其金额的确定。

### (二)租赁的识别、分拆和合并

| | | |
|---|---|---|
| 1. 租赁识别 | | 企业应在合同开始日就对合同进行评估,确定该合同是否是一项租赁或包含一项租赁。如果合同中一方让渡了在一定期间内控制一项或多项已识别资产使用的权利以换取对价,则该合同为租赁或者包含租赁 |
| | 已识别的资产 | (1)对资产的指定。已识别资产通常由合同明确指定,也可以在资产可供客户使用时隐性指定 |
| | | (2)资产不存在实质替换权。同时符合下列条件时,表明供应方拥有资产的实质性替换权:① 资产供应方拥有在整个使用期间替换资产的实际能力;② 资产供应方通过行使替换资产的权利将获得经济利益 |
| | | (3)如果合同中标的涉及的是资产组成部分,资产之间存在物理区分。如果资产的某部分产能与其他部分在物理上不可区分,则该部分不属于已识别资产,除非其实质上代表该资产的全部产能,从而使客户获得因使用该资产所产生的几乎全部经济利益的权利 |
| | 控制已识别资产的使用 | 客户拥有以下两种权利:(1)基本获取使用已识别资产带来的所有经济利益的权利;(2)主导已识别资产的使用权利。如客户有权在整个使用期间主导已识别资产的使用目的和使用方式;或者已识别资产的使用目的和使用方式在使用期间前已预先确定,并且客户有权在整个使用期间自行或主导他人按照其确定的方式运营该资产等 |
| 2. 租赁的分拆 | | 合同中同时包含多项单独租赁的,承租人和出租人应当将合同予以分拆,并分别各项单独租赁进行会计处理 |
| | | 合同中同时包含租赁和非租赁部分的,承租人和出租人应当将租赁和非租赁部分进行分拆,对租赁部分进行相应的会计处理,非租赁部分应当按照其他适用的企业会计准则进行会计处理。并按照收入准则中交易价格分摊的规定分摊合同对价 |
| | | 承租人可以按照租赁资产的类别选择是否分拆合同包含的租赁和非租赁部分。承租人选择不分拆的,应当将各租赁部分及与其相关的非租赁部分分别合并为租赁进行会计处理,但是对于应分拆的嵌入衍生工具不能与租赁部分合并进行会计处理 |
| | | 同时符合下列条件的,使用已识别资产的权利构成合同中的一项单独租赁:① 承租人可从单独使用该资产或将其与易于获得的其他资源一起使用中获利;② 该资产与合同中的其他资产不存在高度依赖或高度关联关系 |
| 3. 租赁的合并 | | 企业与同一交易方或其关联方在同一时间或相近时间订立的两份或多份包含租赁的合同,在符合下列条件之一时,应当合并为一份合同进行会计处理:<br>(1)该两份或多份合同基于总体商业目的而订立并构成一揽子交易,若不作为整体考虑则无法理解其总体商业目的<br>(2)该两份或多份合同中的某份合同的对价金额取决于其他合同的定价或履行情况<br>(3)该两份或多份合同让渡的资产使用权合起来构成一项单独租赁 |

### (三)租赁的特点及分类

| | |
|---|---|
| 1. 租赁的特点 | 租赁转移的是租赁资产的使用权 |
| | 租赁资产使用权的转移是有偿的 |
| | "融资"与"融物"相结合 |
| 2. 租赁类型 | 根据租赁资产上所有权的风险和报酬是否从出租人转移给承租人,可以将租赁分为融资租赁和经营租赁两大类 |
| | 融资租赁,也称为资本租赁,是指出租人实质上将与资产所有权有关的全部风险和报酬转移给了承租人的一种租赁,其所有权最终可能转移,也可能不转移 |
| | 如果与资产所有权有关的风险和报酬实质上并未转移给承租人,那么这种租赁就应归类为经营租赁 |

(续表)

| | |
|---|---|
| 3. 认定融资租赁的标准（满足右边标准之一的，应认定为融资租赁） | （1）在租赁期届满时，资产的所有权转移给承租人 |
| | （2）承租人有购买租赁资产的选择权，所订立的购买价款预计将远低于行使选择权时租赁资产的公允价值，因而在租赁开始日就可合理确定承租人将会行使这种选择权 |
| | （3）租赁期占租赁资产使用寿命的大部分。其中"大部分"，通常指租赁期占租赁开始日租赁资产使用寿命的75%以上（含75%）。但如果租赁资产是一项旧资产，在开始此次租赁前其已使用年限超过该资产全新时可使用年限75%的，则该条标准不适用 |
| | （4）租赁开始日的租赁收款额现值，几乎相当于租赁开始日租赁资产公允价值。"几乎相当于"一般为90%（含90%）以上 |
| | （5）租赁资产性质特殊，如果不作较大修整，只有承租人才能使用 |
| | （6）一项租赁存在下列一项或多项迹象的，也可能分类为融资租赁：① 若承租人撤销租赁，撤销租赁对出租人造成的损失由承租人承担。② 资产余值的公允价值波动所产生的利得或损失归属于承租人。③ 承租人有能力以远低于市场水平的租金继续租赁至下一期间 |

▲学习时重点注意融资租赁认定标准的具体理解和运用。

### （四）承租人对租赁的会计处理

| 核算环节及经济业务 | | 会计处理 | 关　键　点 |
|---|---|---|---|
| 会计处理基本原则 | | | 在租赁期开始日，承租人应当对租赁确认使用权资产和租赁负债。但是，对于短期租赁和低价值资产租赁，承租人可以选择不确认使用权资产和租赁负债 |
| 1. 租赁期开始日 | | 借：使用权资产<br>　　贷：租赁负债<br>　　　　银行存款<br>　　　　预计负债（现值） | ① 租赁负债金额：租赁付款额的现值；可设置"租赁付款额""未确认融资费用"进行明细核算<br>② 折现率按如下顺序确定：租赁内含利率、承租人增量同期银行贷款利率<br>③ 初始直接费用计入使用权资产入账价值<br>④ 预计负债，租赁资产的拆除、移除或复原成本<br>⑤ 使用权资产入账价值：租赁付款额现值＋初始直接费用＋预计负债的现值 |
| 2. 租赁期内 | （1）支付租金 | ① 计提利息费用：<br>借：财务费用/在建工程<br>　　贷：租赁负债<br>② 支付租金：<br>借：租赁负债<br>　　贷：银行存款 | ① 采用实际利率法计算租金的利息费用：实际利率与租赁期开始时计算租赁付款额现值的利率保持一致<br>② 实际利息费用＝租赁负债的当期期初摊余成本×实际利率 |
| | （2）计提折旧 | 借：管理费用等<br>　　贷：使用权资产累计折旧 | ① 折旧政策与自有资产一致。<br>② 折旧总额＝入账价值（原价）<br>③ 折旧时间起点。承租人通常应当自租赁期开始日起按月计提使用权资产的折旧，当月计提确有困难的，也可从下月起计提折旧，并在附注中予以披露<br>④ 折旧期的确定：<br>能合理确定将取得资产所有权的：按尚可使用期限；不能合理确定取得资产所有权的：按租赁期 |

(续表)

| 核算环节及经济业务 | | 会计处理 | 关　键　点 |
|---|---|---|---|
| 2. 租赁期内 | (3) 基于其他任何变量的可变租赁付款额 | 借：销售费用/生产成本等<br>　贷：银行存款/其他应付款等 | 以销售量、使用量为依据计算：计入销售费用。<br>以产量为依据计算：计入生产成本 |
| 3. 租赁期满 | (1) 退还资产 | 借：使用权资产累计折旧<br>　贷：使用权资产 | |
| | (2) 留购 | 借：租赁负债<br>　贷：银行存款 | 同时结转资产所有权：<br>借：固定资产<br>　贷：使用权资产 |
| | (3) 续租 | 无特殊处理 | 如果租赁期届满时没有续租,支付违约金时：<br>借：营业外支出<br>　贷：银行存款等 |

▲学习时重点注意使用权资产入账价值的确定及其会计处理、实际利率法的有关计算及其会计处理。

### (五) 租赁付款额变化与租赁变更的处理

| | | |
|---|---|---|
| 1. 租赁付款额变化的处理 | 在租赁期开始日后,当发生右边情形时,承租人应当按照变动后的租赁付款额的现值重新计量租赁负债,并相应调整使用权资产的账面价值。使用权资产的账面价值已调减至零,但租赁负债仍需进一步调减的,承租人应当将剩余金额计入当期损益 | (1) 实质固定付款额发生变动。可变租赁付款额在某一时点由可变转为固定时,该付款额成为实质固定付款额,应纳入租赁负债的计量中。承租人应当以租赁期开始日确定的折现率,按照变动后租赁付款额的现值重新计量租赁负债 |
| | | (2) 担保余值预计的应付金额发生变动。租赁期开始日后,承租人预计根据担保余值估计支付的金额发生变动的,承租人应当按照变动后租赁付款额的现值重新计量租赁负债 |
| | | (3) 用于确定租赁付款额的指数或比率发生变动。因浮动利率的变动而导致未来租赁付款额发生变动的,承租人应当按照变动后租赁付款额的现值重新计量租赁负债。因用于确定租赁付款额的指数或比率(浮动利率除外)的变动而导致未来租赁付款额发生变动的,承租人应当按照变动后租赁付款额的现值重新计量租赁负债 |
| | | (4) 购买选择权、续租选择权或终止租赁选择权的评估结果或实际行使情况发生变化。租赁期开始日后,发生上述情形时,承租人应采用修订后的折现率对变动后的租赁付款额进行折现,以重新计量租赁负债。<br>承租人在计算变动后租赁付款额的现值时,应当采用剩余租赁期间的租赁内含利率作为折现率;无法确定剩余租赁期间的租赁内含利率的,应当采用重估日的承租人增量借款利率作为折现率 |
| 2. 租赁变更的处理 | 租赁变更,是指原合同条款之外的租赁范围、租赁对价、租赁期限的变更,包括增加或终止一项或多项租赁资产的使用权,延长或缩短合同规定的租赁期等 | |
| | 租赁发生变更且同时符合下列条件的,承租人应当将该租赁变更作为一项单独租赁进行会计处理：<br>(1) 该租赁变更通过增加一项或多项租赁资产的使用权而扩大了租赁范围<br>(2) 增加的对价与租赁范围扩大部分的单独价格按该合同情况调整后的金额相当 | |
| | 租赁变更未作为一项单独租赁进行会计处理的,在租赁变更生效日,承租人应当按照相关规定分摊变更后合同的对价,重新确定租赁期,并按照变更后租赁付款额和修订后的折现率计算的现值重新计量租赁负债 | |
| | 租赁变更导致租赁范围缩小或租赁期缩短的,承租人应当相应调减使用权资产的账面价值,并将部分终止或完全终止租赁的相关利得或损失计入当期损益。其他租赁变更导致租赁负债重新计量的,承租人应当相应调整使用权资产的账面价值 | |

## （六）短期租赁和低价值资产租赁承租人的处理

| | | | |
|---|---|---|---|
| 1. 短期租赁的含义 | | | 短期租赁是指在租赁期开始日，租赁期不超过12个月的租赁。但是包含购买选择权的租赁不属于短期租赁 |
| 2. 具体会计处理 | （1）租赁开始日 | | 承租人可以不确认使用权资产和租赁负债 |
| | | | 承租人在租赁期发生的租赁付款额应当在租赁期内的各个期间按直线法分摊租赁付款额计入相关资产成本或当期损益 |
| | | | 出租人提供了免租期的情况下，应将租金总额在整个租赁期内，按直线法或其他合理的方法进行分摊，免租期内应确认租金费用；在出租人承担了承租人的某些费用的情况下，应将该费用从租金总额中扣除，并将租金余额在整个租赁期内进行分摊 |
| | （2）租赁期内 | ① 预付租金 | 借：其他应付款 （预付租金额）<br>　　贷：银行存款 |
| | | 确认各期租金费用 | 借：制造费用/管理费用/研发支出等 （应确认的租金费用）<br>　　贷：其他应付款 （摊销的预付租金）<br>　　　　银行存款 （实际支付的租金） |
| | | ② 后付租金方式 | 根据权责发生制确认各期应承担但尚未支付的租金费用时：<br>借：制造费用/管理费用/研发支出 （应付未付的租金）<br>　　贷：其他应付款 |
| | | 实际支付租金时 | 借：其他应付款 （实际支付的租金）<br>　　贷：银行存款 |
| 低价值资产租赁 | 低价值资产租赁的含义 | | 低价值资产租赁是指单项租赁资产为全新资产时价值较低的租赁。<br>低价值资产租赁的判定仅与资产的绝对价值有关。资产价值应基于租赁资产全新状态下的价值进行评估，不应考虑资产已被使用的年限 |
| | 简化会计处理的条件 | | 低价值资产租赁应当同时符合下列条件，才能选择简化会计处理方法：（1）承租人可从单独使用该资产或将其与易于获得的其他资源一起使用中获利；（2）该资产与合同中的其他资产不存在高度依赖或高度关联关系 |
| | 简化处理的方法 | | 承租人对低价值资产租赁采用简化会计处理方法时，其处理原则与短期租赁的简化处理方法一致，但是如果承租人已经或者预期将相关资产转租赁，则不能按照简化方法进行会计处理 |

▲学习时重点注意短期租赁及低价值资产租赁租金费用的会计处理。

## （七）出租人对经营租赁的会计处理

| | | | |
|---|---|---|---|
| 1. 租金的会计处理原则 | | | 出租人应当将未来实际收到的租金总额在租赁期内(含免租期)各个期间按照直线法分摊确认计入当期损益。如果其他方法更合理，也可以采用其他方法 |
| 2. 具体会计处理 | （1）租赁开始日 | 租出租赁资产 | 租赁资产属性发生改变，明细科目之间结转 |
| | | 支付初始直接费用 | 借：长期待摊费用<br>　　贷：银行存款 |

(续表)

| | | | |
|---|---|---|---|
| 2. 具体会计处理 | (2) 租赁期内 | ① 支付、确认租金收入（以先付后摊为例） | 收到预付租金时：<br>借：银行存款<br>　　贷：预收账款/其他应收款<br><br>直线法或其他更合理方法分摊时：<br>借：预收账款/其他应收款<br>　　贷：其他业务收入等 |
| | | ② 分摊初始直接费用 | 直线法或其他更合理方法分摊时：<br>借：主营业务成本（或其他业务成本）<br>　　贷：长期待摊费用 |
| | | ③ 计提租赁资产折旧（或摊销） | 计提租赁资产折旧（或摊销）：<br>借：主营业务成本/其他业务成本<br>　　贷：累计折旧（或累计摊销） |
| | | ④ 收到可变租赁付款额 | 对基于任何其他变量的其他可变租赁付款额，在实际发生时计入当期损益。<br>借：银行存款<br>　　贷：主营业务收入/其他业务收入/租赁收入等 |

▲学习时重点注意租金收入的会计处理原则及其运用。

### （八）出租人对融资租赁的会计处理

| 核算环节及经济业务 | | 会 计 处 理 | 关 键 点 |
|---|---|---|---|
| 1. 租赁期开始日 | | 租赁资产为固定资产：<br>借：应收融资租赁款<br>　　贷：融资租赁资产<br>　　资产处置损益（可能在借方）<br>　　银行存款（初始直接费用） | ① 应收融资租赁款入账金额：租赁应收款额按租赁内含利率计算的折现值。应收融资租赁款下设"租赁收款额""未实现融资收益""未担保余值"等进行明细核算。在报表中，余额反映在"长期应收款"中<br>② 租赁资产的账面价值与现值之间的差，即租赁资产的转让损益，固定资产时确认为资产处置损益<br>③ 初始直接费用应资本化 |
| | | 租赁资产为产品：<br>借：应收融资租赁款<br>　　贷：主营业务收入<br>　　　银行存款<br>借：主营业务成本<br>　　贷：融资租赁资产 | 如果出租人为生产商或经销商时，租赁资产视同销售处理，按照租赁资产公允价值与租赁应收款的现值两者孰低确认收入，按照租赁资产的账面价值扣除未担保余值的现值的余额结转销售成本 |
| 2. 租赁期内 | (1) 收取租金 | ① 计提利息收入：<br>借：应收融资租赁款<br>　　贷：租赁收入（利息收入）<br>② 收到租金：<br>借：银行存款<br>　　贷：应收融资租赁款 | ① 采用实际利率法计算利息收入：实际利率为租赁内含利率，需要采用插值法计算<br>② 利息收入＝租赁投资净额的当期期初摊余成本×租赁内含利率 |
| | (2) 基于销量等为依据的可变租赁付款额 | 借：银行存款/其他应收款<br>　　贷：租赁收入 | 收到的基于任何其他变量的可变租赁收款额，应在实际发生时确认为当期收入 |

(续表)

| | | | |
|---|---|---|---|
| 2. 租赁期内 | (3) 坏账准备的计提 | 借：信用减值损失<br>　　贷：应收融资租赁款减值准备 | 应收融资租赁款预计不能收回的，应计提坏账准备 |
| 3. 租赁期满 | (1) 收回资产 | 借：融资租赁资产<br>　　贷：应收融资租赁款 | 如果担保余值发生贬值，收到担保人支付的贬值额：<br>借：银行存款<br>　　贷：营业外收入 |
| | (2) 出售 | 借：银行存款<br>　　贷：应收融资租赁款 | |
| | (3) 续租 | 无特殊处理 | |

▲学习时重点注意应收融资租赁款入账价值的确定、租赁收入的确定及其会计处理。

### （九）售后回租的会计处理

| | | | |
|---|---|---|---|
| 1. 售后租回交易的会计处理原则 | (1) 不满足销售标准的 | | 售后租回交易中的资产转让不属于销售的，则统一作为一项融资安排 |
| | | | 承租人：应当继续确认被转让资产，同时确认一项与转让收入等额的金融负债 |
| | | | 出租人：不确认被转让资产，但应当确认一项与转让收入等额的金融资产，按照金融工具相关准则进行会计处理 |
| | (2) 满足销售标准的 | | 在满足收入确认标准的情况下，需确认交易产生的销售利得或损失 |
| | | | 销售利得或损失的确认，仅限于在租赁结束时，转移给买方（出租方）部分对应的销售利得或损失。此外，还需比较销售价格与标的资产的公允价值，考虑当销售价格与标的资产公允价值相背离时对销售收入与销售利得分摊的影响 |
| 2. 满足销售标准售后租回的会计处理 | (1) 出售租回资产 | ① 销售价格＝资产公允价值 | 借：银行存款　（销售价格）<br>　　累计折旧　（累计折旧）<br>　　使用权资产　（根据计算确定）<br>　　贷：固定资产　（账面原价）<br>　　　　租赁负债　（租赁付款额的现值）<br>　　　　资产处置损益（根据计算确定）<br>使用权资产的入账价值＝租赁资产账面价值×（租赁付款额现值/租赁资产公允价值）<br>资产处置损益＝总销售利得（或损失）×（1－使用权资产入账价值/租赁资产账面价值） |
| | | ② 销售价格＞资产公允价值 | 将销售价格超出资产公允价值的部分作为购买方（出租方）向销售方（承租方）提供的额外融资款，调整租赁款现值。在将账面金额分摊给销售方（承租方）确认的使用权资产时，应当按照调整后的租赁款现值进行分摊。<br>与额外融资有关的会计处理：<br>借：银行存款　（融资额）<br>　　贷：长期应付款（销售价格——公允价值）<br>与租赁有关的会计处理： |

(续表)

| | | | |
|---|---|---|---|
| 2. 满足销售标准售后租回的会计处理 | (1) 出售租回资产 | ② 销售价格＞资产公允价值 | 借：银行存款 （公允价值）<br>　　累计折旧 （累计折旧）<br>　　使用权资产 （根据计算确定）<br>　贷：固定资产 （账面原价）<br>　　　租赁负债 （租赁付款额的现值——融资额）<br>　　　资产处置损益 （根据计算确定）<br>使用权资产的入账价值＝租赁资产账面价值×(租赁付款额现值－售价与公允价值的差额)/租赁资产公允价值<br>资产处置损益＝总销售利得(或损失)×(1－使用权资产入账价值/租赁资产账面价值) |
| | | ③ 销售价格＜资产公允价值 | 　将销售价格低于资产公允价值的部分作为销售方(承租方)预付的租赁款，调整租赁款现值。在将账面金额分摊给销售方(承租方)确认的使用权资产时，应当按照调整后的租赁款现值进行分摊。<br>借：银行存款 （销售价格）<br>　　累计折旧 （累计折旧）<br>　　使用权资产 （根据计算确定）<br>　贷：固定资产 （账面原价）<br>　　　租赁负债 （租赁付款额的现值）<br>　　　资产处置损益 （根据计算确定）<br>使用权资产的入账价值＝租赁资产账面价值×(租赁付款额现值＋公允价值与售价的差额)/租赁资产公允价值<br>资产处置损益＝总销售利得(或损失)×(1－使用权资产入账价值/租赁资产账面价值) |
| | (2) 租赁期内 | ① 支付租金 | ① 计提利息费用：<br>借：财务费用/在建工程<br>　贷：租赁负债<br>② 支付租金：<br>借：租赁负债<br>　贷：银行存款 |
| | | ② 计提折旧 | 借：管理费用等<br>　贷：使用权资产累计折旧 |
| | | ③ 基于其他任何变量的可变租赁付款额 | 借：销售费用/生产成本等<br>　贷：银行存款/其他应付款等 |
| | (3) 租赁期满 | 退还资产 | 借：使用权资产累计折旧<br>　贷：使用权资产 |

▲学习时重点注意售后租回资产处置利得或损失的计算和使用权资产的入账价值确定。

### 四、练习题

**(一) 单项选择题**

1. 在租赁业务中，出租人让渡的是资产的(　　)。
　　A. 所有权　　　　B. 占有权　　　　C. 使用权　　　　D. 控制权

2. 关于租赁,下列说法中正确的是( )。
   A. 融资租赁是指实质上转移了与资产所有权有关的全部风险和报酬的租赁。其所有权最终一定转移
   B. 在租赁期届满时,租赁资产的所有权未转移给承租人的租赁一定不是融资租赁
   C. 租赁资产性质特殊,如果不作较大改造,只有承租人才能使用的租赁属于融资租赁
   D. 在租赁期届满时,租赁资产的所有权未转移给承租人的租赁一定是经营租赁

3. 2×19年1月1日,甲公司一台固定资产按公允价值800万元的价格销售给乙公司,账面原价为1 000万元,已提折旧400万元。同时又签订了一份租赁协议将机器租回,租赁期为3年,每年年末支付租金200万元,出租人的租赁内含利率为5%,(P/A,5%,3)为2.7232。2×19年1月1日,甲公司应确认的资产处置收益的余额为( )。
   A. 200万元　　　　B. 0万元　　　　C. 63.84万元　　　　D. 136.16万元

4. 确定使用权资产入账价值时不应考虑的因素是( )。
   A. 租赁开始日租赁资产公允价值
   B. 租赁付款额现值
   C. 承租人为达成租赁所发生的增量成本,如签订租赁合同后发生的佣金等与租赁项目直接相关的费用
   D. 租赁资产担保余值

5. 出租人确认融资租赁租金利息收入时,应采用的方法是( )。
   A. 直线法　　　　　　　　　　　B. 实际利率法
   C. 年数总和法　　　　　　　　　D. 双倍余额递减法

6. 甲公司租入一台设备,租期5年,租赁期开始日为2×19年1月1日,租赁付款额的现值为660万元,租赁开始日租赁资产公允价值为680万元。甲公司安装设备过程中支付安装费22万元,设备于2×19年6月20日安装完成达到预定可使用状态并交付使用。不考虑其他因素,该设备的入账价值为( )。
   A. 660万元　　　　B. 680万元　　　　C. 682万元　　　　D. 702万元

7. 下列关于可变租赁付款额的说法中正确的是( )。
   A. 可变租赁付款额是合同约定支付的固定金额的租金
   B. 可变租赁付款额的金额不固定,其金额的确定与时间长短有关
   C. 可变租赁付款额,是指承租人为取得在租赁期内使用租赁资产的权利,向出租人支付的因租赁期开始日后的事实或情况发生变化(而非时间推移)而变动的款项
   D. 承租人应将预计支付的可变租赁付款额确认为预计负债

8. 甲公司与乙资产租赁公司签订一项租赁合同租入A设备。合同约定:租赁期为5年,甲公司每年年末向乙公司支付租金140万元,甲公司担保的A设备的资产余值为70万元,甲公司根据相关资料估计很可能发生担保支出5万元,同时,乙资产租赁公司又与丙财务担保公司签订合同,丙公司对A设备担保的资产余值为60万元。则甲公司应支付的租赁付款额为( )。
   A. 700万元　　　　B. 770万元　　　　C. 705万元　　　　D. 765万元

9. 乙资产租赁公司将A设备出租给甲公司。合同约定:租赁期为5年,甲公司每年年末向乙公司支付租金140万元,甲公司担保的A设备的资产余值为70万元,甲公司根据相关资料估计很可能发生担保支出5万元,同时,乙资产租赁公司又与丙财务担保公司签订合同,丙

公司对 A 设备担保的资产余值为 60 万元。则乙公司应收取的租赁收款额为（　　）。

　　A. 770 万元　　　　B. 775 万元　　　　C. 830 万元　　　　D. 835 万元

10. 甲公司于 2×19 年 1 月 1 日采用经营租赁方式将一台设备出租给盛得公司，租赁期为 6 年。该设备价值为 500 万元，预计使用年限为 12 年。租赁合同规定：第 1 年免租金，第 2 年至第 6 年的租金分别为 54 万元、38 万元、46 万元、42 万元、48 万元；第 2 年至第 6 年的租金于每年年初支付。则 2×19 年甲公司应就此项租赁确认的租金收入为（　　）。

　　A. 0 万元　　　　B. 38 万元　　　　C. 54 万元　　　　D. 46 万元

11. 以增量同期银行贷款利率作为折现率将租赁付款额折现的，确认租金利息费用时应采用的分摊率是（　　）。

　　A. 合同利率　　　　　　　　　　　B. 租赁内含利率
　　C. 增量同期银行贷款利率　　　　　D. 增量同期银行存款利率

12. 甲公司将一台公允价值为 1 900 万元的机器设备出租给乙公司。双方签订合同，乙公司租赁该设备 48 个月，每 6 个月月末支付租金 300 万元，租赁开始日估计资产余值为 400 万元，乙公司担保的资产余值为 250 万元，另外担保公司担保的资产余值为 150 万元，乙公司根据相关资料预计不发生担保责任支出。租赁的内含利率为 7%。乙企业该设备的入账价值是（　　）[已知$(P/A,7\%,8)=5.9713,(P/F,7\%,8)=0.5820$]。

　　A. 1 900 万元　　　B. 1 936.9 万元　　C. 1 791.39 万元　　D. 2 650 万元

13. 下列不应计提折旧的固定资产是（　　）。

　　A. 经营租出的固定资产　　　　　　B. 短期租赁的固定资产
　　C. 租赁的固定资产　　　　　　　　D. 季节性停用的固定资产

14. 甲公司租入一台设备，该设备尚可使用年限为 10 年，租赁期为 8 年，其中，第一年和第二年为免租期。租赁合同约定，甲公司在租赁期届满时可以以 5 万元的价格优惠购买该设备，该设备在租赁期满时的公允价值为 60 万元。则甲公司租入设备应计提折旧的期限为（　　）。

　　A. 10 年　　　　B. 8 年　　　　C. 2 年　　　　D. 6 年

15. 承租人为达成租赁所发生的增量成本，如签订租赁合后发生的佣金等与租赁项目直接相关的费用，应当计入（　　）。

　　A. 制造费用　　　　　　　　　　　B. 财务费用
　　C. 管理费用　　　　　　　　　　　D. 使用权资产成本

16. 甲公司租入一台设备，租赁期开始日为 2×19 年 1 月 1 日，租赁付款额的现值为 660 万元，租赁开始日租赁资产公允价值为 720 万元。甲公司安装设备过程中支付安装费 30 万元，设备于 2×19 年 7 月 20 日安装完成达到预定可使用状态并交付使用。甲公司租入该项设备提供的担保余值为 30 万元，未担保余值为 20 万元，租赁期为 6 年，设备尚可使用年限为 8 年。甲公司对租入的设备采用年限平均法计提折旧。不考虑其他因素，该设备在 2×19 年应计提的折旧额为（　　）。

　　A. 62.5 万元　　　B. 65 万元　　　　C. 55 万元　　　　D. 57.5 万元

17. 下列有关应收融资租赁款减值准备计提的会计处理的说法中不正确的是（　　）。

　　A. 出租人应当对应收融资租赁款全额计提减值准备
　　B. 应收融资租赁款减值准备的计提方法一经确定，不得变更
　　C. 注销确实无法收回的应收融资租赁款时应借记"应收融资租赁款减值准备"科目，贷记"应收融资租赁款"科目

D. 已注销的应收融资租赁款,如果以后又收回,应先恢复"应收融资租赁款"和"应收融资租赁款减值准备"的金额,同时借记"银行存款",贷记"应收融资租赁款"

18. 甲公司于2×19年1月1日向乙公司租入一台设备,租赁期为6个月。该设备价值为500万元,预计使用年限为5年。租赁合同规定:第1个月免租金,第2个月至第6个月的租金分别为54万元、38万元、46万元、42万元、48万元;第2个月至第6个月的租金于每年年初支付。则2×19年甲公司应就此项租赁确认的费用为(　　)。

　　A. 0万元　　　　B. 38万元　　　　C. 54万元　　　　D. 46万元

19. 甲公司于2×19年1月1日采用经营租赁方式将一台设备出租给盛得公司,租赁期为6年。该设备价值为500万元,预计使用年限为12年。租赁合同规定:第1年免租金,第2年至第6年的租金分别为54万元、38万元、46万元、42万元、48万元;第2年至第6年的租金于每年年初支付。甲公司在经营租赁中发生的初始直接费用24万元。假设不考虑相关税费的情况下,2×19年甲公司因此项租赁业务影响利润总额的金额为(　　)。

　　A. 0万元　　　　B. 38万元　　　　C. 34万元　　　　D. −24万元

20. 短期租赁的租赁期一般不超过(　　)。

　　A. 4个月　　　　B. 6个月　　　　C. 9个月　　　　D. 12个月

## (二)多项选择题

1. 下列关于担保余值的表述中,说法正确的有(　　)。

A. 就出租人而言,是指就承租人而言的担保余值加上财务上有能力担保的独立的第三方担保的资产余值

B. 就承租人而言,是指由承租人或与其有关的一方担保的资产余值

C. 就承租人而言,是指就出租人而言的担保余值加上独立于承租人和出租人、但在财务上有能力担保的第三方担保的资产余值

D. 就出租人而言,是指由出租人或与其有关的一方担保的资产余值

E. 在租赁开始日估计的租赁期届满时租赁资产的公允价值

2. 下列各项中,应构成出租人租赁收款额的有(　　)。

A. 承租人需支付的固定付款额及实质固定付款额

B. 取决于指数或比率的可变租赁付款额

C. 购买选择权的行权价格,前提是合理确定承租人将行使该选择权

D. 独立于承租人和出租人的第三方对出租人担保的资产余值

E. 未担保余值

3. 下列租赁业务中,属于经营租赁的有(　　)。

A. 某项租赁设备的使用寿命为10年,已经使用了3年,从第4年开始出租,租赁期为7年

B. 某项租赁设备的使用寿命为10年,已经使用了3年,从第4年开始出租,租赁期为3年

C. 某项租赁设备的使用寿命为10年,已经使用了8年,从第9年开始出租,租赁期为2年

D. A公司与B公司签订租赁合同租入某项设备,合同约定租赁期届满时资产的所有权归承租人所有

E. C公司与D公司签订租赁合同租入某项设备,合同约定租赁期届满时承租人有权以1 000元的价格购买该租赁资产,在签订租赁合同时预计租赁期届满时租赁资产的公允价值为50 000元

4. 下列有关承租人对短期租赁的会计处理中正确的有(　　　　)。

A. 发生的租金应当在租赁期内的各个期间按直线法确认为费用,如果其他方法更合理的,也可以采用其他方法

B. 发生的初始直接费用,应当直接计入当期损益

C. 对于预计可能发生的基于利率之外的其他变量可变租赁付款额应确认为预计负债

D. 对于基于利率之外的其他变量可变租赁付款额应在实际发生时直接计入当期损益

E. 承租人应设置"租赁资产"备查簿对租入资产作备查登记

5. 下列各项中,可能影响承租人使用权资产入账价值的有(　　　　)。

A. 租赁内含利率

B. 各期应固定支付的租金

C. 发生的初始直接费用

D. 基于利率之外的其他变量可变租赁付款额

E. 租赁开始日租赁资产的公允价值

6. 下列有关短期租赁的会计处理中,正确的有(　　　　)。

A. 承租人发生的履约成本通常应计入当期损益

B. 基于利率之外的其他变量可变租赁收款额应在实际发生时,计入当期损益

C. 出租人提供免租期的,免租期内应确认租金费用及相应的负债

D. 出租人提供免租期的,免租期内不需确认租金费用及相应的负债

E. 出租人承担了承租人的某些费用,承租人应将租金费用总额扣除该部分费用后的余额在租赁期内进行分摊

7. 下列固定资产应计提折旧的有(　　　　)

A. 经营租出的固定资产　　　　　B. 融资租出的固定资产

C. 租入租期为3个月的固定资产　　D. 租赁的固定资产

E. 不需用的固定资产

8. 以下属于融资租赁确认的具体标准有(　　　　)。

A. 在租赁期届满时,租赁资产的所有权转移给承租人

B. 承租人有购买租赁资产的选择权,所订立的购价预计远低于行使选择权时租赁资产的公允价值

C. 租赁期占租赁资产尚可使用年限的大部分(≥75%)

D. 租赁开始日租赁收款额的现值几乎相当于租赁开始日租赁资产公允价值(≥90%)

E. 租赁资产性质特殊,如果不作较大修改,只有承租人才能使用

9. 关于租赁内含利率,下列说法中不正确的有(　　　　)。

A. 租赁内含利率,是指在租赁开始日,使租赁收款额的现值与未担保余值的现值之和等于租赁资产公允价值与出租人的初始直接费用之和的折现率

B. 租赁内含利率,是指在租赁开始日,使租赁付款额的现值与未担保余值的现值之和等于租赁资产公允价值与出租人的初始直接费用之和的折现率

C. 租赁内含利率,是指在租赁开始日,使租赁收款额的现值与未担保余值的现值之和等

于租赁资产原账面价值的折现率

D. 租赁内含利率,是指在租赁开始日,使租赁收款额的现值与未担保余值的现值之和等于租赁资产原账面价值与出租人的初始直接费用之和的折现率

E. 租赁内含利率,是指在租赁开始日,使租赁收款额现值与未担保余值之和等于租赁资产原账面价值与出租人的初始直接费用之和的折现率

10. 下列租赁业务中,属于融资租赁的有(　　　)。

A. 如果资产不作较大修整,只有承租人才能使用

B. 承租人有购买资产的选择权,所订立的购价为 1 万元,行使选择权时租赁资产的公允价值为 45 万元

C. 租赁期为 8 年,租赁资产已使用 2 年,尚可使用 10 年

D. 租赁期为 4 年,在开始此次租赁前已使用 17 年,该资产全新时可使用年限为 20 年

E. 租赁开始日租赁收款额的现值为 960 万元,租赁开始日租赁资产公允价值为 1 000 万元

## (三) 判断题

1. 企业对于融资租出的固定资产也应采用合适的折旧政策计提折旧。　　　　　(　　)
2. 如果能够合理确定租赁期届满时承租人将会取得该租赁资产的所有权,则以租赁资产使用寿命作为折旧期间。　　　　　(　　)
3. 售后租回满足收入准则时,租赁资产售价与账面价值之间的差额应全部确认为当期收益。　　　　　(　　)
4. 在出租人提供了免租期的情况下,承租人应该将租金总额在租赁期扣除免租期后的期间进行分摊。　　　　　(　　)
5. 承租人可以将短期租赁资产和低价值租赁资产不确认为使用权资产。　　　　　(　　)
6. 承租人在短期租赁资产和非短期租赁资产活动发生的初始直接费用,都在其实际发生时计入当期损益。　　　　　(　　)
7. 租赁付款额一定等于租赁收款额。　　　　　(　　)
8. 承租人需要对所有租赁资产计提折旧。　　　　　(　　)
9. 判断一项租赁是否属于融资租赁的标准之一是租赁期占租赁资产使用寿命的 75% 以上(含 75%)。这里租赁资产使用寿命是指资产的全部可使用寿命。　　　　　(　　)
10. 承租人支付的租金既包括租赁负债的本金,也包括因租赁而承担的利息费用。
　　　　　(　　)

## (四) 计算及会计处理题

1. 2×19 年 12 月 1 日,甲公司与乙租赁公司签订一项合同,从乙公司取得一台不需要安装的全新生产设备,设备公允价值为 700 万元,预计经济寿命为 5 年,租赁合同约定:租赁期为 3 年,第 1 年至第 2 年租金分别为 300 万元、400 万元,最后一年免租金;租金于租赁期开始日后每年年末支付;租赁期满后,甲公司仅需支付 20 万元即可取得该生产设备所有权,租赁期满时,该生产设备的余值估计为 100 万元,甲公司 5 年期增量银行贷款利息为 6%。

于 2×19 年 12 月 15 日,生产设备运抵交付使用。甲公司租入的设备按直线法计提折旧,不考虑增值税等相关税费。

复利现值系数如下:

|  | 1 | 2 | 3 |
|---|---|---|---|
| $(P/F, 6\%, n)$ | 0.943 4 | 0.89 | 0.836 92 |

要求：根据上述资料，编制甲公司租赁业务相关的会计分录（答案中的金额单位以元表示）。

2. 2×19年1月1日，乙租赁公司向甲公司经营租赁租出全新办公用房一套，租期6年，办公用房价值4 000万元。租赁合同规定：总租金300万元，租赁开始日甲公司向乙公司一次性预付租金200万元，以后1至5年每年年末支付租金10万元，第6年年末再支付租金50万元；租赁期满后乙公司收回办公用房使用权。乙公司在年末确认租金收入，各次租金按期收到。

要求：编制乙公司（出租人）预收租金、各年末收到租金并确认租金收入的会计分录（假设不考虑租出资产的折旧问题，不考虑相关税费）。

3. 2×19年1月1日，A公司将甲生产设备按1 200万元的价格销售给B租赁公司。该设备2×19年1月1日的账面原值为950万元，已计提折旧50万元。A公司同时与B公司又签订了一份租赁合同将该设备租回，每年年末支付租金250万元，租赁期为5年，B租赁公司公司的租赁内含利率为6%，$(P/A,6\%,5)=4.212\ 36$。假设：

(1) 甲设备的公允价值为1 200万元；
(2) 甲设备的公允价值为1 000万元；
(3) 甲设备的公允价值为1 300万元；

要求：分别就上述三种情况编制承租人A公司租赁期开始日的会计分录。

### （五）案例分析题

资料：甲公司从乙公司租赁一台推土机、一辆卡车和一台长臂挖掘机用于采矿业务，租赁期为4年。乙公司同意在整个租赁期内维护各项设备。合同固定对价为3 000 000元，按年分期支付，每年支付750 000元。合同对价包含了各项设备的维护费用。市场上有多家供应方提供类似推土机和卡车的维护服务。假设其他供应方的支付条款与乙公司签订的合同条款相似，甲公司能够确定推土机和卡车维护服务的可观察单独价格分别为160 000元和80 000元。长臂挖掘机是高度专业化机械，其他供应方不出租类似挖掘机或为其提供维护服务。乙公司对从本公司购买相似长臂挖掘机的客户提供4年的维护服务，可观察对价为固定金额280 000元，分4年支付。甲公司观察到乙公司在市场上单独出租租赁期为4年的推土机、卡车和长臂挖掘机的价格分别为900 000元、580 000元和1 200 000元。

要求：(1) 分析此合同是否是租赁；
(2) 分析甲公司如何进行会计处理。

# 第七章　非货币性资产交换

## 一、学习要求

通过本章的学习,重点理解掌握以下内容:

1. 非货币性资产交换的认定;
2. 商业实质的判断;
3. 以账面价值计量非货币性资产交换的会计处理;
4. 以公允价值计量非货币性资产交换的会计处理。

## 二、重点和难点

1. 重点:非货币性资产交换的确定;换入资产入账价值的确定;换出资产损益的确定;非货币资产交换的会计处理。
2. 难点:以公允价值计量的非货币性资产交换的处理和涉及多项非货币性资产交换的处理。

## 三、主要内容讲解

### (一)非货币性资产交换的认定

| | | |
|---|---|---|
| 1. 货币性资产 | 概念 | 货币性资产指企业持有的货币资金和收取固定或可确定金额货币资金的权利 |
| | 构成内容 | 货币性资产包括库存现金、银行存款、应收账款和应收票据以及债权投资等 |
| 2. 非货币性资产 | 概念 | 非货币性资产指货币性资产以外的资产 |
| | 构成内容 | 非货币性资产包括存货、固定资产、无形资产、投资性房地产、股权投资以及其他债权投资等 |
| 3. 非货币性资产与货币性资产的区别 | 二者区分的主要依据是资产在将来为企业带来的经济利益,即货币金额,是否是固定的或可确定的。如果资产在将来为企业带来的经济利益,即货币金额是固定或可确定的,则该资产是货币性资产;反之,则为非货币性资产 | |
| 4. 非货币性资产交换 | 概念 | 非货币性资产交换指交易双方主要以存货、固定资产、无形资产和长期股权投资等非货币性资产进行的交换。该交换不涉及或只涉及少量的货币性资产(即补价) |
| | 判断标准 ① 收到补价的企业 | 收到的补价/换出资产公允价值<25% 或:收到的补价/(换入资产公允价值+收到的补价)<25% |
| | ② 支付补价的企业 | 支付的补价/(换出资产公允价值+支付的补价)<25% 或:支付的补价/换入资产公允价值<25% |
| | | 补价比例低于25%——非货币性资产交换 补价比例高于25%(含25%)——货币性资产交换,按《企业会计准则第14号——收入》等相关规定处理 |

(续表)

| | | |
|---|---|---|
| 5. 非货币性资产交换不涉及的交易和事项 | | (1) 非货币性资产交换中涉及金融资产,按金融工具相关准则进行会计处理 |
| | | (2) 企业合并与租赁中涉及的非货币性资产交换按照《企业会计准则第20号——企业合并》《企业会计准则第21号——租赁》进行处理 |
| | | (3) 换出资产为存货的,按照《企业会计准则第14号——收入》进行处理 |
| | | (4) 非货币性资产交换的一方直接或间接对另一方持股且以股东身份进行交易,或者交换的双方同受一方或相同的各方控制,且交易的实质涉及权益性分配或权益性收入的,适用权益交易的有关会计处理规定 |

▲ 学习时应注重货币性资产与非货币性资产的判断,以及非货币性资产交换的认定。

### (二) 非货币性资产交换的确认和计量原则

| | | |
|---|---|---|
| 1. 确认 | (1) 换入资产初始确认与换出资产终止确认时点一致 | 企业应当分别按照下列原则对非货币性资产交换中的换入资产进行确认,对换出资产终止确认:<br>① 对于换入资产,企业应当在换入资产符合资产定义并满足资产确认条件时予以确认<br>② 对于换出资产,企业应当在换出资产满足资产终止确认条件时终止确认 |
| | (2) 换入资产初始确认与换出资产终止确认时点不一致 | 换入资产的确认时点与换出资产的终止确认时点存在不一致的,企业在资产负债表日应当按照下列原则进行处理:<br>① 换入资产满足资产确认条件,换出资产尚未满足终止确认条件的,在确认换入资产的同时将交付换出资产的义务确认为一项负债<br>② 换入资产尚未满足资产确认条件,换出资产满足终止确认条件的,在终止确认换出资产的同时将取得换入资产的权利确认为一项资产 |
| 2. 计量 | (1) 按公允价值计量 | 非货币性资产交换同时满足下列两个条件的,应当以公允价值和应支付的相关税费作为换入资产的成本,公允价值与换出资产账面价值的差额计入当期损益:<br>① 该项交换具有商业实质<br>② 换入资产或换出资产的公允价值能够可靠地计量 |
| | (2) 按账面价值计量 | 非货币性资产交换不具有商业实质或换入、换出资产的公允价值不能可靠计量的,应以换出资产的账面价值和应支付的相关税费作为换入资产的成本,无论是否支付补价,均不确认损益。收到或支付的补价作为确定换入资产成本的调整因素 |

### (三) 商业实质的判断

| | | | |
|---|---|---|---|
| 判断条件(符合右列条件之一的,视为具有商业实质) | (1) 换入资产的未来现金流量在风险、时间和金额方面与换出资产显著不同 | ① 未来现金流量的风险、金额相同,时间不同 | 换入资产和换出资产产生的未来现金流量总额相同,获得这些现金流量的风险相同,但现金流量流入企业的时间不同。例如,某企业以一批存货换入一项设备 |
| | | ② 未来现金流量的时间、金额相同,风险不同 | 换入资产和换出资产产生的未来现金流量时间和金额相同,但企业获得现金流量的不确定性程度存在明显差异。例如,某企业以作为其他债权投资的国债换入一幢房屋以备出租 |

(续表)

| 判断条件（符合右列条件之一的，视为具有商业实质） | (1) 换入资产的未来现金流量在风险、时间和金额方面与换出资产显著不同 | ③ 未来现金流量的风险、时间相同，金额不同 | 换入资产和换出资产产生的未来现金流量总额相同，预计为企业带来现金流量的时间跨度相同，风险也相同，但各年产生的现金流量金额存在明显差异。例如，某企业以其商标权换入另一企业的一项专利技术 |
|---|---|---|---|
| | (2) 使用换入资产产生的预计未来现金流量现值与换出资产不同，且其差额与换入资产和换出资产的公允价值相比是重大的 | | 这种情况是指换入资产对换入企业的特定价值（即预计未来现金流量现值）与换出资产存在明显差异。其中，预计未来现金流量现值，应当按照资产在持续使用过程和最终处置时所产生的预计税后未来现金流量，根据企业自身而不是市场参与者对资产特定风险的评价，选择恰当的折现率对其进行折现后的金额加以确定 |

### （四）换入资产按公允价值计量的会计处理

| 1. 换入资产成本的确定 | (1) 不涉及补价 | | 换入资产的成本＝换出资产的公允价值＋应支付的相关税费（除非能证明换入资产公允价值更可靠） |
|---|---|---|---|
| | (2) 涉及补价 | ① 支付补价 | 换入资产成本＝换出资产的公允价值＋支付的补价＋应支付的相关税费 |
| | | ② 收到补价 | 换入资产成本＝换出资产的公允价值－收到的补价＋应支付的相关税费 |
| 2. 损益确认 | 换出资产的公允价值与其账面价值、应支付的相关税费（价内税）的差额应当计入当期损益 | | |
| 3. 会计处理 | (1) 换出资产为存货的——根据《企业会计准则第14号——收入》要求，按支付对价的公允价值确认收入，同时结转相应的成本 | | 借：固定资产等　　　　　（换入资产的入账价值）<br>　　应交税费——应交增值税　（进项税额）<br>贷：主营业务收入<br>　　应交税费——应交增值税（销项税额）<br>（涉及补价的，借或贷银行存款等，下同）<br>借：主营业务成本<br>　　存货跌价准备<br>贷：库存商品等 |
| | (2) 换出资产为固定资产、无形资产的——换出资产公允价值和换出资产账面价值的差额，计入资产处置损益 | | 借：库存商品等　　　　　（换入资产的入账价值）<br>　　应交税费——应交增值税　（进项税额）<br>　　无形资产减值准备　　　（已提减值准备）<br>　　累计摊销　　　　　　　（已摊销额）<br>贷：无形资产　　　　　　　（账面余额）<br>　　应交税费——应交增值税（销项税额）<br>　　资产处置损益　　　　　（差额）<br>换出的资产如为固定资产，需通过"固定资产清理"账户核算 |
| | (3) 换出资产为长期股权投资的——换出资产公允价值和换出资产账面价值的差额，计入投资收益 | | 借：库存商品等　　　　　（换入资产的入账价值）<br>　　应交税费——应交增值税　（进项税额）<br>　　长期股权投资减值准备　（已提减值准备）<br>贷：长期股权投资　　　　　（账面余额）<br>　　投资收益　　　　　　　（差额，或借记） |

### (五) 换入资产按账面价值计量的会计处理

| 1. 换入资产成本的确定 | (1) 不涉及补价 | | 换入资产的成本＝换出资产的账面价值＋应支付的相关税费 |
|---|---|---|---|
| | (2) 涉及补价 | ① 支付补价的 | 换入资产的成本＝换出资产的账面价值＋支付的补价＋应支付的相关税费 |
| | | ② 收到补价的 | 换入资产的成本＝换出资产的账面价值－收到的补价＋应支付的相关税费 |
| | 按换出资产账面价值计量换入资产成本的,无论是否收付补价,均不确认损益 | | |
| 2. 会计处理 | 借:库存商品等　　　　　　　　　　　　　　(计算得出的入账价值)<br>　　应交税费——应交增值税(进项税额)　　(可抵扣的进项税额)<br>　　累计摊销　　　　　　　　　　　　　　　(已摊销额)<br>　贷:无形资产等　　　　　　　　　　　　　　(账面余额)<br>　　　应交税费——应交增值税(销项税额)　　(应交的增值税税额)<br>(涉及补价的,借或贷银行存款等) | | |

### (六) 非货币性资产交换同时换入多项资产的会计处理

| 1. 非货币性资产交换具有商业实质,且各项换出资产或换入资产的公允价值能够可靠计量的(按公允价值计量) | (1) 以换出资产的公允价值为基础确定换入资产的总成本<br>(2) 按照各项换入资产的公允价值(不含金融资产)占换入资产公允价值总额(不含金融资产)的比例,对换入资产的成本总额进行分配,确定各项换入资产的成本<br>(3) 换出资产的公允价值与账面价值之间的差确认为当期损益 |
|---|---|
| | 某项换入资产的成本＝换入资产的总成本×该项换入资产公允价值/各项换入资产公允价值总额＋相关税费<br>　(注:上述换入资产公允价值不包含金融资产) |
| 2. 非货币性资产交换不具有商业实质,或换入资产和换出资产的公允价值均不能可靠计量(按账面价值计量) | (1) 以换出资产账面价值总额为基础确定换入资产的总成本<br>(2) 按照各项换入资产的公允价值占换入资产公允价值总额的比例,对换入资产的成本总额进行分配,确定各项换入资产的成本<br>(3) 如果换入资产的公允价值不能可靠计量,可以按照换入资产原账面价值的相对比例或者其他合理的比例对换出资产的账面价值进行分摊<br>(4) 各项换出资产在终止确认时均不确认损益 |
| | 某项换入资产的成本＝换入资产的总成本×某项换入资产公允价值/换入资产公允价值总额＋相关税费 |

## 四、练习题

### (一) 单项选择题

1. 下列各项中,属于货币性资产的是(　　)。
   A. 固定资产　　　　　　　　　　　　B. 长期股权投资
   C. 应收票据　　　　　　　　　　　　D. 原材料

2. 以下事项中,属于非货币性资产交换的是(　　)。
   A. 用应收票据 100 万元交换原材料　　B. 用应收账款 100 万元抵偿债务
   C. 用银行存款 30 万元购入汽车　　　　D. 用价值 30 万元的原材料换取等值的设备

3. 下列说法中,不正确的是( )。
A. 非货币性资产交换可以涉及少量补价,通常以补价占整个资产交换金额的比例低于25%作为参考
B. 当交换具有商业实质并且公允价值能够可靠计量时,应当以公允价值和应支付的相关税费作为换入资产的成本
C. 不具有商业实质的交换,应当以换出资产的账面价值和应支付的相关税费作为换入资产的成本
D. 收到补价时应确认收益,支付补价时不能确认收益

4. 甲企业用一台设备换入两种急需用的原材料 A 和 B,已知设备的账面价值是 150 000 元,材料 A 的公允价值是 50 000 元,材料 B 的公允价值是 60 000 元,增值税税率为 13%,计税价格等于公允价值。假设交换具有商业实质,则甲企业原材料的入账价值是( )元。
A. 150 000    B. 110 000    C. 128 700    D. 131 300

5. A 公司以一台甲设备换入 B 公司的一台乙设备,甲设备的账面原价为 60 万元,已提折旧 3 万元,已提减值准备 3 万元,其公允价值为 40 万元。B 公司向 A 公司支付补价 5 万元。A 公司支付清理费用 0.5 万元。假设该交换具有商业实质,且不考虑相关税费。A 公司换入的乙设备的入账价值为( )万元。
A. 54    B. 40    C. 35.5    D. 35

6. 在交换具有商业实质且公允价值能够可靠计量时,下列说法中不正确的是( )。
A. 非货币性资产交换不能确认损益
B. 换出资产为固定资产、无形资产的,换出资产公允价值与其账面价值的差额,计入资产处置损益
C. 换出资产为长期股权投资的,换出资产公允价值与其账面价值的差额,计入投资收益
D. 收到补价方,应当以换出资产的公允价值减去补价加上应支付的相关税费,作为换入资产的成本

7. A 公司以一台甲设备换入 B 公司一台乙设备,甲设备的账面原价为 80 万元,已提折旧 32 万元,已提减值准备 4 万元,其公允价值为 60 万元,A 公司另向 B 公司支付补价 4 万元;假设该交换不具有商业实质,且不考虑相关税费,则 A 公司换入的乙设备的入账价值为( )万元。
A. 80    B. 64    C. 44    D. 48

8. 下列有关非货币性资产交换的核算中,处理正确的是( )。
A. 非货币性资产交换的核算中,无论是否涉及补价,交换双方都要解决换入资产的入账价值和确认换出资产的损益问题
B. 多项资产交换与单项资产交换的主要区别在于,需要对换入各项资产的价值进行分配,其分配方法全部都按各项换入资产的公允价值占换入资产公允价值总额的比例进行分配,以确定各项换入资产的入账价值
C. 非货币性资产交换具有商业实质且公允价值能够可靠计量的,在发生补价的情况下,支付补价方,可以以换入资产的公允价值和应支付的相关税费,作为换入资产的成本
D. 不具有商业实质的非货币性资产交换中,一般纳税人的增值税对换入或换出资产的入账价值一定无影响

9. A 公司以一台设备换入 B 公司类似的一台设备。该设备的账面原价为 100 万元,折旧

为20万元,已提减值准备10万元,公允价值80万元。A公司另向B公司支付补价3万元。假设该交换不具有商业实质,且不考虑相关税费。A公司在交换中应确认的资产交换损益为(　　)万元。

  A. 0　　　　　　　B. 13　　　　　　　C. 7　　　　　　　D. 10

  10. A公司以一台设备换入B公司类似的一台设备。设备的账面原值为100万元,累计已提折旧为20万元,已提减值准备10万元,公允价值80万元。A公司另向B公司支付补价3万元。假设该交换具有商业实质,且不考虑相关税费。A公司应确认的资产转让收益为(　　)万元。

  A. 0　　　　　　　B. 13　　　　　　　C. 7　　　　　　　D. 10

  11. 甲公司发生的下列交易中(不考虑相关税费),属于非货币性资产交换的是(　　)。

  A. 以公允价值为270万元的固定资产换入乙公司账面价值为320万元的无形资产,并支付补价75万元

  B. 以账面价值为280万元的固定资产换入丙公司公允价值为200万元的一项专利权,并收到补价80万元

  C. 以公允价值为320万元的长期股权投资换入乙公司账面价值为460万元的短期股票投资,并支付补价160万元

  D. 以账面价值为380万元的应收票据换入戊公司公允价值为400万元的一台设备,并支付补价20万元

  12. 甲公司以一批库存商品换入乙公司一台设备,并收到对方支付的补价22.6万元。该批库存商品的账面价值为200万元,公允价值为300万元,乙公司设备的原值为300万元,已提折旧60万元,公允价值280万元,甲、乙公司适用的增值税税率为13%;假定不考虑除增值税以外的其他相关税费。甲公司换入设备的入账价值和该项交易对损益的影响是(　　)万元。

  A. 280和0　　　　B. 280和100　　　C. 276.6和100　　　D. 180和100

### (二) 多项选择题

  1. 下列交易中,属于非货币性资产交换的有(　　)。

  A. 以固定资产换入交易性金融资产　　　B. 以银行汇票购买原材料
  C. 以银行本票购买固定资产　　　　　　D. 以长期股权投资换入原材料
  E. 以商业票据换入无形资产

  2. 下列项目中,属于货币性资产的有(　　)。

  A. 银行存款　　　B. 长期股权投资　　　C. 存货　　　D. 其他应收款
  E. 投资性房地产

  3. 在计算补价占整个交易金额25%比例时,下列公式中正确的有(　　)。

  A. 收到的补价÷换出资产公允价值<25%
  B. 收到的补价÷(收到的补价+换出资产公允价值)<25%
  C. 支付的补价÷(支付的补价+换入资产的账面价值)<25%
  D. 支付的补价÷(支付的补价+换出资产公允价值)<25%
  E. 支付的补价÷换入资产的公允价值<25%

  4. 下列各项中,可视为具有商业实质的有(　　)。

  A. 换入资产与换出资产的预计未来现金流量的风险、金额相同,时间不同

B. 换入资产与换出资产的预计未来现金流量的时间、金额相同,风险不同

C. 换入资产与换出资产的预计未来现金流量的风险、时间相同,金额不同

D. 换入资产与换出资产的预计未来现金流量的风险、时间、金额均不同

E. 换入资产产生的预计未来现金流量现值与换出资产不同,且其差额与换入资产和换出资产的公允价值相比是重大的

5. 非货币性资产交换中,以公允价值作为换入资产入账价值的条件有( )。

A. 换入的是非货币性资产

B. 收到补价或支付补价

C. 该项交换具有商业实质

D. 换入资产或换出资产的公允价值能够可靠地计量

E. 补价占整个资产交换金额的比例低于25%

6. 在换入资产按公允价值计量的情况下,换出资产为固定资产、金融资产的,其换出资产公允价值和换出资产账面价值的差额,可计入( )。

A. 营业外收入　　　B. 留存收益　　　C. 营业外支出　　　D. 资产处置损益

E. 投资收益

7. 关于非货币性资产交换,下列说法中正确的有( )。

A. 只要非货币性资产交换具有商业实质,就应当以公允价值和应支付的相关税费作为换入资产的成本

B. 若换入资产的未来现金流量在风险、时间和金额方面与换出资产显著不同,则该非货币性资产交换具有商业实质

C. 若换入资产产生的预计未来现金流量现值与换出资产不同,且其差额与换入资产和换出资产的公允价值相比是重大的,则该非货币性资产交换具有商业实质

D. 在以公允价值计量时,应以换出资产的公允价值作为换入资产的成本的基础,但换入资产公允价值更可靠的除外

E. 只要换出资产的公允价值能够可靠确定,就应当以其公允价值和应支付的相关税费作为换入资产的成本

8. 以下属于货币性资产条件的有( )。

A. 可以给企业带来经济利益　　　B. 具有流动性

C. 为出售而持有　　　D. 将为企业带来的经济利益是固定的

E. 将为企业带来的经济利益是可确定的

9. 非货币性资产交换以账面价值计价时,下列处理中正确的有( )。

A. 以换出资产的账面价值作为确定换入资产成本的基础

B. 换出资产公允价值与换出资产账面价值的差额计入当期损益

C. 多项非货币性资产交换时,某项资产入账价值等于换出资产账面价值总额乘以换入该项资产的账面价值占换入资产账面价值总额的比例

D. 在不涉及金融资产的多项非货币性资产交换情况下,某项资产入账价值等于换出资产账面价值总额乘以换入该项资产的公允价值占换入资产公允价值总额的比例

E. 多项非货币性资产交换且双方账面价值总额一致时,某项换入资产入账价值一定等于该资产原账面价值

10. 下列交易中,属于非货币性资产交换的有( )。

A. 以公允价值100万元的设备换取一项长期股权投资
B. 以公允价值100万元的产品和5万元银行存款换取2辆汽车
C. 以公允价值300万元的厂房和150万元银行存款,换取一项土地使用权
D. 以公允价值100万元的设备换取一处库房,同时支付28万元的补价
E. 以公允价值100万元的设备换取一处库房,同时收到28万元的补价

11. 关于以公允价值计量的非货币性资产交换的会计处理,下列说法中正确的有（　　）。

A. 收到补价的企业,以换入资产的公允价值加上应支付的相关税费,作为换入资产的入账价值
B. 支付补价的企业,以换出资产的公允价值加上支付补价和应支付的相关税费,作为换入资产的入账价值
C. 收到补价的企业,以换出资产的公允价值减去补价加上应支付的相关税费,作为换入资产的入账价值
D. 换出资产公允价值与其账面价值的差额计入当期损益
E. 只有涉及补价的非货币性资产交换才确认换出资产的损益

12. 非货币性资产交换具有商业实质且公允价值能够可靠计量的,换出资产公允价值与其账面价值的差额,下列说法中正确的有（　　）。

A. 换出资产为存货的,应当视同销售处理,根据收入准则规定按客户支付非现金对价的公允价值确认商品销售收入,同时结转商品销售成本
B. 换出资产为无形资产的,换出资产公允价值和换出资产账面价值的差额,计入资产处置损益
C. 换出资产为固定资产的,换出资产公允价值和换出资产账面价值的差额,计入资产处置损益
D. 换出资产为长期股权投资的,换出资产公允价值和换出资产账面价值的差额,计入投资收益
E. 换出资产为其他权益工具投资的,换出资产公允价值和换出资产账面价值的差额,计入留存收益

### （三）判断题

1. 债券投资属于货币性资产。　　　　　　　　　　　　　　　　　　　　（　　）
2. 存货与存货的交换一定具有商业实质。　　　　　　　　　　　　　　　（　　）
3. 在具有商业实质且公允价值能够可靠计量的情况下,如果换出的资产为固定资产、无形资产和投资性房地产,则换出资产的账面价值和公允价值之间的差额,计入营业外收入或营业外支出。　　　　　　　　　　　　　　　　　　　　　　　　　　　　（　　）
4. 在不具有商业实质的非货币性资产交换中,收到补价方,应当按照换出资产的账面价值减去收到的补价加上为换入资产支付的相关税费,作为换入资产的入账价值。（　　）
5. 不具有商业实质但换入资产的公允价值能够可靠计量的非货币性资产交换,在同时换入多项资产的情况下,确定各项换入资产的入账价值时,需要按照换入各项资产的公允价值占换入资产公允价值总额的比例,确定各项换入资产的成本。　　　　　（　　）
6. 在非货币性资产交换中,企业为换入固定资产而发生的运杂费,应该计入换入固定资

产的成本。 (    )

7. 非货币性资产交换可以涉及少量的货币性资产,但货币性资产占整个资产交换金额的比例最高不能超过25%(不含25%)。 (    )

8. 非货币性资产交换具有商业实质、换入资产或换出资产的公允价值能够可靠计量,但是换出资产的公允价值不能可靠计量的,应以换入资产的公允价值为基础确定换入资产的总成本。 (    )

9. 非货币性资产交换不具有商业实质,或换入资产和换出资产的公允价值均不能可靠计量的,以换出资产账面价值总额为基础确定换入资产的总成本。 (    )

10. 短期股票投资、货币资金和应收款项都属于货币性资产。 (    )

11. 非货币性资产交换是指交易双方以非货币性资产进行的交换,不涉及货币性资产。 (    )

12. 非货币性资产交换中,企业不论收到还是支付补价,均作为换入资产账面价值的调整。 (    )

### (四) 计算及会计处理题

1. 甲公司以一台设备换入乙公司的专利权,设备的原价为600 000元,已提折旧220 000元,已提减值准备40 000元,设备的公允价值为400 000元。专利权的账面原价为500 000元,累计摊销为150 000元,公允价值为380 000元。甲公司收到乙公司支付的现金49 200元(其中包含补价20 000元,增值税税差29 200元)。乙公司将换入的设备作为生产用固定资产。甲公司适用的增值税税率为13%,无形资产的增值税税率为6%。假设:

(1) 该交换具有商业实质。

(2) 该交换不具有商业实质。

要求:

分别根据上述两种假设编制甲公司与乙公司的有关会计分录。

2. 甲公司为增值税一般纳税人,其增值税税率为13%。2019年度发生如下经济业务:

(1) 甲公司以其生产的一批应税消费品换入乙公司的一台设备,产品的成本为380 000元,已提存货跌价准备20 000元,计税价格(等于公允价值)为400 000元。甲公司另向乙公司支付银行存款113 000元(其中包括支付补价100 000元,支付增值税的差额13 000元),同时为换入资产支付相关费用10 000元。乙公司的设备原价为800 000元,已提折旧220 000元,设备的公允价值为500 000元。

(2) 甲公司以一项长期股权投资与丙公司交换一台设备和一项专利权,甲公司的长期股权投资账面余额为230万元,其中其他综合收益明细借方40万元(可以分类进损益),计提减值准备20万元,公允价值为190万元;丙公司的设备原价为100万元,累计折旧40万元,公允价值为50万元;专利权账面价值为120万元,公允价值为150万元,甲公司支付给丙公司银行存款27万元(其中包括支付补价10万元,增值税进项税额17万元),为换入资产支付共计相关税费10万元。

(3) 甲公司以其持有的其他权益工具投资交换丁公司的产成品,在交换日,甲公司的其他权益工具投资账面余额为380 000元(其中成本为320 000元,公允价值变动为60 000元),公允价值为420 000元。换入产品的账面价值为320 000元,公允价值(计税价格)为400 000元,增值税为52 000元,甲公司向丁公司支付银行存款32 000元(其中包括收取补价20 000

元,支付增值税进项税额52 000元),换入的商品作为库存商品核算。

(4)假设上述交换均具有商业实质且公允价值能够可靠计量,增值税税率13%,无形资产增值税税率6%,应税消费品的消费税税率10%。

要求:

根据上述经济业务,编制甲公司有关会计分录。

3. 甲公司和乙公司均为增值税一般纳税企业,适用的增值税税率均为13%。2019年10月1日,甲公司与乙公司进行资产交换,甲公司将其持有的库存商品、长期股权投资、无形资产同乙公司的原材料、固定资产(厂房)进行交换,甲公司持有的库存商品的账面价值为200万元,公允价值为300万元(不含增值税),长期股权投资的账面价值为800万元,公允价值为1 000万元,无形资产的账面原价为800万元,已累计摊销的金额300万元,公允价值为700万元(不含6%的增值税);乙公司原材料的账面价值为300万元,公允价值为400万元(不含增值税),厂房的账面原价为1 500万元,已计提折旧为300万元,公允价值为1800万元(不含9%的增值税),同时,甲公司支付给乙公司银行存款333万元(其中包括支付补价200万元,支付增值税差额133万元),假定该交换具有商业实质,甲公司换入原材料、固定资产仍作为原材料和固定资产核算,乙公司换入的库存商品、股权投资和无形资产均作为库存商品、长期股权投资和无形资产核算。

要求:

(1)计算甲、乙公司换入资产的总成本。

(2)计算甲、乙公司各项换入资产的入账价值。

(3)编制甲、乙公司相关的会计分录。

# 第八章 股份支付

## 一、学习要求

通过本章的学习,重点理解掌握以下内容:

1. 股份支付的含义及特征;
2. 股份支付的种类及行权条件;
3. 以权益结算的股份支付的会计处理;
4. 以现金结算的股份支付的会计处理。

## 二、重点和难点

1. 重点:以权益结算的股份支付的会计处理;以现金结算的股份支付的会计处理。
2. 难点:以权益结算的股份支付的会计处理。

## 三、主要内容讲解

### (一)股份支付及其特点

| | | |
|---|---|---|
| 1. 股份支付的含义及特征 | (1) 含义 | 股份支付是指企业为获取职工和其他方提供服务而授予权益工具或者承担以权益工具为基础确定的负债的交易 |
| | (2) 特征 | ① 股份支付是企业与职工或其他方之间发生的交易<br>② 股份支付是以获取职工或其他方服务为目的的交易<br>③ 股份支付交易的对价或其定价与企业自身权益工具未来的价值密切相关 |
| 2. 股份支付的四个环节(授予、可行权、行权、出售) | (1) 授予日 | 授予日是指股份支付协议获得批准的日期。其中"获得批准",是指企业与职工或其他就股份支付的协议条款和条件已达成一致,该协议已获得股东大会或类似机构的批准 |
| | (2) 可行权日 | 可行权日是指可行权条件得到满足、职工或其他方具有从企业取得权益工具或现金权利的日期<br>等待期是指可行权条件得到满足的期间,即从授予日至可行权日的时段 |
| | (3) 行权日 | 行权日是指职工和其他方行使权利、获取现金或权益工具的日期<br>行权是按期权的约定价格实际购买股票,一般是在可行权日之后到期权到期日之前的可选择时段内行权 |
| | (4) 出售日 | 出售日是指股票的持有人将行使期权所取得的期权股票出售的日期<br>按照我国法规规定,用于期权激励的股份支付协议,应在行权日至出售日之间设立禁售期,其中国有控股上市公司的禁售期不得低于2年 |

(续表)

| | | | |
|---|---|---|---|
| 3. 股份支付的主要类型（两大类、四小类） | （1）以权益结算的股份支付 | | 以权益结算的股份支付是指企业为获取服务而以股份或其他权益工具作为对价进行结算的交易<br>以权益结算的股份支付最常用的工具有两类：限制性股票和股票期权 |
| | | | 限制性股票是指职工或其他方按照股份支付协议规定的条款和条件，从企业获得一定数量的本企业股票<br>股票期权是指企业授予职工或其他方在未来一定期限内以预先确定的价格和条件购买本企业一定数量股份的权利 |
| | （2）以现金结算的股份支付 | | 以现金结算的股份支付是指企业为获取服务而承担的以股份或其他权益工具为基础计算确定的交付现金或其他资产义务的交易<br>以现金结算的股份支付最常用的工具有两类：模拟股票和现金股票增值权 |
| | | | 除无需实际行权和持有股票之外，现金股票增值权的运作原理与股票期权一样，都是一种增值权形式的与股票价值挂钩的薪酬工具<br>除无需实际授予股票和持有股票之外，模拟股票的运作原理与限制性股票是一样的 |

▲ 学习时应理解股份支付的含义、股份支付的四个环节和股份支付两种类型的差异。

### （二）股份支付的行权条件

| | | | |
|---|---|---|---|
| 1. 可行权条件 | 可行权条件是指能够确定企业是否得到职工或其他方提供的服务，且该服务使职工或其他方具有获取股份支付协议规定的权益工具或现金等权利的条件 | | |
| | （1）服务期条件 | | 服务期条件是指职工需完成规定的服务期间才能行权的条件 |
| | （2）业绩条件 | ① 市场条件 | 市场条件是指行权价格、可行权条件以及行权可能性与权益工具的市场价格相关的业绩条件。市场条件影响公允价值的确定 |
| | | ② 非市场条件 | 非市场条件是指除市场条件之外的其他业绩条件，如最低盈利目标或销售目标的规定。非市场条件影响行权情况的估计 |
| 2. 可行权条件的修改 | （1）有利修改 | | ① 如果修改增加了所授予的权益工具的公允价值，企业应按照权益工具公允价值的增加相应地确认取得服务的增加<br>② 如果修改增加了所授予的权益工具的数量，企业应将增加的权益工具的公允价值相应地确认为取得服务的增加<br>③ 其他有利于行权条件的修改，企业在处理可行权条件时，应当考虑修改后的可行权条件 |
| | （2）不利修改 | | ① 如果修改减少了授予的权益工具的公允价值，企业应当继续以权益工具在授予日的公允价值为基础，确认取得服务的金额，而不应考虑权益工具公允价值的减少<br>② 如果修改减少了授予的权益工具的数量，企业应当将减少部分作为已授予的权益工具的取消来进行处理<br>③ 其他不利行权条件的修改，企业在处理可行权条件时，不应考虑修改后的可行权条件 |
| | （3）取消或结算 | | ① 将取消或结算作为加速可行权处理，立即确认原本应在剩余等待期内确认的金额<br>② 在取消或结算时支付给职工的所有款项均应作为权益的回购处理<br>③ 授予新的权益工具替代被取消的权益工具的，企业应以与处理原权益工具条款和条件修改相同的方式，对所授予的替代权益工具进行处理 |

▲ 学习时应重点理解可行权条件及其运用。

## （三）权益工具公允价值的确定

| 1. 股份 | 对于授予职工的股份，其公允价值应按企业股份的市场价格计量，同时考虑授予股份所依据的条款和条件（不包括市场条件之外的可行权条件）进行调整<br>如果企业股份未公开交易，则应按估计的市场价格计量，并考虑授予股份所依据的条款和条件进行调整 |
|---|---|
| 2. 权益工具 | 对于授予职工的股票期权，一般通过期权定价模型估计所授予的期权的公允价值。估计授予职工期权的定价模型至少应考虑以下因素：① 期权的行权价格；② 期权期限；③ 基础股份的现行价格；④ 股价的预计波动率；⑤ 股份的预计股利；⑥ 期权期限内的无风险利率 |

## （四）股份支付的会计处理

| 1. 授予日 | 除了立即可行权的股份支付外，无论权益结算的股份支付还是现金结算的股份支付，企业在授予日均不做会计处理<br>◆ 授予日后立即可行权的情况在实务中较为少见 | |
|---|---|---|
| 2. 等待期内的每个资产负债表日 | 企业应在等待期内的每个资产负债表日，将取得职工或其他方提供的服务计入成本费用，同时确认所有者权益或负债<br>在等待期内，业绩条件为非市场条件的，如果后续信息表明需要调整对可行权情况的估计，应当对前期估计进行修改 | |
| | (1) 权益结算涉及职工的股份支付，应按授予日权益工具的公允价值计入成本费用和资本公积（其他资本公积），不确认其后续公允价值变动 | 等待期内的每个资产负债表日：<br>借：管理费用等<br>　　贷：资本公积——其他资本公积 |
| | (2) 现金结算涉及职工的股份支付，应按资产负债表日当日权益工具的公允价值重新计量，确认成本费用和相应的应付职工薪酬 | 等待期内的每个资产负债表日：<br>借：管理费用等<br>　　贷：应付职工薪酬——股份支付 |
| | ◆ 在等待期内的每个资产负债表日，企业应当根据最新取得的可行权职工人数变动等后续信息作出最佳估计，修正预计可行权权益工具数量<br>在可行权日，最终预计可行权权益工具数量应当与实际可行权工具的数量一致 | |
| | ◆ 根据预计可行权的权益工具数量和上述权益工具的公允价值，计算截至当期累计应确认的成本费用金额，再减去前期累计已确认金额，作为当期应确认的成本费用金额 | |
| 3. 可行权日之后 | (1) 权益结算的股份支付，在可行权日之后不再对已确认的成本费用和所有者权益总额进行调整<br>企业应在行权日根据行权情况，确认股本和股本溢价，同时结转等待期内确认的资本公积（其他资本公积）<br>全部或部分权益工具未被行权而失效或作废的，应在行权有效期截止日在所有者权益内部结转，不冲减成本费用 | 行权日：<br>借：银行存款<br>　　资本公积——其他资本公积<br>　　贷：股本<br>　　　　资本公积——资本溢价<br>可行权日后，不再对已确认的成本费用和所有者权益总额进行调整 |
| | (2) 现金结算的股份支付，企业在可行权日之后不再确认成本费用，结算日之前负债（应付职工薪酬）公允价值的变动应计入当期损益（公允价值变动损益） | 行权时：<br>借：应付职工薪酬——股份支付<br>　　贷：银行存款<br>可行权日之后负债公允价值的变动：<br>借：公允价值变动损益<br>　　贷：应付职工薪酬——股份支付 |

(续表)

| | | |
|---|---|---|
| 4. 回购股份进行职工期权激励 | 企业以回购股份形式奖励本企业职工的,属于权益结算的股份支付。<br>企业回购股份时,应按回购股份的全部支出作为库存股处理,同时进行备查登记。 | ① 回购股份时:<br>借:库存股　　　（回购股份的全部支出）<br>　　贷:银行存款<br>同时,在备查簿中:<br>借:利润分配——未分配利润　（实际支付的金额）<br>　　贷:资本公积——其他资本公积<br>② 确认成本费用(在等待期内每个资产负债表日):<br>借:成本费用类科目<br>　　贷:资本公积——其他资本公积<br>③ 职工行权:<br>借:银行存款　　　　　　（企业收到的股票价款）<br>　　资本公积——其他资本公积（等待期内累计确认的金额）<br>　　贷:库存股　　　　　　（回购的库存股成本）<br>　　　　资本公积——资本溢价（差额） |

▲ 学习时应重点掌握权益结算的股份支付和现金结算的股份支付的具体会计处理;掌握回购股份进行职工期权激励的具体会计处理。

### 四、练习题

#### （一）单项选择题

1. 下列有关等待期的表述中不正确的是（　　）。
   A. 等待期,是指可行权条件得到满足的期间
   B. 对于可行权条件为规定服务期间的股份支付,等待期为授予日至行权日的期间
   C. 对于可行权条件为规定服务期间的股份支付,等待期为授予日至可行权日的期间
   D. 对于可行权条件为规定业绩的股份支付,应当在授予日根据最可能的业绩结果预计等待期的长度

2. 下列关于股份支付特征的说法中,错误的是（　　）。
   A. 股份支付是企业与职工或其他方之间发生的交易
   B. 股份支付的目的是为了增加企业费用,合理避税
   C. 股份支付交易的对价或其定价与企业自身权益工具未来的价值密切相关
   D. 股份支付是以获取职工或其他方服务为目的的交易

3. 下列关于股份支付会计处理的表述中,不正确的是（　　）。
   A. 股份支付的确认和计量,应以符合相关法规要求、完整有效的股份支付协议为基础
   B. 对以权益结算的股份支付换取职工提供服务的,应按所授予权益工具在授予日的公允价值计量
   C. 对以现金结算的股份支付,在可行权日之后应将相关权益的公允价值变动计入当期损益
   D. 对以权益结算的股份支付,在可行权日之后应将相关的所有者权益按公允价值进行调整

4. 股份支付行权日是指（　　）。
   A. 股份支付协议获得批准的日期
   B. 可行权条件得到满足的日期
   C. 可行权条件得到满足、职工和其他方具有从企业取得权益工具或现金的权利的日期

D. 职工和其他方行使权利、获取现金或权益工具的日期

5. 关于以现金结算的股份支付,下列说法中正确的是( )。

A. 指企业为获取服务交付的现金的交易

B. 指企业为获取服务交付现金或其他资产义务的交易

C. 指企业为获取服务承担以股份或其他权益工具为基础计算确定的交付现金,不包括其他资产的交易

D. 指企业为获取服务承担以股份或其他权益工具为基础计算确定的交付现金或其他资产义务的交易

6. 甲公司授予其管理层的某股份支付协议规定,今后3年中,公司股价每年提高12%以上,则可获得一定数量的该公司股票。到第3年年末,该目标未实现。甲公司正确的处理是( )。

A. 等待期内确认的费用不应再转回 B. 等待期内确认的费用应当转回

C. 企业应当支付给管理层一部分货币资金 D. 管理层可以获得一定的股权

7. 股份支付一般在下列( )时点不进行会计处理。

A. 授予日 B. 等待期内的每一个资产负债表日

C. 可行权日 D. 行权日

8. 下列关于股份支付会计处理的表述中,不正确的是( )。

A. 以现金结算的股份支付,在等待期内的每个资产负债表日以权益工具的公允价值重新计量,确认成本费用和应付职工薪酬

B. 股份支付协议中规定的条款和条件一经确定,不得变更

C. 除立即可行权的股份支付外,企业在授予日不需作会计处理

D. 换取职工服务的权益结算的股份支付,应当按照授予日权益工具的公允价值计入成本费用和资本公积

9. 甲公司为一上市公司。2017年1月1日,公司向其100名管理人员每人授予100份股票期权,这些职员从2017年1月1日起在该公司连续服务3年,即可以5元每股购买100股甲公司股票,从而获益。公司估计该期权在授予日的公允价值为30元。至2018年12月31日,甲公司估计这100名管理人员的离职比例为10%。假设剩余90名职员在2019年12月31日全部行权,甲公司股票面值为1元。则计入"资本公积——股本溢价"账户的金额为( )元。

A. 36 000 B. 300 000 C. 306 000 D. 291 000

10. 下列关于企业以现金结算的股份支付的会计处理中,不正确的是( )。

A. 初始确认时确认所有者权益

B. 初始确认时以企业所承担负债的公允价值计量

C. 等待期内按照所确认负债的金额计入成本或费用

D. 可行权日后相关负债的公允价值变动计入公允价值变动损益

11. 2019年1月1日,甲公司向其100名管理人员每人授予100股股票期权。这些职员自2019年1月1日起在公司连续服务3年,即可以每股10元的价格购买100股股票,期权在授予日的公允价值为15元。第1年有10名职员离开企业,甲公司估计3年离职总人数会达到20%。甲公司2019年年末据此计入管理费用的金额为( )元。

A. 45 000 B. 35 000 C. 65 000 D. 40 000

12. 对于现金结算的股份支付,企业在可行权日之后至结算日前的每个资产负债表日因

负债公允价值的变动应计入(　　)。

　　A. 管理费用　　　　　　　　　　　　B. 制造费用

　　C. 资本公积　　　　　　　　　　　　D. 公允价值变动损益

13. 以股份支付形式获取职工服务的企业应当在等待期内的每个资产负债表日,将当期取得的服务计入相关的资产成本和费用(不考虑授予日即可行权的情况)。那么以权益结算和以现金结算的股份支付在此时的会计处理中贷方涉及的会计账户分别是(　　)。

　　A. "应付职工薪酬""应付职工薪酬"

　　B. "资本公积——其他资本公积""应付职工薪酬"

　　C. "应付职工薪酬""资本公积——其他资本公积"

　　D. "资本公积——其他资本公积""资本公积——其他资本公积"

14. 下列对股份支付可行权日之后的会计处理方法中,不正确的是(　　)。

　　A. 对于权益结算的股份支付,在可行权日之后不再对已确认的成本费用和所有者权益总额进行调整

　　B. 对于权益结算的股份支付,企业应在行权日根据行权情况,确认股本和股本溢价,同时结转等待期内确认的资本公积(其他资本公积)

　　C. 对于现金结算的股份支付,企业在可行权日之后不再确认成本费用增加,负债(应付职工薪酬)公允价值的变动应当计入当期公允价值变动损益

　　D. 对于权益结算的股份支付,如果全部或部分权益工具未被行权而失效或作废,应在行权有效期截止日将其资本公积(其他资本公积)冲减成本费用

15. A公司为一家上市公司。2019年1月1日,公司向其100名管理人员每人授予1万份股票期权,规定这些职员从2019年1月1日起在该公司连续服务3年,即可以3元每股的价格购买1万股A公司股票,从而获益。公司估计每份期权在授予日的公允价值为15元。第1年有12名职员离开A公司,A公司估计3年中离职的职员比例将达到20%;第2年又有6名职员离开公司,公司将估计的职员离开比例修正为18%。A公司2020年应计入管理费用的金额为(　　)万元。

　　A. 500　　　　B. 400　　　　C. 1 200　　　　D. 420

**(二)多项选择题**

1. 下列关于市场条件和非市场条件的说法中,正确的有(　　)。

　　A. 企业在确定权益工具在授予日的公允价值时,应考虑非市场条件的影响,而不考虑市场条件的影响

　　B. 市场条件是否得到满足,不影响企业对预计可行权情况的估计

　　C. 非市场条件是否得到满足,不影响企业对预计可行权情况的估计

　　D. 企业在确定权益工具在授予日的公允价值时,应考虑市场条件的影响,而不考虑非市场条件的影响

　　E. 对于可行权条件为业绩条件的股份支付,在确定权益工具的公允价值时,应考虑市场条件的影响,只要职工满足了其他所有非市场条件,企业就应当确认已取得的服务

2. 下列各项中,属于以现金结算的股份支付的权益工具的有(　　)。

　　A. 限制性股票　　B. 模拟股票　　C. 股票期权　　D. 现金股票增值权

　　E. 优先股

3. 下列对股份支付的价值确定方法中,正确的有(　　　　)。
A. 权益结算股份支付,应按授予日权益工具的公允价值计量
B. 权益结算股份支付,应按资产负债表日权益工具的公允价值计量
C. 现金结算股份支付,应按资产负债表日当日权益工具的公允价值重新计量
D. 现金结算股份支付,应按授予日权益工具的公允价值计量
E. 无论是权益结算股份支付,还是现金结算股份支付,在等待期内的每个资产负债表日,都应根据职工人数变动情况等后续信息修正预计可行权权益工具数量

4. 以下表述中正确的有(　　　　)。
A. 股份支付是以获取职工或其他方服务为目的的交易
B. 为换取职工服务而以权益结算的股份支付应以所授权益工具的公允价值计量
C. 授予权益工具的公允价值无法可靠计量时以其内在价值计量
D. 已授予权益工具经修改减少了其公允价值,应按照减少后权益工具的公允价值计量
E. 在等待期内取消了所授予的权益工具时应作加速可行权处理

5. 企业以回购股份形式奖励本企业职工的,属于权益结算的股份支付,下列会计处理中正确的有(　　　　)。
A. 企业回购股份时,应当按照回购股份的全部支出作为库存股处理,记入"库存股"账户,同时进行备查登记
B. 按权益结算股份支付的规定,企业应当在等待期内每个资产负债表日按照权益工具在授予日的公允价值,将取得的职工服务计入成本费用,同时增加资本公积(其他资本公积)
C. 企业回购股份时,应当按照回购股份的全部支出冲减股本
D. 企业应按职工行权购买本企业股份时收到的价款,借记"银行存款"等账户,同时转销等待期内在资本公积(其他资本公积)中累计的金额,借记"资本公积——其他资本公积"账户;按回购的库存股成本,贷记"库存股"账户;按照上述借贷方差额,借记"资本公积——股本溢价"账户
E. 按权益结算股份支付的规定,企业应当在等待期内每个资产负债表日按照公允价值,将取得的职工服务计入成本费用,同时增加应付职工薪酬

6. 关于以现金结算的股份支付,下列表述中正确的有(　　　　)。
A. 等待期内每个资产负债表日不需要确认权益工具的预计行权数量变动
B. 等待期内每个资产负债表日应确认权益工具的公允价值变动和应付职工薪酬
C. 等待期内按照每个资产负债表日权益工具的公允价值和预计行权数量为基础计算或修正成本费用
D. 等待期内每个资产负债表日应确认权益工具的预计行权数量变动
E. 除了立即可行权的股份支付外,授予日不进行会计处理

7. 在等待期内的每个资产负债表日,下列会计处理方法中正确的有(　　　　)。
A. 对于附有市场条件的股份支付,只要职工满足了其他所有非市场条件,企业就应当确认已取得的服务
B. 对于权益结算的股份支付,应当按照授予日权益工具的公允价值计入成本费用和资本公积(其他资本公积),不确认其后续公允价值变动
C. 在等待期内每个资产负债表日,企业应将取得的职工提供的服务按照权益工具的公允价值计入成本费用

D. 以现金结算股份支付的方式，在等待期内的每个资产负债表日，将取得职工或其他方提供的服务计入成本费用，同时确认资本公积

E. 在等待期内，业绩条件为市场条件的，如果后续信息表明需要调整对可行权情况的估计的，对前期估计进行修改

8. 权益结算的股份支付，企业应当在等待期内每个资产负债表日，按授予日权益工具的公允价值，将当期取得的服务计入（　　　　）账户。

A. "管理费用"　　B. "制造费用"　　C. "财务费用"　　D. "研发支出"

E. "销售费用"

9. 关于以权益结算的股份支付，下列说法中正确的有（　　　　）。

A. 以权益结算的股份支付换取职工提供服务的，应当以授予日权益工具的账面价值计量

B. 以权益结算的股份支付换取职工提供服务的，应当以授予日权益工具的公允价值计量

C. 授予后立即可行权的换取职工服务的以权益结算的股份支付，应当在授予日按照权益工具的公允价值计入相关成本或费用

D. 在资产负债表日，后续信息表明可行权权益工具的数量与以前估计不同的，应当进行调整，并在可行权日调整至实际可行权的权益工具数量

E. 授予后立即可行权的换取职工服务的以权益结算的股份支付，应当在授予日按照权益工具的账面价值计入相关成本或费用

10. 关于股份支付，下列表述中正确的有（　　　　）。

A. 股份支付可以以权益结算

B. 股份支付可以以现金结算

C. 以权益结算的股份支付，等待期内每个资产负债表日应确认权益工具的公允价值变动

D. 以股份支付形式进行激励或补偿实质上属于薪酬

E. 股份支付与职工薪酬适用不同的计量原则

11. 股份支付中通常涉及可行权条件，其中业绩条件又可分为市场条件和非市场条件，下列属于市场条件的有（　　　　）。

A. 最低股价增长率　　　　　　　　B. 销售指标的实现情况

C. 最低利润指标的实现　　　　　　D. 股东最低报酬率

E. 在公司服务满一定期限

12. 关于股份支付工具的划分，正确的说法有（　　　　）。

A. 股份支付分为以权益结算的股份支付和以现金结算的股份支付

B. 以权益结算的股份支付最常用的工具主要有两类：模拟股票和现金股票增值权

C. 以现金结算的股份支付最常用的工具主要有两类：限制性股票和股票期权

D. 现金股票增值权的运作与股票期权是一致的

E. 模拟股票的运作原理与限制性股票是一致的

## （三）判断题

1. 无论是权益结算的股份支付还是现金结算的股份支付，除了立即可行权的股份支付外，企业在授予日均不作会计处理。（　　）

2. 对于权益结算的股份支付，应当按照等待期的资产负债表日权益工具的公允价值重新

计量,确定成本费用和资本公积。                                （  ）

3. 可行权日是指职工和其他方行使权利、获取现金或权益工具的日期。    （  ）

4. 授予后立即可行权的权益结算的股份支付,企业在确认成本费用的同时,增加"资本公积——股本溢价"科目的金额。                                （  ）

5. 股份支付中只要职工或其他方满足了所有可行权条件中的非市场条件,企业应当确认已得到服务相对应的成本费用。                                （  ）

6. 以权益结算的股份支付,企业的所有者权益在整个过程中必定会增加。   （  ）

7. 股价增长幅度属于股份支付协议中的非市场业绩条件。               （  ）

8. 对于换取职工服务的股份支付,企业应当以股份支付所授予的权益工具在等待期资产负债表日的公允价值计量,确认相关的成本费用和所有者权益。           （  ）

9. 对于以股份结算的股份支付,企业在可行权日之后不再确认成本费用,负债(应付职工薪酬)公允价值的变动应当计入公允价值变动损益。                （  ）

10. 最低股价增长率、营业收入增长率、最低利润指标的实现情况等均属于股份支付中的非市场条件。                                            （  ）

## (四) 计算及会计处理题

1. 2×17 年 1 月 1 日,经股东大会批准,甲公司(为上市公司)与 100 名高级管理人员签署股份支付协议。协议规定:

(1) 甲公司向 100 名高级管理人员每人授予 1 万股股票期权,行权条件为这些高级管理人员从授予期权之日起连续服务满 3 年,公司 3 年平均净利润增长率达到 10%。

(2) 符合行权条件后,每持有 1 股普通股股票期权可以自 2×20 年 1 月 1 日起 1 年内,以每股 5 元的价格购买公司 1 股普通股票,在行权期间内未行权的股票期权将失效。甲公司估计授予日每股股票期权的公允价值为 15 元。

2×17 年至 2×20 年,甲公司股票期权的资料如下:

(1) 2×17 年 5 月,甲公司自市场回购本公司股票 100 万股,共支付价款 1 000 万元,作为库存股待行权时使用。

(2) 2×17 年,甲公司有 2 名高级管理人员离开公司,本年净利润增长率为 8%。该年末,甲公司预计未来两年将有 3 名高级管理人员离开公司,预计 3 年平均净利润增长率将达到 12%;每股股票期权的公允价值为 16 元。

(3) 2×18 年,甲公司又有 2 名高级管理人员离开公司,本年净利润增长率为 12%。该年末,甲公司预计未来 1 年将有 2 名高级管理人员离开公司,预计 3 年平均净利润增长率将达到 11%;每股股票期权的公允价值为 18 元。

(4) 2×19 年,甲公司有 1 名高级管理人员离开公司,本年净利润增长率为 13%。该年末,每股股票期权的公允价值为 19 元。

(5) 2×20 年 3 月,95 名高级管理人员全部行权,甲公司收到款项 475 万元,相关股票的变更登记手续已办理完毕。

要求:

(1) 说明该股份支付的类型以及行权条件。

(2) 编制甲公司回购本公司股票时的相关会计分录。

(3) 计算甲公司 2×17 年、2×18 年、2×19 年因股份支付确认的费用,并编制相关会计分录。

(4) 编制甲公司高级管理人员行权时的相关会计分录。

2. 2×17年1月1日,甲公司为其100名管理人员每人授予10 000份现金股票增值权,这些人员从2×17年1月1日起必须在该公司连续服务3年,即可自2×20年12月31日起根据股价的增长幅度获得现金,该增值权应在2×21年12月31日之前行使完毕。甲公司估计,该增值权在负债结算之前的每一资产负债表日以及结算日的公允价值和可行权后的每份增值权现金支出额如下表所示(单位:元):

| 年 份 | 公允价值 | 支付现金 |
| --- | --- | --- |
| 2×17年 | 10 | |
| 2×18年 | 12 | |
| 2×19年 | 15 | 16 |
| 2×20年 | 18 | 20 |
| 2×21年 | | 21 |

2×17年有10名管理人员离开甲公司,甲公司估计3年中还将有9名管理人员离开;2×18年又有8名管理人员离开公司,公司估计还将有4名管理人员离开;2×19年又有6名管理人员离开,有50人行使股票增值权取得了现金,2×20年有20人行使股票增值权取得了现金,2×21年有6人行使股票增值权取得了现金。

要求:

计算2×17至2×21年每年应确认的费用(或损益)、应付职工薪酬余额和支付的现金,并编制有关会计分录。

# 第九章 套期会计

## 一、学习要求

通过本章的学习,重点理解掌握以下内容:

1. 套期的含义及原则;
2. 套期保值的分类;
3. 套期工具和被套期项目;
4. 套期关系的评估;
5. 三类套期保值的会计处理。

## 二、重点和难点

1. 重点:套期关系的评估;公允价值套期保值会计处理;现金流量套期保值会计处理;境外经营净投资套期保值的会计处理。

2. 难点:公允价值套期保值会计处理;现金流量套期保值会计处理;境外经营净投资套期保值的会计处理。

## 三、主要内容讲解

### (一)套期及其分类

| | | |
|---|---|---|
| 1. 含义 | 套期,是指企业为规避风险,指定一项或一项以上套期工具,使套期工具的公允价值或现金流量变动,预期抵销被套期项目全部或部分公允价值或现金流量变动 | |
| 2. 原则 | (1) 品种相同或相近原则<br>(2) 月份相同或相近原则<br>(3) 方向相反原则<br>(4) 数量相当原则 | |
| 3. 分类 | (1) 公允价值套期 | 公允价值套期是指对已确认资产或负债、尚未确认的确定承诺,或该资产或负债、尚未确认的确定承诺中可辨认部分的公允价值变动风险进行的套期,如对存货的套期保值 |
| | (2) 现金流量套期 | 现金流量套期,是指对现金流量变动风险进行的套期。该类现金流量变动源于与已确认资产或负债、很可能发生的预期交易有关的某类特定风险,且将影响企业的损益,如对预期购买或销售业务的套期保值 |
| | (3) 境外经营净投资套期 | 境外经营净投资套期,是指对境外经营净投资外汇风险进行的套期。企业既无计划也无可能于可预见的未来会计期间结算的长期外币货币性应收项目(含贷款),应当视同境外经营净投资的组成部分 |
| 4. 套期会计方法 | 套期会计方法,是指企业将套期工具与被套期项目产生的利得和损失在相同的会计期间计入当期损益(或其他综合收益)以反映企业风险管理的方法 | |

## （二）套期工具和被套期项目

| | | |
|---|---|---|
| 1. 套期工具 | （1）概念 | 套期工具，一般是指企业为进行套期而指定的、其公允价值或现金流量变动预期可抵销被套期项目的公允价值或现金流量变动的衍生工具 |
| | （2）可以作为套期工具的金融工具 | ① 以公允价值计量且其变动计入当期损益的衍生工具。② 以公允价值计量且其变动计入当期损益的非衍生金融资产或非衍生金融负债，但指定为以公允价值计量且其变动计入当期损益、且其自身信用风险变动引起的公允价值变动计入其他综合收益的金融负债除外。③ 对于外汇风险套期，企业可以将非衍生金融资产（选择以公允价值计量且其变动计入其他综合收益的非交易性权益工具投资除外）或非衍生金融负债的外汇风险成分指定为套期工具 |
| 2. 被套期项目 | （1）概念 | 被套期项目，是指使企业面临公允价值或现金流量变动风险，且被指定为被套期对象的资产、负债、确定性承诺或者预期交易 |
| | （2）可作为被套期的项目 | ① 已确认资产或负债；② 尚未确认的确定承诺；③ 极可能发生的预期交易；④ 境外经营净投资；⑤ 以上项目的组成部分 |

## （三）套期关系的评估

| | |
|---|---|
| 1. 运用套期保值的条件 | 套期只有同时满足下列条件，才能运用套期会计方法进行处理：<br>（1）套期关系仅由符合条件的套期工具和被套期项目组成<br>（2）在套期开始时，企业正式指定了套期工具和被套期项目，并准备了关于套期关系和企业从事套期的风险管理策略和风险管理目标的书面文件<br>（3）套期关系符合套期有效性要求 |
| 2. 套期有效性的认定 | 套期有效性，是指套期工具的公允价值或现金流量变动能够抵销被套期风险引起的被套期项目公允价值或现金流量变动的程度。套期只有满足下列全部条件时，企业才能认定其有效：<br>（1）被套期项目和套期工具之间存在经济关系。该经济关系使得套期工具和被套期项目的价值因面临相同的被套期风险而发生方向相反的变动<br>（2）被套期项目和套期工具经济关系产生的价值变动中，信用风险的影响不占主导地位<br>（3）套期关系的套期比率，应当等于企业实际套期的被套期项目数量与对其进行套期的套期工具实际数量之比，但不应当反映被套期项目和套期工具相对权重的失衡，这种失衡会导致套期无效，并可能产生与套期会计目标不一致的会计结果 |
| 3. 套期关系的再平衡 | 套期关系由于套期比率的原因而不再符合套期有效性要求，但指定该套期关系的风险管理目标没有改变的，企业应当进行套期关系再平衡<br>套期关系再平衡，是指对已经存在的套期关系中被套期项目或套期工具的数量进行调整，以使套期比率重新符合套期有效性要求。基于其他目的对被套期项目或套期工具所指定的数量进行变动，不构成套期关系再平衡<br>企业在套期关系再平衡时，应当首先确认套期关系调整前的套期无效部分，并更新在套期剩余期限内预期将影响套期关系的套期无效部分产生原因的分析，同时相应更新套期关系的书面文件 |
| 4. 套期关系的终止 | 企业发生下列情形之一的，应当终止运用套期会计：<br>（1）因风险管理目标发生变化，导致套期关系不再满足风险管理目标<br>（2）套期工具已到期、被出售、合同终止或已行使<br>（3）被套期项目与套期工具之间不再存在经济关系，或者被套期项目和套期工具经济关系产生的价值变动中，信用风险的影响开始占主导地位<br>（4）套期关系不再满足运用套期会计方法的其他条件。在适用套期关系再平衡的情况下，企业应当首先考虑套期关系再平衡，然后评估套期关系是否满足运用套期会计方法的条件 |
| 5. 不得撤销套期关系的情形 | （1）套期关系仍然满足风险管理目标<br>（2）套期关系仍然满足运用套期会计方法的其他条件 |

## (四) 套期的会计处理

| | | | |
|---|---|---|---|
| 1. 公允价值套期 | (1) 基本要求 | ① 套期工具产生的利得或损失应当计入当期损益。如果套期工具是对选择以公允价值计量且其变动计入其他综合收益的非交易性权益工具投资(或其组成部分)进行套期的,套期工具产生的利得或损失应当计入其他综合收益。② 被套期项目因被套期风险敞口形成的利得或损失应当计入当期损益,同时调整未以公允价值计量的已确认被套期项目的账面价值 | |
| | (2) 被套期项目利得或损失的具体处理要求 | ① 被套期项目为尚未确认的确定承诺的,该确定承诺因被套期风险引起的公允价值变动累计额应当确认为一项资产或负债,相关的利得或损失应当计入当期损益。② 在购买资产或承担负债的确定承诺的公允价值套期中,该确定承诺因被套期风险引起的公允价值变动累计额(已确认为资产或负债),应当调整履行该确定承诺所取得的资产或承担的负债的初始确认金额。③ 被套期项目是以摊余成本计量的金融工具的,对被套期项目账面价值所作的调整,应当按照调整日重新计算的实际利率在调整日至到期日的期间内进行摊销,计入当期损益 | |
| | (3) 会计处理 | ① 将被套期项目(如存货、金融资产等)转入被套期项目 | 借:被套期项目<br>　贷:库存商品等 |
| | | ② 套期工具公允价值变动 | 借:套期工具<br>　贷:套期损益/其他综合收益<br>按照被套期项目公允价值变动,调整被套期项目的公允价值<br>借:套期损益/其他综合收益<br>　贷:被套期项目 |
| 2. 现金流量套期 | (1) 会计处理的基本要求 | 现金流量套期满足运用套期会计方法条件的,应当按照下列规定处理:<br>1. 套期工具产生的利得或损失中属于套期有效的部分,作为现金流量套期储备,应当计入其他综合收益。现金流量套期储备的金额,应当按照下列两项的绝对额中较低者确定:① 套期工具自套期开始的累计利得或损失;② 被套期项目自套期开始的预计未来现金流量现值的累计变动额<br>2. 套期工具产生的利得或损失中属于套期无效的部分(即扣除计入其他综合收益后的其他利得或损失),应当计入当期损益<br>3. 现金流量套期储备的金额,应当按照下列规定处理:① 被套期项目为预期交易,且该预期交易使企业随后确认一项非金融资产或非金融负债,或者非金融资产或非金融负债的预期交易形成一项适用于公允价值套期会计的确定承诺时,企业应当将原在其他综合收益中确认的现金流量套期储备金额转出,计入该资产或负债的初始确认金额。② 其他现金流量套期,企业应当在被套期的预期现金流量影响损益的相同期间,将原在其他综合收益中确认的现金流量套期储备金额转出,计入当期损益。③ 如果在其他综合收益中确认的现金流量套期储备金额是一项损失,且该损失全部或部分预计在未来会计期间不能弥补的,企业应当在预计不能弥补时,将预计不能弥补的部分从其他综合收益中转出,计入当期损益<br>4. 当企业对现金流量套期终止运用套期会计时,在其他综合收益中确认的累计现金流量套期储备金额,应当按照下列规定进行处理:① 被套期的未来现金流量预期仍然会发生的,累计现金流量套期储备的金额应当予以保留,并按照前述现金流量储备的后续处理规定进行会计处理。② 被套期的未来现金流量预期不再发生的,累计现金流量套期储备的金额应当从其他综合收益中转出,计入当期损益 | |

（续表）

| | | | |
|---|---|---|---|
| 2. 现金流量套期 | （2）会计处理 | ① 套期工具公允价值变动 | 借：套期工具<br>　贷：其他综合收益　　（有效部分）<br>　　　公允价值变动损益　（无效部分） |
| | | ② 预期交易发生，出售套期工具 | 借：银行存款<br>　贷：套期工具<br>借：其他综合收益<br>　贷：主营业务收入　（预期销售发生）<br>　　　原材料　　　　（预期购买发生） |
| 3. 境外净投资套期 | | | 类似现金流量套期的会计处理：<br>（1）套期工具形成的利得或损失中属于有效套期的部分，应当直接计入其他综合收益。处置境外经营时，上述在所有者权益中单列项目反映的套期工具利得或损失应当转出，计入当期损益<br>（2）套期工具形成的利得或损失中属于无效套期的部分，应当计入当期损益 |

## 四、练习题

### （一）单项选择题

1. 下列不属于套期业务要素的是（　　）。
   A. 套期工具　　　　　　　　　B. 套期关系
   C. 套期风险　　　　　　　　　D. 被套期项目

2. 下列风险不能被指定为被套期风险的是（　　）。
   A. 利率风险　　　　　　　　　B. 外汇风险
   C. 商品价格风险　　　　　　　D. 固定资产损毁风险

3. 下列项目可以作为公允价值套期中的被套期项目的是（　　）。
   A. 对境外经营净投资
   B. 采用权益法核算的长期股权投资
   C. 企业对承担的固定利率负债的公允价值变动风险进行套期
   D. 企业对承担的浮动利率债务的现金流量变动风险进行的套期

4. 下列会计科目中，与套期活动不直接相关的是（　　）。
   A. 其他综合收益　　B. 套期损益　　C. 套期工具　　D. 财务费用

5. 公允价值套期中的套期工具，在会计处理时其公允价值变动的损益应（　　）。
   A. 直接计入当期损益　　　　　B. 直接计入所有者权益
   C. 调整被套期项目的账面价值　D. 不处理

6. 下列不可以作为被套期项目的是（　　）。
   A. 确定承诺　　　　　　　　　B. 很可能发生的预期交易
   C. 衍生工具　　　　　　　　　D. 单项已确认的资产

7. 下列关于套期工具说法中不正确的是（　　）。
   A. 衍生工具通常可以作为套期工具
   B. 非衍生金融资产也可以作为套期工具
   C. 非衍生金融资产不能作为套期工具
   D. 套期工具的公允价值应当能够可靠地计量

8. 企业对未确认的确定性承诺进行套期,下列说法中正确的是( )。
   A. 只能将其作为公允价值套期　　B. 只能将其作为现金流量套期
   C. 可以将其作为境外经营净投资套期　　D. 一般将其划分为公允价值套期

9. 某公司持有固定利率抵押债券,作为债权投资核算。为避免金融债券利率上升、公司持有抵押债券价值下降的风险,该公司可以采取的措施是( )。
   A. 卖出同等面值的债券期货合同　　B. 买入同等面值的债券期货合同
   C. 卖出同等面值的股票期货合同　　D. 买入同等面值的股票期货合同

10. 将套期划分为公允价值套期、现金流量套期和境外经营净投资套期,所依据的是( )。
    A. 风险水平　　　　　　　　　　B. 套期关系
    C. 套期工具　　　　　　　　　　D. 套期会计方法

11. 境外经营净投资套期,是指对境外经营投资( )进行的套期。
    A. 流动性风险　　B. 外汇风险　　C. 市场风险　　D. 经营性风险

### (二) 计算及会计处理题

甲公司于2019年11月1日与境外乙公司签订合同,约定于2020年1月30日以每吨1 000欧元的价格购入100吨A原材料。甲公司为规避购入A原材料成本的外汇风险,于当日与某金融机构签订了一份3个月到期的远期外汇合同,约定汇率为1欧元＝8.4元人民币,合同金额为100 000欧元。2020年1月30日,甲公司以净额方式结算该远期外汇合同,并购入A原材料。

假定:
(1) 2019年12月31日,欧元对人民币远期汇率为1欧元＝8.35元人民币。
(2) 2020年1月30日,欧元对人民币即期汇率为1欧元＝8.32元人民币。
(3) 该套期符合套期保值准则所规定的运用套期会计的条件。
(4) 不考虑增值税等相关税费。

要求:
根据以上资料,分别按照公允价值套期和现金流量套期对上述套期业务进行会计处理。

# 第十章 债务重组

## 一、学习要求

通过本章内容的学习,重点理解掌握以下内容:
1. 债务重组的含义及重组方式;
2. 以资产清偿债务的会计处理;
3. 债务转为权益工具的会计处理;
4. 修改其他债务条件的会计处理;
5. 混合重组的会计处理。

## 二、重点和难点

1. 重点:债务重组的含义;各种债务重组方式下债务重组损益的确定;各种债务重组方式下的具体会计处理。

2. 难点:放弃债权公允价值的确定;各种债务重组方式下债务重组损益的确定;修改其他债务条件和混合重组方式下的会计处理。

## 三、主要内容讲解

### (一) 债务重组的含义及重组方式

| 1. 含义 | 债务重组是指在不改变交易对手方的情况下,经债权人和债务人协定或法院裁定,就清偿债务的时间、金额或方式等重新达成协议的交易 |
|---|---|
| 2. 重组方式 | (1) 以资产(现金、金融资产和非金融资产)偿债;<br>(2) 债务转为权益工具;<br>(3) 修改债权和债务其他条款,如调整债务本金、改变债务利息、变更还款期限等方式等;<br>(4) 混合重组方式,上述三种偿债方式的组合 |

### (二) 债务重组的会计处理

#### 1. 以现金清偿债务

| 债务人 | 债务重组利得 = 重组债务账面价值 − 现金偿债金额<br>借:应付账款<br>　贷:银行存款<br>　　　当期损益类科目 |
|---|---|
| 债权人 | 重组损失 = 放弃债权的账面价值 − 实际收到的现金 |

(续表)

| | | |
|---|---|---|
| 债权人 | 借：银行存款<br>　　坏账准备<br>　　投资收益——债务重组损失　（收到的现金小于放弃债权账面价值的差额）<br>　贷：应收账款<br>　　　信用减值损失　　　　　（收到的现金大于放弃债权账面价值的差额） | |
| | 放弃债权的账面价值是指放弃债权的账面余额减去坏账准备后的金额。<br>如果收到现金的金额低于放弃债权的账面价值，说明债务重组中产生的损失，直接计入投资收益；如果收到现金的金额高于放弃债权的账面价值，说明以前多提了坏账准备，应冲减信用减值损失 | |

▲ 学习时应注意债权人实际收到现金的金额与放弃债权账面价值之间的差额的处理。

**2. 以股票、债券等金融资产清偿债务**

| | | |
|---|---|---|
| 债务人 | 不单独确认债务重组利得，将转让股票、债券等金融资产的账面价值与清偿债务账面价值之间的差异，全部计入当期损益 | |
| | 借：应付账款等　　　　　　（被清偿债务账面价值）<br>　贷：交易性金融资产等　　　（被转让的金融资产的账面价值）<br>　　　当期损益类科目　　　　（如：增设"债务重组收益"科目） | |
| | 不单独确认转让股票、债券等金融资产的处置损益，与债务重组利得一并计入当期损益 | |
| 债权人 | 不单独确认债务重组损失，将收到股票、债券等金融资产的公允价值与清偿债务账面价值之间的差异，全部计入当期损益（如：投资收益） | |
| | 借：交易性金融资产等　　　（股票等的公允价值）<br>　　坏账准备　　　　　　　（放弃债权计提的坏账准备）<br>　　投资收益　　　　　　　（差额）<br>　贷：应收账款　　　　　　（放弃债权的账面余额） | |
| | 注意：与其他债务重组方式会计处理之间的差异 | |

▲ 学习时应注意会计处理与其他重组方式的差异

**3. 以非金融资产清偿债务**

| | | |
|---|---|---|
| 债务人 | 不单独确认非金融资产的处置损益和债务重组利得，一并计入当期损益 | |
| | 借：应付账款　　　　　　　（被清偿债务的账面价值）<br>　贷：库存商品/固定资产/无形资产　（偿债资产的账面价值）<br>　　　资产处置损益等　　　　（差额） | |
| 债权人 | 债务重组损益＝放弃债权的公允价值－账面价值之间的差，应当计入当期损益<br>债权人初始确认受让的非金融资产，应当根据购买交易模式，确认该资产的取得成本 | |
| | (1) 以存货清偿债务 | 存货的成本，包括放弃债权的公允价值和使该资产达到当前位置和状态所发生的可直接归属于该资产的税金、运输费、装卸费、保险费等其他成本 |
| | | 借：库存商品等　　　　　（放弃债权的公允价值加运杂费等相关费用）<br>　　坏账准备　　　　　　（放弃债权计提的减值准备）<br>　　投资收益　　　　　　（放弃债权公允价值与账面价值之差）<br>　贷：应收账款等　　　　（放弃债权的账面余额）<br>　　　银行存款　　　　　（发生与资产有关的运杂费等） |

(续表)

| | | |
|---|---|---|
| 债权人 | （2）以固定资产清偿债务 | 固定资产的成本，包括放弃债权的公允价值和使该资产达到预定可使用状态前所发生的可直接归属于该资产的税金、运输费、装卸费、安装费、专业人员服务费等其他成本<br>借：固定资产等　　（放弃债权的公允价值加运杂费等相关费用）<br>　　坏账准备　　　（放弃债权计提的减值准备）<br>　　投资收益　　　（放弃债权公允价值与账面价值之差）<br>　　贷：应收账款等　（放弃债权的账面余额）<br>　　　　银行存款　　（发生与资产有关的运杂费等） |
| | （3）以无形资产清偿债务 | 无形资产的成本，包括放弃债权的公允价值和可直接归属于使该资产达到预定用途所发生的税金等其他成本<br>借：无形资产　　　（放弃债权的公允价值加相关税金等）<br>　　坏账准备　　　（放弃债权计提的减值准备）<br>　　投资收益　　　（放弃债权公允价值与账面价值之差）<br>　　贷：应收账款等　（放弃债权的账面余额）<br>　　　　银行存款　　（发生与资产有关的运杂费等） |
| | （4）以投资性房地产清偿债务 | 投资性房地产的成本，包括放弃债权的公允价值和可直接归属于该资产的税金等其他成本<br>借：投资性房地产　（放弃债权的公允价值加相关税金等）<br>　　坏账准备　　　（放弃债权计提的减值准备）<br>　　投资收益　　　（放弃债权公允价值与账面价值之差）<br>　　贷：应收账款等　（放弃债权的账面余额）<br>　　　　银行存款　　（发生与资产有关的运杂费等） |
| | （5）以长期股权（不含控制）投资清偿债务 | 对联营企业或合营企业投资的成本，包括放弃债权的公允价值和与该资产有关的相关支出<br>借：长期股权投资　（放弃债权的公允价值加相关支出）<br>　　坏账准备　　　（放弃债权计提的减值准备）<br>　　投资收益　　　（放弃债权公允价值与账面价值之差）<br>　　贷：应收账款等　（放弃债权的账面余额）<br>　　　　银行存款　　（发生与资产有关的相关支出等） |

▲ 学习时应注意债务重组损失或利得的计算及债权人取得金融资产、非金融资产入账价值的确定。

### 4. 债务转为权益工具

| | |
|---|---|
| 债务人 | 债务重组利得 = 清偿债务账面价值 − 权益工具公允价值<br>权益工具公允价值与股本（收实资本）之间的差异，计入资本公积<br>借：应付账款等　　　　　　　　（清偿债务的账面价值）<br>　　贷：股本/实收资本　　　　　（确认的股本或者实收资本）<br>　　　　资本公积——股本（资本）溢价　（权益的公允价值与股本或实收资本的差额）<br>　　　　当期损益　　　　　　　（清偿债务的账面价值与权益工具的公允价值之差） |

(续表)

| | | |
|---|---|---|
| 债权人 | （1）形成金融资产 | 当期损益 = 重组债权的账面价值 － 金融资产的公允价值<br>借：交易性金融资产等　　（股票的公允价值）<br>　　坏账准备　　　　　　（放弃债权计提的坏账准备）<br>　　投资收益　　　　　　（差额）<br>　贷：应收账款　　　　　（放弃债权的账面余额） |
| | （2）形成重大影响或者共同控制 | 债权人应当按照放弃债权的公允价值和可直接归属于该资产的税金等其他成本计量其初始投资成本。放弃债权的公允价值与账面价值之间的差额，应当计入当期损益<br>借：长期股权投资　　　　（放弃债权的公允价值＋相关税费）<br>　　坏账准备　　　　　　（放弃债权计提的坏账准备）<br>　　投资收益　　　　　　（放弃债权的公允价值与账面价值之差）<br>　贷：应收账款等　　　　（放弃债权的账面余额）<br>　　　银行存款　　　　　（与取得股权投资有关的税费） |
| | （3）形成控制 | 将债务转为权益工具方式进行债务重组导致债权人将债权转为对子公司投资的，应该按照企业合并的要求进行会计处理 |

**5．修改其他债务条件**

| | |
|---|---|
| 债务人 | 债务人应当按照金融工具准则的相关规定，将修改其他债务条件后债务的公允价值作为重组债务的入账价值，清偿债务的账面价值与重组债务的入账价值之间的差额计入当期损益 |
| | 债务人债务重组的会计处理为：<br>借：应付账款等　　　　　　　　　（清偿债务的账面价值）<br>　贷：长期应付款等——债务重组　（重组债务的公允价值）<br>　　　当期损益　　　　　　　　　（差额） |
| 债权人 | 债权人应当按照金融工具准则的相关规定，将修改其他债务条件后的债权的公允价值作为重组债权的入账价值，放弃债权的账面价值与重组债权公允价值之间的差额确认为当期损益 |
| | 借：长期应收款等——债务重组　　（重组债权的公允价值）<br>　　坏账准备　　　　　　　　　　（放弃债权的减值准备）<br>　　投资收益　　　　　　　　　　（重组债权公允价值与放弃债权账面价值的差）<br>　贷：应收账款等　　　　　　　　（放弃债权的账面余额） |

▲ 学习时应重点注意债务人修改其他债务条件后债务公允价值的计算确定；以及债权人修改其他债务条件后债权公允价值的计算确定。

**6．混合重组方式**

| | |
|---|---|
| 债务人 | 债务人以多项资产清偿债务或者组合方式进行债务重组的，涉及债务转为权益工具的，应当按照权益工具的公允价值对权益工具进行初始计量；涉及修改债务条件的，应该按照重组债务的公允价值入账，所清偿债务的账面价值与转让资产的账面价值以及权益工具和重组债务的确认金额之和的差额，应当计入当期损益 |
| | 借：应付账款　　　　　　　　　　（应付账款的账面价值）<br>　贷：银行存款　　　　　　　　　（实际支付的款项）<br>　　　库存商品/固定资产/无形资产等（偿债资产的账面价值） |

(续表)

| 债务人 | 股本/实收资本<br>资本公积<br>长期应付款<br>贷：当期损益 | （确认的股本或者实收资本）<br>（权益工具的公允价值与股本或实收资本的差额）<br>（重组债务的公允价值）<br>（差额） |
|---|---|---|
| 债权人 | 债权人应当首先按照金融工具准则的相关规定确认和计量受让的金融资产和重组债权，然后按照除受让金融资产以外的各项资产的公允价值比例，对放弃债权的公允价值扣除受让金融资产和重组债权确认金额后的净额进行分配，并以此为基础，分别确定各项资产的成本。放弃债权的公允价值与账面价值之间的差额，应当计入当期损益 | |
| | 借：库存商品/固定资产/无形资产等<br>交易性金融资产等金融资产<br>长期应收款——重组债权<br>坏账准备<br>投资收益<br>贷：应收账款 | （分配的价值＋支付的相关税费）<br>（按照金融工具准则确认的金额）<br>（重组债权的公允价值）<br>（放弃债权计提的减值）<br>（放弃债权的公允价值与账面价值之差）<br>（放弃债权的账面余额） |

## 四、练习题

### （一）单项选择题

1. 依据企业会计准则的规定，下列有关债务重组的表述中，错误的是（　　）。

   A. 债务人以现金抵偿债务的，重组债务的账面价值与支付的现金之间的差额，应当计入当期损益

   B. 债务重组是在不改变交易对手方的情况下，经债权人和债务人协定或法院裁定，就清偿债务的时间、金额或方式等重新达成协议的交易

   C. 债务人以非现金资产抵偿债务的，重组债务的账面价值与转让的非现金资产公允价值之间的差额，应当确认为债务重组利得

   D. 债务人以交易性金融资产偿债的，债权人应该以交易性金融资产的公允价值为基础入账

2. 债务人以现金清偿某项债务的，则债权人应将放弃债权的账面价值小于收到现金之间的差额，计入（　　）。

   A. 营业外收入　　　　　　　　　　B. 资本公积
   C. 信用减值损失　　　　　　　　　D. 营业外支出

3. 甲公司就应收 B 公司账款 100 万元（未计提坏账准备）与 B 公司进行债务重组，B 公司以银行存款支付 10 万元，另以一批商品抵偿债务。商品的成本为 40 万元，计税价格（公允价值）为 50 万元，增值税税率 13%，款项和商品均已交给 A 公司。则 B 公司在该债务重组中应计入主营业务收入的金额为（　　）万元。

   A. 0　　　　　　B. 40　　　　　　C. 50　　　　　　D. 100

4. 债务重组时，债权人对于受让非现金资产过程中发生的运杂费、保险费等相关费用，应计入（　　）。

   A. 管理费用　　　　　　　　　　B. 其他业务成本
   C. 营业外支出　　　　　　　　　D. 接受资产的价值

5. 以非现金资产清偿全部债务的债务重组中，下列各项属于影响当期损益的是（　　）。

A. 非现金资产账面价值小于其公允价值的差额
B. 非现金资产账面价值大于其公允价值的差额
C. 非现金资产公允价值小于重组债务账面价值的差额
D. 非现金资产账面价值小于重组债务账面价值的差额

6. 下列关于债务重组会计处理的表述中,正确的是( )。
A. 债务人以债务转为权益工具方式抵偿债务的,债务人将清偿债务的账面价值大于相关权益工具账面价值的差额计入资本公积
B. 债务人以债务转为权益工具方式抵偿债务的,债务人将清偿债务的账面价值大于相关权益工具账面价值的差额计入当期损益
C. 债务人以债务转为其他权益工具方式抵偿债务的,债务人将清偿债务的账面价值大于相关权益工具公允价值的差额计入当期损益
D. 债务人以债务转为权益工具方式抵偿债务的,债权人按照相关权益工具公允价值计入金融资产

7. A公司应收B公司账款的账面余额为50万元,由于B公司发生财务困难,无法偿付应付账款。经双方协商同意,将B公司所欠债务转为对B公司股权投资的方式进行债务重组,A公司取得B公司普通股份10万股,假定B公司普通股的面值为每股1元,股票市价每股为4.2元,已办理股票登记,A公司为此支付交易费用20 000元,A公司将取得股票作为其他权益工具投资核算,该其他权益工具投资的入账价值是( )。
A. 10万元　　　B. 42万元　　　C. 44万元　　　D. 50万元

8. A公司应收B公司账款的账面余额为50万元,由于B公司发生财务困难,无法偿付应付账款。经双方协商同意,将B公司所欠债务转为对B公司股权投资的方式进行债务重组,A公司取得B公司普通股份10万股,假定B公司普通股的面值为每股1元,股票市价每股为4.2元,已办理股票登记,A公司为此支付交易费用20 000元,A公司将取得股票作为交易性金融性资产核算,此交易性金融性资产的入账价值是( )。
A. 10万元　　　B. 42万元　　　C. 44万元　　　D. 50万元

9. A公司应收B公司账款的账面余额为50万元,由于B公司发生财务困难,无法偿付应付账款。经双方协商同意,B公司以一台不需用的设备偿还欠款。该项设备的账面原价为48万元,已提折旧5万元,设备的公允价值为40万元。假设A公司支付设备运输费2万,抵债设备已运抵A公司,假设A公司应收账款的公允价值为45万元,不考虑相关税费,A公司为此债务重组业务确认的损失是( )。
A. 3万元　　　B. 5万元　　　C. 10万元　　　D. 0万元

10. A公司应收B公司账款的账面余额为50万元,由于B公司发生财务困难,无法偿付应付账款。经双方协商同意,B公司以一台不需用的设备偿还欠款。该项设备的账面原价为48万元,已提折旧5万元,设备的公允价值为40万元。假设A公司支付设备运输费2万。抵债设备已运抵A公司按固定资产核算,假设A公司应收账款的公允价值为45万元,不考虑相关税费,A公司取得固定资产的入账价值是( )。
A. 40万元　　　B. 42万元　　　C. 47万元　　　D. 50万元

11. A银行应收B企业到期贷款本息合计2 200万元,包含本金2 000万元和利息200万元(利率5%),由于B企业发生财务困难难以偿还,经修改债务条件后,A同意免除B企业原有利息,并将此债务延期2年,延期2年的利息按4%计算(假设与实际利率相相等),利息每

年支付一次。B企业应确认重组后该项债务的入账价值和债务重组损益分别是( )。

A. 2 000万元,200万元　　　　　B. 2 080万元,200万元
C. 2 080万元,120万元　　　　　D. 2 000万元,120万元

12. 甲公司应收乙公司账款1 600万元已逾期,甲公司为该笔应收账款计提了120万元坏账准备,经协商决定进行债务重组。债务重组内容如下:① 乙公司以银行存款偿付甲公司账款100万元;② 乙公司以一项固定资产和一项长期股权投资偿付所欠账款的余额。乙公司该项固定资产的账面价值为500万元,公允价值为600万元;长期股权投资的账面价值为550万元,公允价值为700万元。假定不考虑相关税费。债务重组日甲公司应收乙公司债权的公允价值为1 300万元。该项债务重组中,甲公司计入当期损益的金额为( )万元。

A. —180　　B. —100　　C. —30　　D. —80

13. 2020年1月10日,甲公司销售一批商品给乙公司,货款为5 000万元(含增值税额)。合同约定,乙公司应于2020年4月10日前支付上述货款。由于资金周转困难,乙公司到期不能偿付货款。经协商,甲公司与乙公司达成如下债务重组协议:乙公司以一批产品和一台设备偿还全部债务。乙公司用于偿债的产品成本为1 200万元,公允价值为1 500万元,未计提存货跌价准备;用于偿债的设备原价为5 000万元,已计提折旧2 000万元,已计提减值准备800万元,公允价值为2 500万元。假定不考虑相关税费,乙公司该项债务重组会导致利润增加( )万元。

A. 1 600　　B. 745　　C. 360　　D. 660

14. 甲公司销售一批商品给丙公司,开出的增值税专用发票上注明销售价款为500 000元,增值税为80 000元,丙公司到期无力支付款项,甲公司同意丙公司将其拥有的一项股票投资用于抵偿债务,丙公司股票投资的取得成本为400 000元,公允价值为520 000元,甲公司为该项应收账款计提80 000元坏账准备,债务重组日该债权的公允价值为520 000元。甲公司该项股票投资的入账价值和应计入当期损益的金额分别是( )。

A. 520 000元,0元　　　　　B. 400 000元,0元
C. 400 000元,15 000元　　　D. 520 000元,20 000元

15. A银行应收B企业到期贷款本息合计2 200万元,包含本金2 000万元和利息200万元(利率5%),由于B企业发生财务困难难以偿还,经修改债务条件后,A同意免除B企业原有利息,并将此债务延期2年,延期2年的利息按4%计算(假设与实际利率相等),利息每年支付一次。假设A银行债务重组日该债权的公允价值为2 100万元。A银行应确认重组后该项债权的入账价值和债务重组损益分别是( )。

A. 2 000万元,200万元　　　　　B. 2 100万元,100万元
C. 2 080万元,120万元　　　　　D. 2 000万元,120万元

(二) 多项选择题

1. 甲公司应收乙公司的一笔货款500万元,由于乙公司发生财务困难,该笔货款预计短期内无法收回。该公司已为该项债权计提坏账准备100万元。当日,甲公司就该债权与乙公司进行协商。下列协商方案中,属于债务重组的有( )。

A. 减免100万元债务,其余部分立即以现金偿还
B. 减免50万元债务,其余部分延期两年偿还
C. 以公允价值为500万元的固定资产偿还

D. 以现金100万元和公允价值为400万元的无形资产偿还
E. 用账面价值为400万元、公允价值为500万元的债权投资偿还

2. 关于债务重组,下列说法中正确的有(　　　　)。
A. 以现金清偿债务的,债务人应当将清偿债务的账面价值与实际支付现金之间的差额,计入当期损益
B. 以现金清偿债务的,债权人应当将放弃债权的账面价值与实际收取现金之间的差额,计入当期损益
C. 以现金清偿债务的,债权人应当将放弃债务的公允价值与实际收取现金之间的差额,计入当期损益
D. 以金融资产清偿债务的,债务人应当将清偿债务的账面价值与转让金融资产账面价值之间的差额,计入当期损益
E. 以金融资产清偿债务的,债务人应当将重组债务的账面价值与转让金融资产公允价值之间的差额,计入当期损益

3. 债务重组的主要方式包括(　　　　)。
A. 以现金资产清偿债务　　　　B. 将债务转为其他权益工具
C. 修改其他债务条件　　　　　D. 以非现金资产偿还债务
E. 以上方式的组合

4. 以固定资产抵偿债务进行债务重组时,对债务人而言,下列项目中影响当期损益计算的有(　　　　)。
A. 固定资产的账面原价　　　　B. 固定资产的累计折旧
C. 重组债务的账面价值　　　　D. 固定资产的公允价值
E. 固定资产减值准备

5. 以下关于债务重组的表述正确的是(　　　　)。
A. 以金融资产清偿债务时,债权人受让金融资产以公允价值入账
B. 以非金融资产清偿债务时,债权人受让非金融资产以公允价值入账
C. 债务转为其他权益工具时,债权人受让的权益以公允价值入账
D. 债务转为其他权益工具时,债权人受让的权益以账面价值入账
E. 修改其他条款方式时,债权人取得的重组债权以公允价值入账

(三) 判断题

1. 关联方关系的存在可能导致发生债务重组具有调节损益的可能性。　　　　(　　)
2. 债务人以其生产的产品抵偿债务的,应视同销售,要确认相应的收入,同时结转成本。　　　　(　　)
3. 债务重组中,债务人不会涉及资本公积科目。　　　　(　　)
4. 根据债务重组准则规定,债权人在债务重组中可能会得到债务重组收益。　　(　　)
5. 在债务重组中,如果债权人对该项债权计提了坏账准备,应先冲减已计提的坏账准备。　　　　(　　)
6. 债权人在债务重组中取得固定资产,应该按照固定资产的公允价值入账。　　(　　)
7. 债权人在债务重组中取得金融资产,应该按照该金融资产的公允价值入账。　(　　)
8. 对于将债务转为权益工具的债务重组,债务人对该权益工具应按照公允价值计量。　　　　(　　)

9. 对于将债务转为权益工具的债务重组,债权人对该权益工具应按照公允价值计量。
（　　）

10. 债务人以金融资产偿债的,应将清偿债务的账面价值与金融资产公允价值之差计入当期损益。
（　　）

**（四）计算及会计处理题**

1. 甲公司于 2019 年 5 月 1 日销售一批商品给丙企业,价款共计 100 万元,货款未收。按规定丙公司应于 8 月 8 日付清货款。但丙企业因发生财务困难,短期内无法归还。甲、丙公司与 12 月 31 日签订了债务重组协议。假设甲公司的债权在当日的公允价值为 90 万元。

假设债务重组协议分别为以下 7 种情况（不考虑相关税费）:

第一种情况:丙企业支付 80 万元银行存款,余款不再偿还。甲公司已于 2019 年 12 月 31 日将款项收存入账,并当即解除了债务手续。

第二种情况:丙企业支付 95 万元银行存款,余款不再偿还。甲公司已于 2019 年 12 月 31 日将款项收存入账,并当即解除了债务手续。

第三种情况:丙企业以原材料和产成品偿还。已知原材料的账面余额为 20 万元,公允价值为 30 万元,未计提存货跌价准备,产成品的成本为 45 万元,公允价值为 50 万元,对产成品已计提 5 万元的存货跌价准备。甲公司于 2019 年 12 月 31 日将原材料与产成品验收入库,并于当日解除了债务手续。

第四种情况:债务重组协议规定,丙企业以银行存款 10 万元归还债务,余额以交易性金融资产 A 股票偿还。已知交易性金融资产的账面价值为 60 万元（其中成本为 50 万元）,公允价值为 70 万元。12 月 31 日办理完股权的交接手续和债务解除手续。假设不考虑相关税费。

第五种情况:债务重组协议规定,丙企业将债务转为资本,甲公司取得增资后的注册资本 300 万元的 20% 股权,该股权的公允价值为 80 万元。此增资手续已获得工商行政管理局批准,签发了新的营业执照,同时丙企业出具了甲公司的出资证明。甲公司取得丙公司股权后对丙公司有重大影响。

第六种情况:债务重组协议规定,丙企业先用现金偿还债务 20 万元,余下债务全部转为资本,甲公司取得增资后的注册资本 300 万元的 5% 股权,该股权的公允价值为 20 万元。此增资手续已获得工商行政管理局批准,签发了新的营业执照,同时丙企业出具了甲公司的出资证明。

第七种情况:债务重组协议规定,丙企业首先以银行存款归还 10 万元;其次,将剩余债务 90 万元免除 20 万元,从 2019 年 12 月 31 日起算延长一年,并从即日起按 4% 的年利率收取利息（等于实际利率）。

根据上述几种情况,要求分别编制甲、丙企业的债务重组分录。（单位:万元）

2. 甲公司于 2019 年 1 月 1 日销售给乙公司产品一批,应收乙公司 1 000 万元账款。双方约定 3 个月内付款。乙公司因财务困难无法按期支付。2019 年 12 月 31 日甲公司对乙公司债权的公允价值为 800 万元。2019 年 12 月 31 日乙公司与甲公司协商,达成债务重组协议如下:

（1）乙公司以现金偿还债务 100 万元。

（2）乙公司以设备的公允价值抵偿部分债务,设备账面原价为 450 万元,已提折旧为 100 万元,公允价值为 300 万元,设备已于 2019 年 12 月 31 日运抵甲公司。甲公司发生设备运输费 2 万。

（3）乙公司以 A 产品按公允价值抵偿部分债务，A 产品账面成本为 120 万元，公允价值为 200 万元。产品已于 2019 年 12 月 31 日运抵甲公司。

（4）将重组债务中的 200 万元转为乙公司 100 万股普通股，每股面值 1 元，每股市价 2 元。乙公司已于 2019 年 12 月 31 日办妥相关手续，甲公司将该投资作为其他权益工具投资核算。

（5）甲公司同意免除乙公司剩余债务的 50% 并延期至 2021 年 12 月 31 日偿还，并从 2019 年 1 月 1 日起按年利率 4%（实际利率）计算利息。

要求：

（1）计算甲公司重组后债权的入账价值。

（2）计算乙公司重组后债务的入账价值。

（3）计算甲公司取得的固定资产、A 产品的入账价值。

（4）分别编制甲公司和乙公司债务重组的有关会计分录。

3. 甲公司为上市公司，2×19 年至 2×20 年发生的相关交易或事项如下：

（1）2×19 年 6 月 25 日，甲公司就应收 A 公司账款 5 500 万元与 A 公司签订债务重组合同，甲公司已对该债权计提坏账准备 600 万元。合同规定：A 公司偿还 100 万元现金以后，其余的债务以其拥有的一栋在建写字楼及一项对 C 公司长期股权投资偿付该项债务。在建写字楼的账面余额为 1 600 万元，未计提减值准备，公允价值为 1 800 万元；对 C 公司长期股权投资的账面余额为 2 400 万元，已计提的减值准备为 100 万元，公允价值为 2 200 万元。双方已于 8 月 20 日办理产权转移手续，债权债务结清。甲公司将取得的股权投资作为长期股权投资，采用权益法核算。

（2）甲公司取得在建写字楼后，委托某建造承包商继续建造。至 2×20 年 1 月 1 日累计新发生工程支出 300 万元。2×20 年 1 月 1 日，该写字楼达到预定可使用状态并办理完毕资产结转手续。对于该写字楼，甲公司与 B 公司于 2×19 年 11 月 15 日签订租赁合同，将该写字楼整体出租给 B 公司。合同规定：租赁期自 2×20 年 1 月 1 日开始，租期为 6 年；年租金为 200 万元，每年年底支付。甲公司预计该写字楼的使用年限为 40 年，预计净残值为 0。甲公司投资性房地产均采用公允价值模式进行后续计量。

2×20 年 12 月 31 日，甲公司收到租金 200 万元。同日，该写字楼的公允价值为 2 600 万元。

（3）2×20 年 12 月 20 日，甲公司将债务重组取得的长期股权投资和 D 公司的一项专利权进行交换，并向 D 公司支付现金 100 万元。甲公司长期股权投资的账面价值为 2 420 万元，公允价值为 2 000 万元；D 公司专利权成本为 1 600 万元，已提摊销 200 万，其公允价值为 2 100 万元。

（4）假设甲公司应收 A 公司债权的公允价值为 4 500 万元。

（5）假设 C 公司所有者权益未发生变动。

假定不考虑相关税费。

要求：

（1）编制 A 公司上述业务的相关会计分录。

（2）编制甲公司上述业务的相关会计分录。

# 第十一章 破产清算会计

## 一、学习要求

通过本章的学习,重点理解掌握以下内容:
1. 破产清算的含义及特征;
2. 破产清算会计的特点;
3. 破产清算会计的要素设置及报表设置;
4. 破产清算的会计处理。

## 二、重点和难点

1. 重点:破产清算会计的特点;破产资产、破产债务的确定;破产清算的会计处理。
2. 难点:破产资产、破产负债的确定和破产清算的会计处理。

## 三、主要内容讲解

### (一)破产的含义及相关法律规定

| | |
|---|---|
| 1. 含义 | 破产是指债务人不能清偿到期债务时,为了维护债权人及债务人的利益,由法院强制执行其全部财产,公平清偿给全体债权人,或在法院监督下,由债务人与债权人会议达成和解协议,整顿复苏企业,清偿债务,避免倒闭清算的法律制度 |
| 2. 破产的法律特点 | (1) 债务人丧失了偿债能力,无论自愿与否均不能清偿到期债务<br>(2) 破产是为了保护全体债权人的合法权益<br>(3) 破产是一种特定的法律程序,从破产申请到宣告破产清算,均是在法院主持下按照法定程序进行的<br>(4) 破产必然会导致企业经济活动的终止和法人主体资格的消失 |
| 3. 破产原因 | (1) 不能清偿,指债务人对已到清偿期而债权人要求清偿的债务,持续不能清偿的客观状态<br>(2) 停止支付,是指债务人持续不能清偿到期债务 |
| 4. 破产界限 | 破产界限是指法院据以宣告债务人破产的法律标准。我国法律制度中关于破产界限的实质性标准是不能清偿到期债务 |
| 5. 破产的法律程序 | 企业破产程序是一个法律过程,从开始到终结,其处理的基本程序一般需经过破产申请、债权申报、和解重整、破产宣告、破产清算等阶段 |

▲ 学习时应理解破产的含义及相关法律规定。

### (二)破产清算会计的特点及要素设置

| | |
|---|---|
| 1. 破产清算会计特点 | (1) 传统财务会计的一些基本假设对破产清算会计不再适用<br>(2) 破产清算会计超越了传统财务会计一些基本原则的规范<br>(3) 破产清算会计计量与传统财务会计不同<br>(4) 会计报告的目标、种类、格式、基本内容以及报告的使用者有较大变化 |

(续表)

| | | |
|---|---|---|
| 2. 会计要素设置 | (1) 资产 | ① 破产资产，是指企业被宣告破产后，用以支付破产费用、偿付破产债务的资产。破产资产的确认标准如下：第一，破产资产必须是具有一定货币价值的、能够清偿债务的资产或财产权利；第二，破产资产必须是破产企业可以独立支配的资产；第三，破产资产必须是符合法律规定时限的资产；第四，破产资产必须是可以依照破产程序强制清偿的资产 |
| | | ② 非破产资产，是指根据破产法以及有关法律法规的规定，具有专门用途的、不能用于偿付破产债务的资产，主要包括担保资产、抵销资产、受托资产、其他非破产资产等 |
| | (2) 负债 | ① 破产债务，是指在破产宣告前成立的，依法申报确认，并应从破产财产中公平、强制清偿的债务。<br>破产债务具有以下特点：第一，破产债务只能通过破产程序强制履行；第二，破产债务的偿付需要根据破产资产来确定；第三，破产债务仅包括无担保债务；第四，破产债务一般由普通债务转化而来；第五，破产债务的诉讼时效为3个月。<br>破产债务的确认标准：第一，是在破产宣告前成立的债权；第二，破产债务必须是按照破产程序申报、经人民法院和债权人会议确认、清算组核实的债务；第三，破产债务必须是债权人对债务人整体财产的财产请求权 |
| | | ② 非破产债务，是指根据有关法律法规的规定，不属于破产债务的范围、由特定资产偿付的债务，包括担保债务、优先清偿债务、抵销债务、受托债务等 |
| | (3) 清算净值 | 破产企业的清算净值等于破产企业资产减去负债后的净额 |
| | (4) 清算损益 | 清算损益是指在清算期间发生的收益或者损失 |
| | (5) 破产费用 | 破产费用是指在清算过程中发生的各种清算费用。根据我国《破产法》的规定，破产费用应包括各项清算管理费用、破产案件诉讼费用、共益费用、破产安置费用等 |

▲ 学习时应重点理解破产清算会计要素的设置及其各要素的具体内容。

### (三) 破产企业清算财务报表

| | |
|---|---|
| 1. 清算资产负债表 | 清算资产负债表反映破产企业在破产报表日资产的破产资产清算净值，以及负债的破产债务清偿价值。其中，资产项目和负债项目的差额在清算资产负债表中作为清算净值列示 |
| 2. 清算损益表 | 清算损益表反映破产企业在破产清算期间发生的各项收益、费用。清算损益表至少应当单独列示反映下列信息的项目：资产处置净收益（损失）、债务清偿净收益（损失）、破产资产和负债净值变动净收益（损失）、破产费用、共益债务支出、所得税费用等 |
| 3. 清算现金流量表 | 清算现金流量表反映破产企业在破产清算期间货币资金余额的变动情况。清算现金流量表应当采用直接法编制，至少应当单独列示反映下列信息的项目：处置资产收到的现金净额、清偿债务支付的现金、支付破产费用的现金、支付共益债务支出的现金、支付所得税的现金等 |
| 4. 债务清偿表 | 债务清偿表反映破产企业在破产清算期间发生的债务清偿情况。债务清偿表应当根据破产法规定的债务清偿顺序，按照各项债务的明细单独列示。债务清偿表中列示的各项债务至少应当反映其确认金额、清偿比例、实际需清偿金额、已清偿金额、尚未清偿金额等信息 |

# 第十一章 破产清算会计

(续表)

| | | |
|---|---|---|
| 5. 附注 | | 破产企业应当在清算财务报表附注中披露下列信息：① 破产资产明细信息；② 破产管理人依法追回的账外资产明细信息；③ 破产管理人依法取回的质物和留置物的明细信息；④ 未经法院确认的债务的明细信息；⑤ 应付职工薪酬的明细信息；⑥ 期末货币资金余额中已经提取用于向特定债权人分配或向国家缴纳税款的金额；⑦ 资产处置损益的明细信息，包括资产性质、处置收入、处置费用及处置净收益；⑧ 破产费用的明细信息，包括费用性质、金额等；⑨ 共益债务支出的明细信息，包括具体项目、金额等 |

## （四）破产清算会计处理

| | | |
|---|---|---|
| 1. 科目设置 | 负债类科目 | (1) 应付破产费用：反映破产企业在破产清算期间发生的破产法规定的、应付未付的各类破产费用<br>(2) 应付共益债务：反映破产企业在破产清算期间发生的破产法规定的各类共益债务 |
| | 清算净值类科目 | 清算净值：反映破产企业在破产报表日结转的清算净损益科目余额。破产企业资产与负债的差额，也通过本科目进行核算 |
| | 清算损益类科目 | (1) 资产处置净损益，反映破产企业在破产清算期间处置破产资产产生的、扣除相关处置费用后的净损益<br>(2) 债务清偿净损益，反映破产企业在破产清算期间清偿债务产生的净损益<br>(3) 破产资产和负债净值变动净损益，反映破产企业在破产清算期间按照破产资产清算净值调整资产账面价值，以及按照破产债务清偿价值调整负债账面价值产生的净损益<br>(4) 其他收益，反映除资产处置、债务清偿以外，在破产清算期间发生的其他收益<br>(5) 破产费用，反映破产企业破产清算期间发生的破产法规定的各项破产费用<br>(6) 共益债务支出，反映破产企业破产清算期间发生的破产法规定的共益债务相关的各项支出<br>(7) 其他费用，反映破产企业破产清算期间发生的除破产费用和共益债务支出之外的各项其他费用<br>(8) 所得税费用，反映破产企业破产清算期间发生的企业所得税费用<br>(9) 清算净损益，反映破产企业破产清算期间结转的上述各类清算损益科目余额 |
| 2. 会计核算内容 | | (1) 破产宣告日编制新的科目余额表<br>(2) 破产宣告日资产、负债余额的调整<br>(3) 出售破产财产、清收各项债权<br>(4) 清偿债务<br>(5) 支付破产费用<br>(6) 破产报表日资产、负债价值的调整及清算报表编制<br>(7) 破产终结清偿破产债务<br>(8) 破产终结编制清算会计报表 |
| 3. 破产财产的清偿顺序 | | 破产财产变卖成现金后，即可进行债务的清偿。根据《破产法》的相关规定，破产财产在扣除破产费用和共益债务后，剩余财产按以下顺序分配：首先是破产企业所欠员工的工资、医疗、补偿费、基本养老保险等；其次是国家的税收；最后才是普通债权人的债权 |
| 4. 破产清算的主要会计处理步骤 | | (1) 编制破产报表日的清算报表<br>(2) 核算清算费用<br>(3) 核算变价收入<br>(4) 核算收回的债权及清偿的债务<br>(5) 核算清算净值<br>(6) 编制清算财务报表<br>(7) 归还股东权益 |

（续表）

| 5. 破产清算会计处理的主要会计分录 | |
|---|---|
| (1) 回收应收款项：<br>借：银行存款<br>　　资产处置净损益<br>　　贷：应收票据<br>　　　　应收款 | (2) 处置存货：<br>借：银行存款<br>　　资产处置净损益<br>　　贷：原材料/库存商品等<br>　　　　应交税费——应交增值税 |
| (3) 处置固定资产：<br>借：银行存款<br>　　资产处置净损益<br>　　贷：固定资产<br>　　　　应交税费——应交增值税 | (4) 处置无形资产：<br>借：银行存款<br>　　资产处置净损益<br>　　贷：无形资产<br>　　　　应交税费——应交增值税 |
| (5) 支付清算费用：<br>借：破产费用<br>　　贷：银行存款 | (6) 优先支付担保债务：<br>借：短期借款等<br>　　贷：银行存款 |
| (7) 优先支付职工工资：<br>借：应付职工薪酬<br>　　贷：银行存款 | (8) 优先支付税费<br>借：应交税费<br>　　贷：银行存款 |
| (9) 支付破产负债（按偿债比例）：<br>借：应付票据<br>　　其他应付款<br>　　短期借款<br>　　贷：银行存款 | (10) 结转未偿还的债务：<br>借：应付票据<br>　　其他应付款<br>　　短期借款<br>　　贷：资产处置净损益 |
| (11) 结转资产处置净损益等：<br>借：清算净损益<br>　　其他收益<br>　　贷：资产处置净损益<br>　　　　破产费用 | (12) 结转清算净损益（亏损）：<br>借：清算净值<br>　　贷：清算净损益 |

▲ 学习时应掌握破产清算会计核算应设置的账户、会计核算的内容及具体会计处理。

## 四、练习题

### （一）单项选择题

1. 破产清算组工作人员的酬金及劳务费应计入（　　），在破产财产中拨付。
   A. 清算损益　　　B. 管理费用　　　C. 清算费用　　　D. 工资费用

2. 下列业务中，不再适用持续经营假设的是（　　）。
   A. 合并会计报表　　B. 破产清算　　C. 债务重组　　D. 固定资产折旧

3. 清算费用应从企业的清算财产中于（　　）支付。
   A. 清偿债务后　　　　　　　　B. 分配剩余财产时
   C. 取得清算收益后　　　　　　D. 费用发生时优先

4. 甲公司被依法宣告破产，清算组的清算结果表明：甲公司的破产财产共2 000万元，发生破产清算费用200万元，欠职工工资200万元，欠税款1 000万元，破产债权1 000万元，其中乙公司拥有破产债权300万元。则乙公司就破产债权受偿的金额为（　　）万元。
   A. 250　　　　　　B. 300　　　　　　C. 180　　　　　　D. 280

5. 破产清算会计依旧遵循的是（　　）。
   A. 历史成本原则　　B. 持续经营假设　　C. 会计分期假设　　D. 货币计量假设
6. 下列关于企业清算财产支付顺序正确的是（　　）。
   A. 支付清理费用，支付未付工资，缴纳所欠税款，清偿其他无担保债务
   B. 支付未付工资，支付清算费用，缴纳所欠税款，清偿其他无担保债务
   C. 缴纳所欠税款，支付清算费用，支付未付工资，清偿其他无担保债务
   D. 清偿其他无担保债务，支付清算费用，支付未付工资，缴纳所欠税款
7. 下列不属于破产财产的是（　　）。
   A. 宣告破产时破产企业经营管理的全部财产
   B. 已作为担保物的财产
   C. 应当由破产企业行使的其他财产权利
   D. 破产企业在破产宣告后至破产程序终结前取得的财产
8. 破产清算会计的计量基础是（　　）。
   A. 历史成本　　B. 现值　　C. 重置成本　　D. 变现价值
9. 企业破产清算后，在清算组接管企业后的会计主体为（　　）。
   A. 被清算企业　　B. 清算组　　C. 债权人　　D. 人民法院
10. 企业进入破产清算后，"固定资产"账户核算的是（　　）。
    A. 固定资产变现价值　　B. 固定资产原值
    C. 固定资产重置价值　　D. 固定资产清算净值
11. 企业进入破产清算后，清算报表中"借款"项目反映的是（　　）。
    A. 短期借款　　B. 长期借款
    C. 应付债券　　D. 短期借款与长期借款
12. 清算会计中清算收益不包括（　　）。
    A. 经营收益　　B. 无法收到的债权　　C. 资产出售收益　　D. 无法支付的负债
13. 清算期间下列（　　）费用不能计入破产费用。
    A. 清算人员工资　　B. 企业职工工资　　C. 公告费　　D. 评估费

## （二）计算及会计处理题

1. 甲公司10月5日申请破产，其资产负债表如下表所示。

**资产负债表**　　　　　　　　　　　　　　　　　　　　单位：万元

| 资　产 | 金　额 | 负债及所有者权益 | 金　额 |
| --- | --- | --- | --- |
| 流动资产 | 1 400 | 应付账款 | 400 |
| 土地及厂房 | 1 000 | 应付职工薪酬 | 60 |
| 设备 | 600 | 应交税费 | 40 |
|  |  | 应付票据 | 500 |
|  |  | 抵押债券 | 500 |
|  |  | 股东权益 | 1 500 |
| 资产合计 | 3 000 | 负债及股东权益合计 | 3 000 |

其中抵押债券以土地和厂房为抵押,公司破产时变现的资产有:流动资产 700 万元,土地及厂房 450 万元,设备 250 万元,总计 1 400 万元,破产清算的费用为 50 万元。

要求:

(1) 计算破产债务的清偿比例。

(2) 计算应付账款的清偿金额。

2. 甲公司为增值税一般纳税人,2019 年 10 月 20 日宣告破产清算,有关经济业务如下:

(1) 账面 300 万元的应收账款,清算组确认坏账 50 万元,实际收回 230 万元。

(2) 收回各种应收票据款 80 万元,存入银行,应收票据的账面金额为 86 万元。

(3) 处置产成品获得价款 500 万元,该批商品成本为 550 万元,收取增值税 65 万元。变卖材料收入 30 万元,收取增值税 3.9 万元,材料的账面价值为 36 万元。

(4) 将账面价值 100 万元的固定资产对外转让,收进价款 60 万元存入银行。

(5) 收取处置固定资产增值税 7.8 万元。

(6) 发生各类清算费用 20 万元,直接用银行存款支付。

(7) 支付企业尚未支付的职工工资 10 万元。

(8) 支付税费共计 100 万元。

要求:

根据以上经济业务,编制会计分录。

# 练习题参考答案及解析

## 第一章 绪 论

答案：略。

## 第二章 所得税会计

**（一）单项选择题**

1. D【解析】资产或负债的账面价值和计税基础之间的差额称为暂时性差异。
2. A【解析】资产的账面价值小于计税基础或者负债的账面价值大于计税基础会产生可抵扣暂时性差异，因此 A 是正确的。选项 B 和 D 会产生应纳税暂时性差异，选项 C 不会产生暂时性差异。
3. C【解析】[310+(180−90)]×25％=100(万元)。
4. C【解析】该设备的账面价值为 160 万元。由于会计折旧等于税法折旧，因此，设备的计税基础就是其账面价值 160 万元。
5. D【解析】按照税法规定，投资性房地产计税基础的确定和固定资产相同，因此，2018 年年末该项投资性房地产的计税基础为 2 030 万元(2 100−2 100/30)。按照会计准则规定，在公允价值模式下，投资性房地产的账面价值等于其期末的公允价值。因此，2018 年年末该项投资性房地产的账面价值为 2 400 万元。
6. A【解析】因国债利息免税，所以债权投资的计税基础即为其账面价值，该国债的计税基础＝1 000＋1 000×4.2％＝1 042(万元)。
7. B【解析】该项费用支出因按照企业会计准则规定在发生时已计入当期损益，不体现为资产负债表中的资产，即如果将其视为资产，其账面价值为 0。
按照税法规定，该费用可以在开始正常的生产经营活动后 5 年内分期计入应纳税所得额。在 2018 年年末，该项费用在未来期间可税前扣除的金额为 800 万元，所以计税基础为 800 万元。
8. A【解析】按我国税法规定，企业购买的国债利息收入不计入应税所得，不缴纳所得税，但会计上计入了投资收益，所以从税前会计利润调整为应纳税所得额时应调减。
9. C【解析】负债的计税基础＝账面价值 600 万元－可从未来经济利益中扣除的金额 0＝600 万元。
10. D【解析】无形资产账面价值＝600−60＝540(万元)，计税基础＝600×150％−90＝810(万元)。资产账面价值 540 万元小于资产计税基础 810 万元，产生可抵扣暂时性差异 270 万元。
11. C【解析】按照准则规定，直接计入所有者权益的交易或事项所产生的递延所得税资产或递延所得税负债，应直接计入所有者权益。
12. C【解析】按照税法规定可以采用加速折旧方法，而会计采用直线法，则按税法计提的折旧金额会大于会计上的累计折旧金额，因此，会导致固定资产的账面价值大于计税基础，从而产生应纳税暂时性差异。A、B、D 选项属于可抵扣暂时性差异。
13. B【解析】转回的可抵扣暂时性差异对所得税的影响计入"递延所得税资产"账户的贷方，发生的可抵扣暂时性差异计入递延所得税资产。
2018 年期末的可抵扣暂时性差异＝(300/15％＋400−200)＝2 200(万元)
2018 年期末"递延所得税资产"账户的金额＝2 200×25％＝550(万元)
2018 年递延所得税资产的发生额＝550−300＝250(万元)
故 2018 年"递延所得税资产"账户借方发生额 250(万元)。
14. C【解析】企业支付的税收罚款按照税法规定不允许税前扣除，因此属于永久性差异。A、B、D 均属于暂时性差异。
15. B【解析】根据会计准则规定，A、C、D 均不确认递延所得税负债或递延所得税资产。其他权益工具投资产生的应纳税暂时性差异应确认递延所得税负债，同时计入其他综合收益。
16. C【解析】应交所得税＝(2 000＋300−100)×25％＝550(万元)；2018 年递延所得税资产期末余额＝(800＋

300−100)×25%=250(万元);2018年确认的递延所得税资产=250−800×15%=130(万元)(递延所得税资产借方);因此,所得税费用=550−130=420(万元)。

17. C 【解析】应纳税暂时性差异在转回期间(即未来收回资产或清偿负债期间)产生应税金额,因此C是正确的。
18. D 【解析】其他权益工具投资的账面价值与其计税基础产生的应纳税暂时性差异,应确认递延所得税负债10万元,计入所有者权益,即不影响所得税费用。
19. C 【解析】企业对于产生的可抵扣暂时性差异,在估计未来期间能够取得足够的应纳税所得额用以利用该可抵扣暂时性差异时,应当以很可能取得用来抵减可抵扣暂时性差异的应纳税所得额为限,确认相关的递延所得税资产。
会计年折旧额=3 000/3=1 000(万元)
税法年折旧额=3 000/5=600(万元)
2018年年末固定资产的账面价值=3 000−1 000×2=1 000(万元)
2018年年末固定资产的计税基础=3 000−600×2=1 800(万元)
账面价值小于计税基础,产生的可抵扣暂时性差异=800(万元)
所以,资产负债表中的"递延所得税资产"项目的金额=800×15%=120(万元)。
20. B 【解析】发生应纳税暂时性差异而产生递延所得税负债2.5万元(10×25%),所得税费用=30+2.5=32.5(万元)。
21. B 【解析】本年应交所得税=(500+100−200)×25%=100(万元),本期确认的递延所得税负债=200×25%=50(万元),本期所得税费用=100+50=150(万元),本年净利润=500−150=350(万元)。

(二) 多项选择题
1. ADE 【解析】选项A和E,对于其他权益工具投资的公允价值暂时性的下降或上升,产生的可抵扣暂时性差异或应纳税暂时性差异,确认递延所得税资产或负债时应该计入其他综合收益,不计入所得税费用。
2. ABCE 【解析】选项D,对于其他权益工具投资的公允价值暂时性下降产生的可抵扣暂时性差异,应确认递延所得税资产。
3. BD 【解析】递延所得税资产和递延所得税负债的借方发生额可能会减少所得税费用;递延所得税资产和递延所得税负债的贷方发生额可能会增加所得税费用,应交所得税会增加所得税费用。
4. AD 【解析】选项BCE均产生可抵扣暂时性差异。
5. ACE 【解析】选项BD均不符合资产、负债计税基础的定义。
6. ACD 【解析】B选项中本期转回存货跌价准备属于可抵扣暂时性差异的转回,会导致递延所得税资产减少。选项E国债利息收益不产生暂时性差异。
7. ABE 【解析】选项C和D的账面价值和计税基础相同,不会产生暂时性差异。
8. ABCE 【解析】企业合并中产生的递延所得税,应调整商誉或负商誉(营业外收入),直接计入所有者权益的交易或事项产生的递延所得税应计入所有者权益。除此之外,应计入所得税费用。因此,答案是ABCE。
9. ACDE 【解析】递延所得税负债也有可能调整商誉或计入所有者权益,因此,选项B是错误的。
10. CE 【解析】其他权益工具投资公允价值的上升或下降,直接计入所有者权益,不影响会计利润,同时税法规定,在收益未实现之前不计入应纳税所得额,因此,其他权益工具投资公允价值的变动不需要调整应纳税所得额。计提存货跌价准备在当期应调增应纳税所得额,转回时调减应纳税所得额。

(三) 判断题
1. 错 【解析】企业产生的可抵扣暂时性差异和应纳税暂时性差异在期末应分别确认递延所得税资产和递延所得税负债,而且确认时应采用转回期间的税率。
2. 错 【解析】交易性金融资产的公允价值持续增加,会导致资产的账面价值高于计税基础,从而形成应纳税暂时性差异。
3. 错 【解析】对于可抵扣暂时性差异,只有满足准则规定的确认条件,才能确认为递延所得税资产。并不是所有的可抵扣暂时性差异均可以确认为递延所得税资产。
4. 对 【解析】所得税费用包括当期应交所得税和当期递延所得税两部分。如果没有暂时性差异,则递延所得税为0,因此,当期所得税费用就等于应交所得税。
5. 错 【解析】递延所得税资产和递延所得税负债均不需要折现。
6. 错 【解析】根据现行会计准则规定,所得税费用包括应交所得税和递延所得税。
7. 对 【答案及解析】企业确认本期转回的暂时性差异影响金额时,采用资产负债表债务法应用现行税率。
8. 对 【解析】根据准则规定,合并商誉产生的应纳税暂时性差异,不应确认递延所得税负债。
9. 错 【解析】某些情况下,如果企业发生的某项交易或事项不是企业合并,并且交易发生时既不影响会计利润也不影响应纳税所得额,且该项交易中产生的资产负债的初始确认金额与其计税基础不同产生可抵扣暂时性差异的,企业会计准则中规定在交易或事项发生时不确认相应的递延所得税资产。
10. 错 【解析】按照准则规定,企业自行研发形成的无形资产所产生的可抵扣暂时性差异,不是在企业合并中产生,并且交易发生时既不影响会计利润也不影响应纳税所得额。因此,不应确认相应的递延所得税。

## （四）计算及会计处理题

**1.【答案及解析】**
固定资产的账面价值＝120－120/6＝100(万元)
固定资产的计税基础＝120－120/4＝90(万元)
暂时性差异(应纳税)＝100－90＝10(万元)
递延所得税负债发生额＝10×25％＝2.5(万元)
应纳税所得额＝300－20－(30－20)＝270(万元)
应交所得税＝270×25％＝67.5(万元)
所得税费用＝67.5＋2.5＝70(万元)
会计分录为：

| | | |
|---|---|---|
| 借：所得税费用 | 700 000 | |
| 　　贷：应交税费——应交所得税 | | 675 000 |
| 　　　　递延所得税负债 | | 25 000 |

**2.【答案及解析】**
(1) 有关项目的计算：
应交所得税＝(60＋10)×25％＝17.5(万元)
应纳税暂时性差异＝10－8＝2(万元)
可抵扣暂时性差异＝10－0＝10(万元)
递延所得税资产＝10×25％＝2.5(万元)
递延所得税负债＝2×25％＝0.5(万元)
所得税费用＝17.5－2.5＝15(万元)
(2) 会计分录为：

| | | |
|---|---|---|
| 借：所得税费用 | 150 000 | |
| 　　递延所得税资产 | 25 000 | |
| 　　其他综合收益 | 5 000 | |
| 　　贷：应交税费——应交所得税 | | 175 000 |
| 　　　　递延所得税负债 | | 5 000 |

**3.【答案及解析】**
2017年年末的应纳税暂时性差异＝50/25％＋300－100＝400(万元)
2017年年末的递延所得税负债＝400×15％＝60(万元)
应确认的递延所得税负债＝60－50＝10(万元)
应纳税所得额＝1 000－300＋100＝800(万元)
应交所得税＝800×25％＝200(万元)
所得税费用＝200＋10＝210(万元)
会计分录为：

| | | |
|---|---|---|
| 借：所得税费用 | 210 | |
| 　　贷：应交税费——应交所得税 | | 200 |
| 　　　　递延所得税负债 | | 10 |

**4.【答案及解析】**
期末的可抵扣暂时性差异＝30＋15－5＝40(万元)
期末的递延所得税资产＝40×25％＝10(万元)
递延所得税的发生额＝10－30×25％＝2.5(万元)
应纳税所得额＝500＋2＋28－30＋15－5＝510(万元)
应交所得税＝510×25％＝127.5(万元)
所得税费用＝127.5－2.5＝125(万元)
会计分录为：

| | | |
|---|---|---|
| 借：所得税费用 | 125 | |
| 　　递延所得税资产 | 2.5 | |
| 　　贷：应交税费——应交所得税 | | 127.5 |

**5.【答案及解析】**
(1) 2017年应纳税所得额＝800－100＋50－50＋200＋100＝1 000（万元）
2017年应交所得税＝1 000×25％＝250(万元)
2017年可抵扣暂时性差异＝200＋100＝300(万元)
2017年应纳税暂时性差异＝50(万元)

2017年应确认的递延所得税资产＝300×25％－0＝75(万元)
2017年应确认的递延所得税负债＝50×25％－0＝12.5(万元)
2017年的所得税费用＝250－75＋12.5＝187.5(万元)
(2) 2018年可抵扣暂时性差异＝10＋50＋100＝160(万元)(注意：其中无形资产形成的100万元差异不确认递延所得税资产)
2018年年末应纳税暂时性差异＝100(万元)
2018年应确认的递延所得税资产＝60×25％－75＝－60(万元)
2018年应确认的递延所得税负债＝100×25％－12.5＝12.5(万元)
2018年的应交所得税＝1 000×25％＝250(万元)
2018年的所得税费用＝250＋60＋12.5＝322.5(万元)
(3) 2017年的会计分录为：
借：所得税费用　　　　　　　　　　　　187.5
　　递延所得税资产　　　　　　　　　　75
　　　贷：应交税费——应交所得税　　　　　　250
　　　　　递延所得税负债　　　　　　　　　　12.5
2018年的会计分录为：
借：所得税费用　　　　　　　　　　　　322.5
　　　贷：应交税费——应交所得税　　　　　　250
　　　　　递延所得税负债　　　　　　　　　　12.5
　　　　　递延所得税资产　　　　　　　　　　60

6.【答案及解析】
(1) 会计分录：
3月10日购入A股票时：
借：交易性金融资产　　　　　　　　　　120
　　　贷：银行存款　　　　　　　　　　　　　120
12月31日，A股票公允价值下跌：
借：公允价值变动损益　　　　　　　　　20
　　　贷：交易性金融资产——公允价值变动　　20
3月10日购入B股票时：
借：其他权益工具投资——公允价值变动　800
　　　贷：银行存款　　　　　　　　　　　　　800
12月31日，B股票公允价值上升：
借：其他权益工具投资——公允价值变动　200
　　　贷：其他综合收益　　　　　　　　　　　200
12月31日，无形资产发生减值时：
借：资产减值损失　　　　　　　　　　　60
　　　贷：无形资产减值准备　　　　　　　　　60
(2) 应纳税所得额＝会计利润1 000＋公允价值变动收益20＋无形资产减值60＋税法不允许扣除的职工薪酬1 000－国债利息收入160＋环保罚款200＋售后服务支出100＋应纳税暂时性差异转回100＝2 320(万元)
(说明：违反合同的罚款不需调整应纳税所得额。)
应交所得税＝2 320×25％＝580(万元)
可抵扣暂时性差异的发生额＝20＋60＋100＝180(万元)
应纳税暂时性差异本期增加200万(对应的递延所得税负债计入其他综合收益)，减少100万元(对应的递延所得税负债计入所得税费用)。
递延所得税资产发生额＝180×25％＝45(万元)
递延所得税负债发生额＝(200－100)×25％＝25(万元)(其中增加的50万元计入其他综合收益,减少的25万元计入所得税费用)
所得税费用＝580－45－25＝510(万元)
会计分录为：
借：所得税费用　　　　　　　　　　　　510
　　其他综合收益　　　　　　　　　　　50
　　递延所得税资产　　　　　　　　　　45
　　　贷：应交税费——应交所得税　　　　　　580
　　　　　递延所得税负债　　　　　　　　　　25

### 7.【答案及解析】

(1) 应纳税所得额=利润总额1 000－国债利息40＋违反税收政策罚款60－交易性金融资产公允价值变动收益40＋提取存货跌价准备210＋预计产品质量保证费用50＋投资性房地产公允价值下降额200－房产折旧60＋税法不允许扣除的职工薪酬20－期初可抵扣暂时性差异在本期转回100＋期初应纳税暂时性差异在本期转回200=1 500(万元)

应交所得税=1 500×25%=375(万元)

(2) 年末可抵扣暂时性差异余额=(100/25%－100)＋(150－100)＋210＋(50－0)＋(1 800－60－1 600)=750(万元)

年末应纳税暂时性差异余额=(125/25%－200)＋(300－260)=340(万元)

(3) 应确认递延所得税资产=750×15%－100=12.5(万元)，其中，因其他权益工具投资而产生的暂时性差异50万元的所得税影响7.5(50×15%)万元应计入其他综合收益。

应确认递延所得税负债=340×15%－125=－74(万元)

(4) 所得税费用=375－74－(12.5－50×15%)=296(万元)

(5) 会计分录为：

借：所得税费用　　　　　　　　　　　　　　2 960 000
　　递延所得税资产　　　　　　　　　　　　　125 000
　　递延所得税负债　　　　　　　　　　　　　740 000
　　贷：应交税费——应交所得税　　　　　　　　3 750 000
　　　　其他综合收益　　　　　　　　　　　　　75 000

## 第三章　外币业务会计

### (一) 单项选择题

1. B 【解析】业务收支以人民币以外的货币为主的单位，可以选定其中一种货币作为记账本位币，但是编报的财务会计报告应当折算为人民币，因此选项B错误。

2. C 【解析】企业因经营所处的主要经济环境发生重大变化，确需变更记账本位币的，应当采用变更当日的即期汇率将所有的项目进行折算；由于采用同一即期汇率进行折算，因此不会产生汇兑差额；记账本位币一经确定，不得随意变更。

3. B 【解析】收到投资者以外币进行的投资时，采用交易日即期汇率折算，外币投入资本与相应的货币性项目的记账本位币金额相等，不产生外币资本折算差额。

4. A 【解析】乙公司的记账本位币为美元，因此，发生的以美元计价的交易不属于外币交易，应收账款的初始入账金额应当是30万美元，选项A错误。

5. C 【解析】所有者权益变动表中的"未分配利润"项目应当根据折算后所有者权益变动表中的其他项目数额计算确定。

6. C 【解析】利润表中的收入和费用项目，应当采用交易发生日的即期汇率或即期汇率的近似汇率折算。

7. C 【解析】在企业境外经营为其子公司的情况下，企业在编制合并财务报表时，应按少数股东在境外经营所有者权益中所享有的份额计算少数股东应分担的外币报表折算差额，并入少数股东权益列示于合并资产负债表。

8. A 【解析】对于资产负债表中的资产和负债项目，流动资产采用现行汇率折算。

9. D 【解析】会计分录如下：

借：银行存款——美元　　($100 000×6.6)　660 000
　　财务费用　　　　　　　　　　　　　　　　10 000
　　贷：银行存款——人民币　　　　　　　　　670 000

10. B 【解析】直接标价法，又称应付标价法，是以一定单位的外国货币为标准来计算应付出多少单位本国货币的标价方法。

11. A 【解析】在现行汇率法下，资产、负债项目都采用现行汇率折算，不改变资产、负债项目的结构。

12. C 【解析】因为按月计算汇兑差额，只需将7月底汇率与6月底相比，美元价格升高为损失，所以汇兑损失=(6.23－6.22)×500=5(万元)。

13. C 【解析】3月所产生的汇兑损失=购入时产生的汇兑损失＋期末调整时产生的汇兑损失=300×(6.25－6.21)－300×(6.22－6.21)=9(万元)。

14. D 【解析】对于以公允价值计量的股票、基金等非货币性项目，如果期末公允价值以外币反映，则应当先将该外币按照公允价值确定当日的即期汇率折算为记账本位币金额，再与原记账本位币金额进行比较，其差额作为公允价值变动损益。

15. B 【解析】A和D均计入所有者权益，C计入资产成本。

16. A 【解析】财务报表中的"未分配利润"项目是根据折算后的利润分配表中其他各项目金额计算确定的，期末未分配利润=期初未分配利润＋本期新增分配利润=期初未分配利润＋(本期净利润－本期计提盈余公积)=950＋(200－20)×(10＋10.4)/2=2 786(万元)

17. A 【解析】企业应在处置境外经营的当期,将已列入合并财务报表所有者权益的外币报表折算差额中与该境外经营相关部分,自所有者权益项目转入处置当期损益。如果是部分处置境外经营,应当按处置的比例计算处置部分的外币报表折算差额,转入处置当期损益。

18. C 【解析】我国外币报表折算中产生的外币报表折算差额,应在资产负债表的所有者权益下单独列示。

19. B 【解析】期末应按期末的即期汇率调整外币货币性资产和外币货币性负债,汇率上升,则调高外币货币性资产的记账本位币金额,因此,产生汇兑收益,故 B 正确。

20. A 【解析】在流动项目与非流动项目法下,应收账款属于流动项目采用现行汇率折算;在货币性与非货币性项目法下,应收账款属于货币性项目,也应采用现行汇率折算。

(二) 多项选择题

1. ABCD 【解析】企业选定的记账本位币与企业的母公司所采用的记账本位币无关,选项 E 错误。

2. ABC 【解析】外币交易是指以外币计价的经济活动。只要以外币计价的业务都属于外币交易。

3. AB 【解析】对外币交易核算终点的理由不同,有一项交易和两项交易两种观点。其中,一项交易观认为外币交易应货款的收取为终点,即外币交易的销售与货款的收回是一项业务。

4. ACD 【解析】外币交易是指以外币计价或者结算的交易,外币是企业记账本位币以外的货币。包括:买入或者卖出以外币计价的商品或劳务;借入或借出外币资金;其他以外币计价或者结算的交易。选项 B 和 E,以记账本位币美元以外的货币(人民币和港币)计价的交易属于外币交易。

5. AC 【解析】期末应将所有的外币货币性项目的外币金额,按照期末即期汇率折算为记账本位币金额,并与原记账本位币金额比较,计算汇兑差额,选项 B 错误;企业收到投资者以外币投入的资本,无论是否有合同利率,均不采用合同约定利率和即期汇率的近似汇率折算,而是采用交易日的即期汇率折算。

6. CE 【解析】未来可收回金额不确定的项目属于非货币性项目。由于存货、固定资产未来变现金额受到市场环境的影响,因此,其金额不可以确定,故存货、固定资产属于非货币性项目。选项为 CE。

7. ACDE 【解析】资产负债表中所有者权益项目除"未分配利润"项目外,其他项目均采用交易发生时的即期汇率折算。

8. ABCDE 【解析】如果是以外币计价的其他权益工具投资的公允价值变动,应计入其他综合收益;如果外币借款符合资本化条件,则折算差额应计入资产成本(研发支出、在建工程或生产成本),一般情况则计入财务费用。

9. ABCE 【解析】外币会计报表的折算方法主要有流动性与非流动性项目法、货币性与非货币性项目法、现行汇率法、时态法。

10. AB 【解析】外币交易应当在初始确认时,采用交易发生日的即期汇率将外币金额折算为记账本位币金额;也可以采用按照系统合理的方法确定的、与交易发生日即期汇率近似的汇率折算。

(三) 判断题

1. 错 【解析】区分某实体是否为该企业的境外经营的关键有两项:一是该实体与企业的关系,是否为企业的子公司、合营企业、联营企业、分支机构;二是该实体的记账本位币是否与企业记账本位币相同。而不是以该实体是否在企业所在地的境外作为标准。

2. 对 【解析】会计准则规定,汇兑损益是指将同一项目的外币资产或负债折合为记账本位币时,由于汇率变动而形成的差异额。

3. 错 【解析】会计准则规定,应根据汇兑损益的具体情况分别予以费用化和资本化,例如,专门借款中的长期应付款产生的汇兑损益在固定资产达到预定可使用状态之前则予以资本化。

4. 对 【解析】会计准则规定,企业收到投资者以外币投入的资本,无论是否有合同约定汇率,均不采用合同约定汇率和即期汇率的近似汇率折算,而是采用交易日即期汇率折算。

5. 对 【解析】企业与银行发生货币兑换,兑换所用汇率为银行的买入价或卖出价,而通常记账所用的即期汇率为中间价,由于汇率变动而产生的汇兑差额计入当期财务费用。

6. 错 【解析】会计准则规定,以公允价值计量的外币金融资产,其期末公允价值变动应考虑汇率的变动。

7. 错 【解析】判断货币性项目与非货币性项目的标准是:资产(或负债)所引起的未来现金流入量(或流出量)金额是否确定,若确定,则为货币性项目。由于存货产生的现金流量受市场价格的影响,显然是不确定的,故存货是非货币性项目。

8. 错 【解析】"单一交易(或一笔业务)观"的基础是收付实现制。

9. 对 【解析】会计准则规定,资产负债表中的资产和负债项目,采用资产负债表日的即期汇率折算,所有者权益项目除"未分配利润"项目外,其他项目采用发生时的即期汇率折算。

10. 对 【解析】现行汇率法下,对于所有资产、负债项目均按现行汇率折算。

(四) 计算及会计处理题

1.【答案及解析】
(1) 借:银行存款——美元　　($250 000×6.15)　　1 537 500
　　　　贷:实收资本　　　　　　　　　　　　　　　1 537 500

(2)首先,将港币兑换为人民币:
借:银行存款——人民币                                       70 000
    财务费用                                               5 000
    贷:银行存款——港币    (HKD100 000×0.75)           75 000
然后,用港币兑换的人民币去兑换美元:
美元金额=70 000/6.30=11 111(美元)
借:银行存款——美元      ($11 111×6.25)             69 444
    财务费用                                             556
    贷:银行存款——人民币                                 70 000
(3)借:银行存款——港币    (HKD1 500 000×0.75)       1 125 000
      贷:短期借款——港币  (HKD1 500 000×0.75)       1 125 000

2.【答案及解析】
(1)会计分录如下:
① 借:应付账款——美元   ($30 000×6.31)           189 300
     贷:银行存款——美元   ($30 000×6.31)           189 300
② 借:银行存款——美元   ($10 000×6.30)            63 000
     财务费用                                         200
     贷:银行存款                                      63 200
③ 借:原材料                                           62 900
     贷:应付账款——美元   ($10 000×6.29)           62 900
④ 借:银行存款——美元   ($50 000×6.30)            315 000
     贷:应收账款——美元   ($50 000×6.30)           315 000
⑤ 借:银行存款——美元   ($50 000×6.29)            314 500
     贷:短期借款——美元   ($50 000×6.29)           314 500
(2)期末调整外币账户余额及确认汇兑损益:

| 外 币 账 户 | 人民币栏实存数 | 人民币栏应存数 | 汇兑差额(单位:元) |
| --- | --- | --- | --- |
| 银行存款——美元 | 817 200 | $130 000×6.30=819 000 | (借)1 800 |
| 应收账款——美元 | 187 400 | $30 000×6.30=189 000 | (借)1 600 |
| 应付账款——美元 | 250 400 | $40 000×6.30=252 000 | (贷)1 600 |
| 短期借款——美元 | 314 500 | $50 000×6.30=315 000 | (贷)500 |

确认汇兑损益的会计分录如下:
借:银行存款——美元                                     1 800
    应收账款——美元                                     1 600
    贷:应付账款——美元                                   1 600
        短期借款——美元                                   500
        财务费用——汇兑损益                               1 300

3.【答案及解析】
(1)相关业务的会计分录如下:
① 借:应收账款——美元   ($100 000×6.17)          617 000
     贷:主营业务收入                                    617 000
② 借:原材料                                          618 000
     贷:应付账款——美元   ($100 000×6.18)          618 000
③ 借:应付账款——美元   ($50 000×6.17)           308 500
     贷:银行存款——美元   ($50 000×6.17)           308 500
④ 借:银行存款——人民币  ($100 000×6.10)          610 000
     财务费用                                          3 000
     贷:银行存款——美元   ($100 000×6.13)          613 000
⑤ 借:银行存款——美元   ($100 000×6.15)          615 000
     贷:应收账款——美元   ($100 000×6.15)          615 000

⑥ 借：其他权益工具投资——公允价值变动　　　　270 000
　　贷：其他综合收益　　　　　　　　　　　　　　　270 000
⑦ 借：资产减值损失　　　　　　　　　　　　　　88 320
　　贷：存货跌价准备　　　　　　　　　　　　　　　88 320
⑧ 借：短期借款——美元　　　　　　　　　　　　616 000
　　贷：银行存款——美元　　　　　　　　　　　　　616 000

(2) 期末汇兑损益的计算：

银行存款汇兑损益＝(30－5－10＋10－10)×6.16－(30×6.20－5×6.17－10×6.13＋10×6.15－10×6.16)＝－1.35(万元)

应收账款汇兑损益＝(10＋10－10)×6.16－(10×6.20＋10×6.17－10×6.15)＝－0.6(万元)

应付账款＝(5＋10－5)×6.16－(5×6.20＋10×6.18－5×6.17)＝－0.35(万元)

短期借款＝0－(10×6.2－10×6.16)＝－0.4(万元)

借：短期借款　　　　　　　　　　　　　　　　　4 000
　　应付账款　　　　　　　　　　　　　　　　　3 500
　　财务费用　　　　　　　　　　　　　　　　　12 000
　　贷：银行存款　　　　　　　　　　　　　　　　13 500
　　　　应收账款　　　　　　　　　　　　　　　　6 000

4.【答案及解析】

**甲公司资产负债表简表(2×19年12月31日)　　　　　单位：万元(人民币)**

| 资　产 | 折算汇率 | 金　额 | 负债及所有者权益 | 折算汇率 | 金　额 |
|---|---|---|---|---|---|
| 流动资产 | 6.6 | 1 980 | 流动负债 | 6.6 | 2 508 |
| 长期投资 | 6.6 | 792 | 非流动负债 | 6.6 | 132 |
| 固定资产 | 6.6 | 990 | 所有者权益 | | |
| 无形资产 | 6.6 | 198 | 实收资本 | | 1 208* |
| | | | 其他综合收益 | | 112 |
| 合　计 | | 3 960 | 合　计 | | 3 960 |

注：实收资本的金额＝160×6＋40×6.2＝1 208(万元)

5.【答案及解析】

**乙公司利润及收益分配情况表(2×19年度)**

| 项　　目 | 美元数额 | 折算汇率 | 人民币元数额 |
|---|---|---|---|
| 营业收入 | 50 000 | 6.26 | 313 000 |
| 营业成本 | 30 000 | 6.26 | 187 800 |
| 管理费用 | 5000 | 6.26 | 31 300 |
| 销售费用 | 2 000 | 6.26 | 12 520 |
| 财务费用 | 3 000 | 6.26 | 18 780 |
| 利润总额 | 10 000 | | 6 260 |
| 所得税费用 | 3 000 | | 18 780 |
| 净利润 | 7 000 | | 43 820 |
| 年初未分配利润 | 0 | | |
| 可分配利润合计 | 7 000 | | 43 820 |
| 股利分配 | 3 000 | 6.28 | 18 840 |
| 年末未分配利润 | 4 000 | | 24 980 |

## 第四章 企业合并

**(一) 单项选择题**

1. D 【解析】选项 D,同一控制下的企业合并中,合并方应以合并日应享有被合并方账面所有者权益的份额作为初始投资成本。

2. A 【解析】对于同一控制下的企业合并,合并方在企业合并中取得的价值量相对于所放弃价值量之间存在差额的,应调整所有者权益。在根据合并差额调整合并方的所有者权益时,应首先调整资本公积(资本溢价或股本溢价),资本公积(资本溢价或股本溢价)的余额不足冲减的,应冲减留存收益。

3. D 【解析】这种情况,在合并资产负债表中,应将被合并方在合并前实现的留存收益中归属于合并方的部分自"资本公积"转入"盈余公积"和"未分配利润"。

4. B 【解析】按照我国企业合并准则的规定,合并方在同一控制下吸收合并中取得的资产、负债应当按照相关资产、负债在被合并方的原账面价值入账。

5. D 【解析】A 公司的资本公积——股本溢价的贷方金额=3 000×80%−700=1 700(万元)

6. B 【解析】非同一控制下的企业合并发生的直接相关费用应计入当期损益,即管理费用。

7. C 【解析】非同一控制下的企业合并,对于被购买方在企业合并之前已经确认的商誉和递延所得税项目,购买方在对企业合并成本进行分配、确认合并中取得可辨认资产和负债时不应予以考虑。

8. A 【解析】非同一控制下的企业合并在购买日应该只编制合并资产负债表;同一控制下的企业合并在合并日应该编制合并资产负债表、合并利润表和合并现金流量表。

9. C 【解析】合并商誉=1 000×4−4 500×70%=850(万元)

10. A 【解析】非同一控制下企业合并,在编制合并报表时对取得的可辨认资产、负债,应以其公允价值计量,不包括被合并方在合并之前已经确认的商誉和递延所得税项目。

11. A 【解析】合并成本=500×4+100×(1+13%)+200=2 313(万元)

12. A 【解析】应确认的合并成本=400+5 600=6 000(万元)

13. D 【解析】商誉=6 000−9 000×60%=600(万元)

14. B 【解析】选项 A,甲公司的合并成本为 900+4 500=5 400(万元);选项 B,应确认的商誉为 5 400−8 000×60%=600(万元);选项 C,少数股东权益=8 000×40%=3 200(万元);选项 D,对乙公司长期股权投资应抵销的金额为 5 400 万元,抵销分录:

借:所有者权益　　　　　　　　　　　　　8 000
　　商誉　　　　　　　　　　　　　　　　 600
　　贷:长期股权投资　　　　　　　　　　　5 400
　　　　少数股东权益　　　　　　　　　　　3 200

15. C 【解析】甲公司持有 A 公司的原 30%股权按照权益法核算的账面价值=12 000+450+150=12 600(万元),该部分股权在购买日的公允价值=14 000(万元),之前持有的被购买方其他综合收益金额=500×30%=150(万元),所以在合并财务报表中应确认的投资收益=(14 000−12 600)+150=1 550(万元)。

**(二) 多项选择题**

1. ABC 【解析】企业合并是指将两个或两个以上单独的企业合并形成一个报告主体的交易或事项。所以从企业合并的定义看,是否形成企业合并,关键要看相关交易或事项发生前后是否引起报告主体的变化。选项 D,甲公司不能对 D 公司实施控制不会引起报告主体的变化,不属于企业合并。

2. CD 【解析】合并方在合并过程中发生的各项直接相关费用,应于发生时计入当期损益(管理费用)。但以发行债券方式进行的企业合并,与发行债券相关的佣金、手续费等费用应计入所发行债券的初始计量金额,即作为应付债券(利息调整)入账价值的组成部分。

3. CD 【解析】按照准则规定,与发行权益性证券相关的费用,不管其是否与企业合并直接相关,均应自所发行权益性证券的发行收入中扣减。在权益性工具发行有溢价的情况下,自溢价收入中扣除;在权益性证券发行无溢价或溢价金额不足以扣减的情况下,应当冲减盈余公积和未分配利润。

4. ABC 【解析】选项 D,在同一控制下的企业合并中,从最终控制方的角度来看,其企业合并前后能够控制的净资产价值在金额上并没有发生变化,合并中不产生新的资产,所以不会确认商誉。

5. ACD 【解析】对于同一控制下的企业合并,合并方在合并中确认取得的被合并方的资产、负债仅限于被合并方账面上原已确认的资产和负债,合并中不产生新的资产和负债。同时,合并方在合并中取得的被合并方各项资产、负债应维持其在被合并方的原账面价值不变。

6. ACD 【解析】同一控制下的企业合并,在编制合并资产负债表时,合并方和被合并方的有关资产、负债均以其账面价值反映在合并财务报表中。在合并资产负债表中,对于被合并方在企业合并前实现的留存收益(盈余公积和未分配利润之和)中归属于合并方的部分,应以合并方资本公积(资本溢价或股本溢价)的贷方余额为限,将被合并方在合并前实现的留存收益中归属于合并方的部分自"资本公积"项目转入"盈余公积"和"未分配利润"项目。

7. ABC 【解析】选项D,合并方在编制期末的合并利润表时,应包含合并方及被合并方从合并期初至期末实现的净利润。

8. ABD 【解析】同一控制下企业合并购买日应编制的报表一般包括合并资产负债表、合并利润表和合并现金流量表。

9. ABCD 【解析】非同一控制下的企业合并中,一般应考虑企业合并合同、协议以及其他相关因素来确定购买方。具体可从以下两方面来认定购买方:一是企业合并中一方取得了另一方半数以上有表决权股份的一方为购买方;二是投资方持有被投资方半数或以下表决权,但通过与其他表决权持有人之间的协议能够控制半数以上表决权。持有半数或半数以下表决权的投资方,还可综合考虑下列事实和情况。① 投资方持有的表决权份额相对于其他投资方持有的表决权份额的大小,以及其他投资方持有表决权的分散程度;② 投资方和其他投资方持有的潜在表决权;③ 其他合同安排产生的权利;④ 其他相关事实或情况等。

10. ABCD 【解析】同时满足了以下条件时,一般可以认为实现了控制权的转移,形成购买日:① 企业合并合同或协议已获股东大会等内部权力机构通过。② 按照规定,合并事项需要经过国家有关主管部门审批的,已获得相关部门的批准。③ 参与合并各方已办理了必要的财产权交接手续。④ 购买方已支付了购买价款的大部分(一般应超过50%),并且有能力、有计划支付剩余款项。⑤ 购买方实际上已经控制了被购买方的财务和经营政策,享有相应的收益并承担相应的风险。

11. ABC 【解析】企业合并成本包括购买方为进行企业合并支付的现金或非现金资产、发行或承担的债务、发行的权益性证券等在购买日的公允价值。非同一控制下企业合并中发生的与企业合并直接相关的费用,包括为进行企业合并而发生的会计审计费用、法律服务费用、咨询费用等,与同一控制下企业合并进行过程中发生的有关费用处理原则一致,应计入当期损益(管理费用)。

12. AB 【解析】非同一控制下企业合并中发生的与企业合并直接相关的费用,包括为进行企业合并而发生的会计审计费用、法律服务费用、咨询费用等,不包括与企业合并发行的权益性证券或发行的债务相关的手续费、佣金等。为企业合并发行债券支付的手续费、佣金等,应当计入所发行债务的初始计量金额(计入利息调整)。企业合并中发行权益性证券发生的手续费、佣金等费用,应当抵减权益性证券的溢价收入,溢价收入不足冲减或发行权益性证券无溢价的,冲减留存收益。

13. CD 【解析】非同一控制下的企业合并中企业合并成本大于合并中取得的被购买方可辨认净资产公允价值份额的差额应确认为商誉。按企业合并方式的不同,控股合并的情况下,该差额是指在合并财务报表中应予列示的商誉,即长期股权投资的成本与购买日按照持股比例计算确定应享有被购买方可辨认净资产公允价值份额之间的差额;吸收合并的情况下,该差额是购买方在其账簿及个别财务报表中应确认的商誉。

14. AB 【解析】非同一控制下企业合并成本小于合并中取得的被购买方可辨认净资产公允价值份额的部分,应计入合并当期损益。在吸收合并的情况下,上述企业合并成本小于合并中取得的被购买方可辨认净资产公允价值份额的差额,应计入购买方的合并当期的个别利润表;在控股合并的情况下,上述差额应反映在合并当期的合并利润表中,不影响购买方的个别利润表。

15. AD 【解析】非同一控制下企业合并中,对于被购买方在企业合并之前已经确认的商誉和递延所得税项目,购买方在对企业合并成本进行分配、确认合并中取得可辨认资产和负债时不应予以考虑。但是由于合并成本大于合并中取得的被购买方可辨认净资产公允价值的份额的差额应确认为商誉。

16. ABD 【解析】非同一控制下的企业合并过程中发生的各项直接相关费用,应计入当期损益(管理费用)。

17. BCD 【解析】个别报表中长期股权投资账面价值=8 000+1 500=9 500(万元);商誉为第一次达到企业合并时形成,其金额为8 000-9 000×80%=800(万元);在合并报表中,根据购买日开始持续计算的可辨认净资产金额调整长期股权投资,应在借方调整资本公积,会计分录为:

借:资本公积——股本溢价                450
    贷:长期股权投资      (1 500-1 050×10%)   450

18. ACD 【解析】选项A,对于非同一控制下多次交易实现的企业合并,合并财务报表中应确认的商誉=购买日之前持有的被购买方股权在购买日的公允价值+购买日新增投资成本-购买日被购买方的可辨认净资产公允价值×总持股比例;选项C,非同一控制下企业合并中,被购买方在企业合并后仍持续经营的,如购买方取得被购买方100%股权,被购买方可以按合并中确定的有关资产、负债的公允价值调账,其他情况下被购买方不应因企业合并改记资产、负债的账面价值;选项D,通过多次交易分步实现的非同一控制下企业合并,对于购买日之前持有的被购买方的股权,应当按照该股权在购买日的公允价值进行重新计量,公允价值与其账面价值的差额计入当期投资收益。

19. ABC 【解析】选项D,该差额应在合并财务报表或个别财务报表中确认为营业外收入。

20. ACD 【解析】选项A,甲公司的合并成本为9 300+18 600=27 900(万元);选项B,应确认的商誉为27 900-42 000×60%=2 700(万元);少数股东权益=42 000×40%=16 800(万元);选项D,甲公司持有A公司的原20%股权按照权益法核算的账面价值=8 600+300+100=9 000(万元),应调整为在购买日的公允价值9 300万元,即确认投资收益300万元;之前持有的被购买方其他综合收益金额=500×20%=100(万元),在合并财务报表中确认为投资收益。所以在合并财务报表中应确认的投资收益=(9 300-9 000)+100=400(万元)。

(三) 判断题

1. 错 【解析】企业合并是指将两个或两个以上单独的企业合并形成一个报告主体的交易或事项。
2. 错 【解析】同一控制下的企业合并是指参与合并的企业在合并前后均受同一方或相同的多方最终控制且该控制并

## 练习题参考答案及解析

非暂时性的。

3. 错 【解析】同受国家控制的企业之间发生的合并,不应仅仅因为参与合并各方在合并前后均受国家控制而将其作为同一控制下的企业合并。

4. 对 【解析】非同一控制下的企业合并是指参与合并的各方在合并前后不受同一方或相同的多方最终控制的企业合并。A 公司和 C 公司合并前后不受同一方或相同的多方最终控制,因而属于非同一控制下的企业合并。

5. 错 【解析】按现行会计准则的相关规定,企业合并过程中所发生的所有相关直接费用,均应计入合并当期损益。但合并相关直接费用不包括企业为进行企业合并而发行股票或债券所发生的证券发行费用等。

6. 对 【解析】合并方在企业合并中取得的净资产的账面价值相对于所支付对价的账面价值之间存在差额的,不计入合并当期损益,而应当调整所有者权益。在根据合并差额调整合并方的所有者权益时,应首先调整资本公积(资本溢价或股本溢价),资本公积(资本溢价或股本溢价)的余额不足冲减的,应冲减留存收益(盈余公积和未分配利润)。

7. 错 【解析】同一控制下的企业合并,合并方支付的合并对价与取得的被合并方净资产账面价值之间的差额,一般不确认新的商誉,但被合并方在合并前账面上原已确认的商誉应作为合并中取得的资产予以确认。

8. 错 【解析】对于同一控制下的控股合并,在合并财务报表中,应以合并方的资本公积(资本溢价或股本溢价)为限,将被合并方在合并日以前期间实现的留存收益中按持股比例计算归属于合并方的部分自资本公积转入留存收益。

9. 错 【解析】同一控制下的控股合并,合并方应在合并日编制合并财务报表,一般包括合并资产负债表、合并利润表及合并现金流量表。

10. 对 【解析】按照我国企业合并准则的规定,合并方在同一控制下吸收合并中取得的资产、负债应当按照相关资产、负债在被合并方的原账面价值入账。

11. 错 【解析】对于非同一控制下控股合并,其合并成本大于合并中取得的被购买方可辨认净资产公允价值份额的部分,购买方应在其合并财务报表中确认为商誉。

12. 错 【解析】通过多次交换交易分步实现的企业合并应分别个别财务报表和合并财务报表处理。在购买方个别财务报表中,应当以购买日之前所持被购买方的股权投资的账面价值与购买日新增投资成本之和,作为该项投资的初始投资成本。在合并财务报表中以购买日之前所持被购买方股权于购买日的公允价值与购买日支付对价的公允价值之和,作为合并成本。

13. 对 【解析】按照我国企业合并准则的规定,非同一控制下的企业合并中,购买方在企业合并中取得的被购买方在其财务报表中未确认的无形资产,在其公允价值能够可靠计量的情况下单独予以确认为一项资产。

14. 错 【解析】非同一控制下的企业合并中,对于购买方在企业合并时可能需要代被购买方承担的或有负债,在其公允价值能够合理确定的情况下,应作为合并中承担的负债予以单独确认。

15. 错 【解析】在非同一控制下吸收合并的情况下,企业合并成本小于合并中取得的被购买方可辨认净资产公允价值的差额,应计入购买方合并当期的个别利润表中。

16. 错 【解析】非同一控制下的控股合并,购买方在购买日只编制合并资产负债表,不编制合并利润表和合并现金流量表。

**(四) 计算及会计处理题**

1.【答案及解析】
甲公司对该项合并应编制的会计分录为:
(1) 借:固定资产清理 5 100
　　　累计折旧 2 900
　　　　贷:固定资产 8 000
(2) 借:银行存款 500
　　　原材料 200
　　　应收账款 2 000
　　　长期股权投资 2 100
　　　固定资产 3 000
　　　无形资产 500
　　　　贷:短期借款 2 200
　　　　　应付账款 600
　　　　　固定资产清理 5 100
　　　　　资本公积——股本溢价 400

2.【答案及解析】
(1) 确认长期股权投资的会计分录:
借:固定资产清理 5 100
　　累计折旧 2 900
　　　贷:固定资产 8 000

借：长期股权投资　　　　　　　　　　　　　　6 000
　　贷：固定资产清理　　　　　　　　　　　　　　　　5 000
　　　　资产处置损益　　　　　　　　　　　　　　　　　900
（2）计算并确定商誉：
合并商誉＝企业合并成本－合并中取得被购买方可辨认净资产公允价值份额
　　　　＝6 000－9 600×60％＝240(万元)
（3）编制调整分录：
借：存货　　　　　　　　　　　　　　　　　　　200　　　　　　　　　　　　　　　　……①
　　长期股权投资　　　　　　　　　　　　　　1 400
　　固定资产　　　　　　　　　　　　　　　　1 500
　　无形资产　　　　　　　　　　　　　　　　1 000
　　贷：资本公积　　　　　　　　　　　　　　　　　4 100
（4）编制抵销分录：
借：股本　　　　　　　　　　　　　　　　　　2 500　　　　　　　　　　　　　　　　……②
　　资本公积　　　　　　　　　　　　　　　　5 600
　　盈余公积　　　　　　　　　　　　　　　　　500
　　未分配利润　　　　　　　　　　　　　　　1 000
　　商誉　　　　　　　　　　　　　　　　　　　240
　　贷：长期股权投资　　　　　　　　　　　　　　　6 000
　　　　少数股东权益　　　　　　（9 600×40％）3 840

### 合并资产负债表(简表)

2019年6月30日　　　　　　　　　　　　　　　　　　　　　　　　　　单位：万元

| | 甲公司 | 乙公司 | 抵　销　分　录 | | 合并金额 |
|---|---|---|---|---|---|
| | | | 借方 | 贷方 | |
| 资产： | | | | | |
| 货币资金 | 4 100 | 500 | | | 4 600 |
| 存货 | 6 200 | 200 | ① 200 | | 6 600 |
| 应收账款 | 2 000 | 2 000 | | | 4 000 |
| 长期股权投资 | 10 000<br>(4 000＋6 000) | 2 100 | ① 1 400 | ② 6 000 | 7 500 |
| 固定资产 | 6 900<br>(12 000－5 100) | 3 000 | ① 1 500 | | 11 400 |
| 无形资产 | 9 500 | 500 | ① 1 000 | | 11 000 |
| 商誉 | 0 | 0 | ② 240 | | 240 |
| 资产总计 | 38 700 | 8 300 | 4 340 | 6 000 | 45 340 |
| 负债和所有者权益： | | | | | |
| 短期借款 | 2 000 | 2 200 | | | 4 200 |
| 应付账款 | 4 000 | 600 | | | 4 600 |
| 负债合计 | 6 000 | 2 800 | | | 8 800 |
| 股本 | 18 000 | 2 500 | ② 2 500 | | 18 000 |
| 资本公积 | 5 000 | 1 500 | ② 5 600 | ① 4 100 | 5 000 |
| 盈余公积 | 4 000 | 500 | ② 500 | | 4 000 |
| 未分配利润 | 5 700<br>(4 800＋900) | 1 000 | ② 1 000 | | 5 700 |
| 少数股东权益 | | | | ② 3 840 | 3 840 |
| 所有者权益合计 | 32 700 | 5 500 | 5 500 | 3 840 | 36 540 |
| 负债和所有者权益总计 | 38 700 | 8 300 | 5 500 | 3 840 | 45 340 |

3.【答案及解析】
(1) 计算达到企业合并时应确认的商誉：
甲公司长期股权投资的初始投资成本＝9 000＋35 000＝44 000(万元)
甲公司的合并成本＝9 000＋35 000＝44 000(万元)
应确认的商誉＝44 000－68 000×60％＝3 200(万元)
(2) 2019年购入10％股份时的会计分录：
借：其他权益工具投资　　　　　　　　8 000
　　贷：银行存款　　　　　　　　　　　　　　8 000
2020年购入50％股份时的会计分录：
借：长期股权投资　　　　　　　　　　44 000
　　贷：银行存款　　　　　　　　　　　　　　35 000
　　　　其他权益工具投资　　　　　　　　　　8 000
　　　　留存收益　　　　　　　　　　　　　　1 000
2020年购买日的抵销分录：
借：股本等被购买方净资产项目　　　　68 000　　(公允价值)
　　商誉　　　　　　　　　　　　　　　3 200
　　贷：长期股权投资　　　　　　　　　　　　44 000
　　　　少数股东权益　　　　　　　　　　　　27 200

4.【答案及解析】
(1) 第①项费用属于与发行股份相关的交易费用，应冲减资本公积。
第②、③、④项费用属于针对被购买方发生的尽职调查法律服务费用、评估和审计费用，应计入当期损益(管理费用)。
(2) 合并成本＝16.60×500＝8 300(万元)
　　合并商誉＝8 300－10 000×80％＝300(万元)
(3) 与企业合并相关的会计分录如下：
借：长期股权投资——乙公司　　　　　8 300
　　贷：股本　　　　　　　　　　　　　　　　500
　　　　资本公积——股本溢价　　　　　　　　7 800
借：资本公积——股本溢价　　　　　　　50
　　贷：银行存款　　　　　　　　　　　　　　50
借：管理费用　　　　　　　　　　　　　70
　　贷：银行存款　　　　　　　　　　　　　　70

5.【答案及解析】
(1) 甲公司购买丙公司60％股权属于非同一控制下的企业合并，因为在购买股权时甲公司与乙公司不存在关联方关系。
(2) 甲企业的合并成本＝3 000＋4 000＝7 000(万元)
　　固定资产转让损益＝4 000－(2 800－600－200)＝2 000(万元)
　　无形资产转让损益＝3 000－(2 600－400－200)＝1 000(万元)
(3) 甲公司对丙公司长期股权投资的入账价值为7 000万元。
会计分录如下：
借：固定资产减值准备　　　　　　　　200
　　累计折旧　　　　　　　　　　　　600
　　固定资产清理　　　　　　　　　　2 000
　　贷：固定资产　　　　　　　　　　　　　　2 800
借：长期股权投资　　　　　　　　　　7 000
　　无形资产减值准备　　　　　　　　200
　　累计摊销　　　　　　　　　　　　400
　　贷：固定资产清理　　　　　　　　　　　　2 000
　　　　无形资产　　　　　　　　　　　　　　2 600
　　　　资产处置损益　　　　　　　　　　　　3 000
借：管理费用　　　　　　　　　　　　200　　(相关费用)
　　贷：银行存款　　　　　　　　　　　　　　200
(4) 合并日的调整分录和抵销分录：
借：固定资产　　　　　　　　　　　　2 400
　　无形资产　　　　　　　　　　　　800
　　贷：资本公积　　　　　　　　　　　　　　3 200

借:股本　　　　　　　　　　　　　　　　2 000
　　资本公积　　　　　　　　　　　　　　6 200
　　盈余公积　　　　　　　　　　　　　　400
　　未分配利润　　　　　　　　　　　　　1 400
　　商誉　　　　　　　　　　　　　　　　1 000
　　贷:长期股权投资　　　　　　　　　　　　　7 000
　　　　少数股东权益　　　　　　　　　　　　4 000

合并资产负债表
2019 年 6 月 30 日　　　　　　　　　　　　单位:万元

| 项　目 | 甲公司 | 丙公司 账面价值 | 丙公司 公允价值 | 合并金额 |
|---|---|---|---|---|
| 资产: | | | | |
| 　货币资金 | 5 000 | 1 400 | 1 400 | 6 400 |
| 　存货 | 8 000 | 2 000 | 2 000 | 10 000 |
| 　应收账款 | 7 600 | 3 800 | 3 800 | 11 400 |
| 　长期股权投资 | 16 000 | | | 9 000 |
| 　固定资产 | 9 200 | 2 400 | 4 800 | 14 000 |
| 　无形资产 | 3 000 | 1 600 | 2 400 | 5 400 |
| 　商誉 | | | | 1 000 |
| 资产总计 | 48 800 | 11 200 | 14 400 | 57 200 |
| 负债: | | | | |
| 　短期借款 | 4 000 | 800 | 800 | 4 800 |
| 　应付账款 | 10 000 | 1 600 | 1 600 | 11 600 |
| 　长期借款 | 6 000 | 2 000 | 2 000 | 8 000 |
| 负债合计 | 20 000 | 4 400 | 4 400 | 24 400 |
| 股东权益: | | | | |
| 　股本 | 10 000 | 2 000 | | 10 000 |
| 　资本公积 | 9 000 | 3 000 | | 9 000 |
| 　盈余公积 | 2 000 | 400 | | 2 000 |
| 　未分配利润 | 7 800 | 1 400 | | 7 800 |
| 　少数股东权益 | | | | 4 000 |
| 股东权益合计 | 28 800 | 6 800 | 10 000 | 32 800 |
| 负债和股东权益总计 | 48 800 | 11 200 | | 57 200 |

6.【答案及解析】
(1) 2019 年 12 月 31 日 A 公司持有的对 B 公司长期股权投资的账面价值=1 100－200×20%+1 000×20%=1 260(万元)。相关会计分录为:

1 月 1 日,初始投资:
借:长期股权投资——B公司(投资成本)　　　1 100
　　贷:银行存款　　　　　　　　　　　　　　　　1 100
3 月 12 日,B公司宣告分配现金股利:
借:应收股利　　　　　　　　　　(200×20%)　40
　　贷:长期股权投资——B公司(损益调整)　　　　40

12月31日,B公司实现净利润:
　　借:长期股权投资——B公司(损益调整)
　　　　　　　　　　　　　　　　　　(1 000×20%)　　200
　　　贷:投资收益　　　　　　　　　　　　　　　　　　200

(2) 2019年和2020年A公司两次购买B公司股权,最终形成对B公司的控制,所以该项交易属于多次交易分步实现企业合并的业务。在合并财务报表中,对于购买日之前持有的被购买方的股权,应当按照该股权在购买日的公允价值进行重新计量,公允价值与其账面价值的差额计入当期投资收益。所以A公司对B公司的原有20%股权对合并报表损益项目的影响金额=1 400-1 260=140(万元)。

(3) 购买日合并财务报表中应列示的商誉金额=1 400+3 600-6 500×70%=450(万元)
会计分录如下:
① 将B公司办公大楼的账面价值调整为公允价值:
　　借:固定资产　　　　　　　　　　　　　　　　　　700
　　　贷:资本公积　　　　　　　　　　　　　　　　　　700
② 对于购买日之前持有的被购买方的股权,按该股权在购买日的公允价值重新计量:
　　借:长期股权投资　　　　　　　　　　　　　　　　140
　　　贷:投资收益　　　　　　　　　　　　　　　　　　140
③ 编制购买日合并财务报表时的抵销分录:
　　借:实收资本　　　　　　　　　　　　　　　　　3 500
　　　资本公积　　　　　　(500+700)　　　　　　 1 200
　　　盈余公积　　　　　　(200+1 000×10%)　　　　300
　　　未分配利润　　　　　(800+1 000×90%-200)　1 500
　　　商誉　　　　　　　　　　　　　　　　　　　　　450
　　　贷:长期股权投资　　　(1 260+140+3 600)　　5 000
　　　　少数股东权益　　　　　　　　　　　　　　　1 950

# 第五章　合并财务报表

**(一) 单项选择题**

1. C　【解析】当表决权不是实质性权利时,即使投资方持有被投资方多数表决权,也不拥有对被投资方的权力。如已宣告破产的子公司,其相关活动已由清算人等其他方主导,投资方不能主导被投资方的相关活动;投资公司不能控制合营企业、联营企业。故选项A、B、D不纳入合并范围。

2. C　【解析】因M公司控制A公司,所以A公司拥有B公司的股权属于M公司间接拥有。因此,M公司直接和间接拥有B公司的股权为70%。

3. D　【解析】首先将上期管理费用中抵销的内部应收账款计提的坏账准备对本期期初未分配利润的影响予以抵销:
　　借:应收账款——坏账准备　　　　　　　　　　250 000
　　　贷:未分配利润——年初　　　　　　　　　　　250 000
其次,对于本期内部应收账款在个别会计报表中冲销的坏账准备数额[(250-200)]×10%=5(万元)予以抵销:
　　借:信用减值损失　　　　　　　　　　　　　　 50 000
　　　贷:应收账款——坏账准备　　　　　　　　　　 50 000

4. D　【解析】对于上一年度抵销的内部应收账款计提的坏账准备的金额,在本年度编制合并抵销分录时,应调整未分配利润的年初数,所以答案应为选项D。

5. C　【解析】在连续编制合并会计报表的情况下,应将上期内部应收账款计提的坏账准备予以抵销,同时调整本期期初未分配利润的数额,因此答案为C。

6. D　【解析】本年年初内部应收账款余额为4 000万元,年初内部应收账款计提的坏账准备的余额为400万元(4 000×10%),编制抵销分录时应将其全部抵销。抵销分录为:
　　借:应收账款——坏账准备　　　　　　　　　　　400
　　　贷:未分配利润——年初　　　　　　　　　　　　400

7. A　【解析】子公司期末存货为400万元,根据毛利率25%,可计算出子公司期末存货中包含的未实现内部销售利润为100万元(400×25%)。

8. B　【解析】以前年度内部交易形成的存货在本期实现对外销售时,应该将上年未实现的内部交易损益转为本期的损益(抵减营业成本)。

9. C　【解析】应将上期内部购进存货价值中包含的未实现内部销售利润的数额转为本期的损益,即:借记"未分配利润——年初"项目,贷记"营业成本"项目。

10. C 【解析】将本期由于内部交易固定资产的使用而多计提的折旧费用予以抵销,当年多计提的折旧额为(100－70)÷5×10/12＝5(万元)。故选项C正确。

11. C 【解析】编制相关的抵销分录:

借:营业收入　　　　　　　　　　　　　　　　1 000
　　贷:营业成本　　　　　　　　　　　　　　　　　800
　　　　固定资产——原价　　　　　　　　　　　　200

抵销当期多计提的折旧:

借:固定资产——累计折旧　　　　　　　　　　　20
　　贷:管理费用　　　　　　　　(200/5×6/12)　20
借:递延所得税资产　　　　[(200－20)×25%]　　45
　　贷:所得税费用　　　　　　　　　　　　　　　45

所以,因该设备相关未实现内部销售利润的抵销影响合并净利润的金额为:(1 000－800)－20－45＝135(万元)。

12. B 【解析】固定资产中包含的未实现利润＝100－76＝24(万元)
2018年由于内部交易中包含未实现利润而多计提的折旧＝24/4×6/12＝3(万元)
2019年由于内部交易中包含未实现利润而多计提的折旧＝24/4＝6(万元)
2019年合并报表中的抵销分录为:

借:未分配利润——年初　　　　　　　　　　　　24
　　贷:固定资产——原价　　　　　　　　　　　　　24
借:固定资产——累计折旧　　　　　　　　　　　　3
　　贷:未分配利润——年初　　　　　　　　　　　　3
借:固定资产——累计折旧　　　　　　　　　　　　6
　　贷:管理费用　　　　　　　　　　　　　　　　　6

所以,在编制2019年的合并报表中应该调减"固定资产"项目的金额为15万元(24－3－6)。

13. C 【解析】上期抵销内部交易无形资产多摊销额时,相应地使合并报表中的未分配利润增加,因此,本期编制抵销分录时,应:借记"无形资产——累计摊销"项目,贷记"未分配利润——年初"项目。

14. C 【解析】合并现金流量表中"购买商品、接受劳务支付现金"项目的金额＝1800＋1200－100＝2 900(万元)。

15. A 【解析】选项A为筹资活动事项,选项B、C、D均为投资活动事项,故答案为A。

16. B 【解析】母公司在报告期内处置子公司,应当将该子公司期初至处置日的收入、费用、利润纳入合并利润表。

(二)多项选择题

1. ABC 【解析】合并财务报表不仅仅是各个子公司个别报表的简单汇总。

2. ABCD 【解析】母公司拥有其过半数以上(不包含半数)权益性资本的被投资企业,是母公司拥有控制权的基本特征。其具体包括:① 直接拥有其半数以上权益性资本的被投资企业;② 间接拥有其半数以上权益性资本的被投资企业;③ 直接或间接拥有其半数以上权益性资本的被投资企业。甲、乙、丙和丁都是W公司的子公司,都应该纳入合并范围。

3. ABCD 【解析】在我国,凡是能够为母公司控制的被投资企业都属于其合并范围,即所有的子公司都应纳入合并财务报表的合并范围。主要包括以下两种情况:① 母公司直接或通过子公司间接拥有其半数以上的表决权的被投资单位,包括母公司直接拥有被投资企业半数以上表决权资本;母公司间接拥有被投资企业半数以上表决权资本;母公司直接和间接方式合计拥有被投资单位半数以上表决权资本。② 母公司拥有其半数以下的表决权资本但能控制的其他被投资企业,包括通过与被投资企业其他投资者之间的协议,拥有被投资企业半数以上表决权;根据公司章程或协议,有权决定被投资企业的财务和经营政策;有权任免被投资企业的董事会或类似机构的多数成员;在被投资企业董事会或类似机构占多数表决权。

4. ABCD 【解析】合并财务报表的合并范围主要包括:① 母公司直接或通过子公司间接拥有其半数以上的表决权的被投资单位,包括母公司直接拥有被投资企业半数以上表决权资本;母公司间接拥有被投资企业半数以上表决权资本;母公司直接和间接方式合计拥有被投资单位半数以上表决权资本。② 母公司拥有其半数以下的表决权资本但能控制的其他被投资企业,包括通过与被投资企业其他投资者之间的协议,拥有被投资企业半数以上表决权;根据公司章程或协议,有权决定被投资企业的财务和经营政策;有权任免被投资企业的董事会或类似机构的多数成员;在被投资企业董事会或类似机构占多数表决权。选项A、B、C、D均为可纳入合并范围的被母公司控制的其他被投资企业的情形。

5. AB 【解析】W公司直接拥有甲公司63%权益性资本,直接和间接拥有乙公司共计58%的权益性资本,应将甲公司和乙公司纳入合并范围。

6. ABCD 【解析】对存货中包含的未实现内部销售利润抵销的做法包括:按照期初存货中包含的未实现内部销售利润数额,借记"未分配利润——年初"项目,贷记"营业成本"项目;按本期内部商品销售产生的收入数额,借记"营业收入"项目,贷记"营业成本"项目;按期末存货中未实现内部销售利润数额,借记"营业成本"项目,贷记"存货"项目。

7. ABC 【解析】应将内部应收账款和应付账款抵销,因此,选项A正确;应将坏账准备的期初数抵销,因此,选项B正确;应将本期补计提的坏账准备抵销,因此,选项C正确。

8. ACD　【解析】内部存货交易中期末存货未实现利润抵销的分录为：
借：营业收入
　　贷：营业成本
　　　　存货
所以 B 选项不对。

9. AD　【解析】内部固定资产交易主要有三种情形：一是固定资产销售后作为固定资产使用；二是商品销售后作为固定资产使用；三是固定资产销售后作为商品使用。选项 AD 是指前两种情形的抵销处理。

10. ABC　【解析】因同一控制下企业合并增加的子公司，编制合并资产负债表时，应当调整合并资产负债表的期初数。所以选项 D 不正确。

11. ACD　【解析】因非同一控制下企业合并增加的子公司，在编制合并利润表时，应当将该子公司购买日至报告期末的收入、费用、利润纳入合并利润表。

12. ACD　【解析】母公司在报告期内处置子公司，应将该子公司期初至处置日的现金流量纳入合并现金流量表。

（三）判断题

1. 错　【解析】个别财务报表是每个独立的法人企业都应编制的财务报表；而合并财务报表是由对其他企业拥有控制权的母公司编制的，并不是所有企业都需要编制合并财务报表。

2. 错　【解析】合并财务报表是通过设置工作底稿，在将母公司和纳入合并范围的子公司的个别财务报表各项目加总的基础上，再对个别财务报表进行相应的调整，并抵销企业集团内所发生的内部交易事项，最后合并计算财务报表各项目的数额而成。

3. 错　【解析】汇总财务报表采用的是简单加总的方法编制的。而合并财务报表是在加总的基础上，通过对个别报表的调整和抵销母公司与子公司之间、子公司相互之间发生的内部事项对个别财务报表的影响后编制的。合并财务报表与汇总财务报表主要有以下几点不同：① 编制的目的不同；② 确定编报范围的依据不同；③ 编制方法不同。

4. 对　【解析】母公司理论下，母公司编制合并财务报表时采用完全合并法，对子公司的资产、负债、收入和费用予以全面合并，但在合并资产负债表中，将少数股东权益视为负债，在负债与所有者权益之间单独列报；在合并利润表中，将少数股东享有的净利润份额视为费用单独列报。

5. 错　【解析】按照我国合并财务报表准则的规定，只要是由母公司控制的子公司，不论其规模大小、向母公司转移资金能力是否受到严格限制，也不论其业务性质与母公司或企业集团内其他子公司是否有显著差别，都应当纳入合并财务报表的合并范围。

6. 对　【解析】按照会计准则的规定，母公司应当将其全部子公司纳入合并财务报表的合并范围。也就是说，只要是由母公司控制的子公司，不论子公司的规模大小、子公司向母公司转移资金能力是否受到严格限制，也不论子公司的业务性质与母公司或企业集团内其他子公司是否有显著差别，都应当纳入合并财务报表的合并范围。

7. 错　【解析】受所在国外汇管制及其他管制，资金调度受到限制的境外子公司，其财务和经营政策仍由母公司决定，并能从其经营活动中获取利益，资金调度受到限制并不妨碍母公司对其实施控制，因此，应将其认定为子公司，并仍应纳入母公司合并财务报表的合并范围。

8. 错　【解析】按照合并财务报表准则的规定，投资企业对于与其他投资方一起实施共同控制的被投资企业，应当采用权益法核算，不能采用比例合并法。

9. 错　【解析】一体性原则要求在编制合并会计报表时，应将纳入合并范围的各成员企业作为一个整体来看待，视为一个会计主体，而非法律主体，对母公司与子公司之间以及子公司相互之间所发生的经济业务，视为同一会计主体内部业务处理，并在合并财务报表中通过编制抵销分录，将内部交易事项予以抵销。

10. 错　【解析】对于非同一控制下企业合并取得的子公司，应当根据母公司在购买日设置的备查簿中登记的该子公司有关可辨认资产、负债的公允价值，对子公司的个别财务报表进行调整。同一控制下企业合并取得的子公司不需要按公允价值进行调整。

11. 对　【解析】同一控制下企业合并取得的子公司，在子公司采用的会计政策、会计期间与母公司一致的情况下，编制合并财务报表时，应以有关子公司的个别财务报表为基础，不需要对子公司的个别财务报表进行调整。

12. 错　【解析】在编制合并财务报表时，按照权益法调整对子公司的长期股权投资，但调整工作只能在合并财务报表工作底稿中进行，不得据此改变母公司的账簿记录和个别财务报表列报。

13. 对　【解析】在对长期股权投资按权益法进行调整，确认应享有子公司净损益份额时，对于非同一控制下企业合并取得的子公司，应当根据母公司在购买日设置的备查簿中登记的该子公司有关可辨认资产、负债的公允价值，对子公司的个别财务报表进行调整，使子公司的个别财务报表反映为在购买日公允价值基础上确定的可辨认资产、负债等在本期资产负债表日应有的金额。

14. 错　【解析】根据现行会计准则规定，同一控制下企业合并取得子公司，母公司编制合并资产负债表时，子公司的各项资产、负债及损益应当以账面价值在合并财务报表中列示。非同一控制下企业合并取得子公司，母公司编制合并资产负债表时，子公司的各项可辨认资产、负债及损益应当以公允价值在合并财务报表中列示。

15. 错　【解析】根据现行会计准则规定，"少数股东权益"在合并资产负债表中在"所有者权益"项目下单独列示。

16. 对 【解析】同一控制下企业合并取得的子公司,在抵销子公司所有者权益的同时,应以母公司资本公积(资本溢价或股本溢价)的贷方余额为限,将子公司在合并前实现的留存收益中归属于母公司的份额自"资本公积"转入"盈余公积"和"未分配利润"项目。
17. 错 【解析】同一控制下企业合并取得的子公司在抵销内部股权投资时不会产生商誉。
18. 错 【解析】在连续编制合并财务报表的情况下,上期存在内部应收应付款项,即使本期末未发生内部应收应付款项,也要做相应的抵销处理:一是抵销内部应收账款与应付账款;二是抵销以前期间根据内部应收账款所计提的坏账准备。
19. 错 【解析】因同一控制下企业合并增加的子公司,需调整合并资产负债表的期初数;因非同一控制下企业合并增加的子公司,不调整合并资产负债表的期初数。
20. 错 【解析】母公司因本期投资或追加投资取得的子公司,在企业合并发生当期期末编制合并利润表时,应分别以下两种情况处理:① 因同一控制下企业合并增加的子公司,应当将该公司合并当期期初至报告期末的收入、费用、利润纳入合并利润表,但应当在合并利润表中单列"其中:被合并方在合并前实现的净利润"项目进行反映;② 非同一控制下企业合并增加的子公司,应当将该子公司购买日至报告期末的收入、费用、利润纳入合并利润表。

(四) 计算及会计处理题
1.【答案及解析】
(1) 使用期满时进行清理的情况下,甲公司编制各年度合并会计报表时有关购买使用该设备的抵销分录:
2017 年度:
借:营业收入　　　　　　　　　　　　　　　　　120
　　贷:营业成本　　　　　　　　　　　　　　　　　　84
　　　　固定资产——原价　　　　　　　　　　　　　　36
借:固定资产——累计折旧　　　　　　　　　　　　6
　　贷:管理费用　　　　　　　　　　　　　　　　　　6
借:递延所得税资产　　　　　　　　　　　　　　7.5
　　贷:所得税费用　　　　[(36-6)×25%]　　　　7.5
2018 年度:
借:未分配利润——年初　　　　　　　　　　　　36
　　贷:固定资产——原价　　　　　　　　　　　　　　36
借:固定资产——累计折旧　　　　　　　　　　　　6
　　贷:未分配利润——年初　　　　　　　　　　　　　6
借:固定资产——累计折旧　　　　　　　　　　　12
　　贷:管理费用　　　　　　　　　　　　　　　　　12
借:递延所得税资产　　[(36-6-12)×25%]　　　4.5
　　所得税费用　　　　　　(12×25%)　　　　　3
　　贷:未分配利润——年初　[(36-6)×25%]　　　7.5
2019 年度:
借:未分配利润——年初　　　　　　　　　　　　36
　　贷:固定资产——原价　　　　　　　　　　　　　　36
借:固定资产——累计折旧　　　　　　　　　　　18
　　贷:未分配利润——年初　　　　　　　　　　　　　18
借:固定资产——累计折旧　　　　　　　　　　　12
　　贷:管理费用　　　　　　　　　　　　　　　　　12
借:递延所得税资产　　[(36-6-12-12)×25%]　1.5
　　所得税费用　　　　　　(12×25%)　　　　　3
　　贷:未分配利润——年初　[(36-6-12)×25%]　4.5
2020 年度:
借:未分配利润——年初　　　　　　　　　　　　　6
　　贷:管理费用　　　　　　　　　　　　　　　　　　6
借:所得税费用　　　　　(6×25%)　　　　　　1.5
　　贷:未分配利润——年初　　　　　　　　　　　　　1.5
(2) 2019 年 6 月 20 日提前进行清理的情况下,甲公司编制 2019 年度合并会计报表时有关该设备的抵销分录:
借:未分配利润——年初　　　　　　　　　　　　36
　　贷:资产处置收益　　　　　　　　　　　　　　　36
借:资产处置收益　　　　　　　　　　　　　　　18
　　贷:未分配利润——年初　　　　　　　　　　　　　18

借：资产处置收益　　　　　　　　　　　　　　　　　　6
　　　贷：管理费用　　　　　　　　　　　　　　　　　　　　6
借：所得税费用　　　　　　　　　　　　　　　　　　　4.5
　　　贷：未分配利润——年初　　　　　　　　　　　　　　4.5

2.【答案及解析】
(1) 2018 年抵销分录：
抵销内部股权投资：
借：股本　　　　　　　　　　　　　　　　　　　　　2 500
　　未分配利润——年末　　　　　　　　　　　　　　 －500
　　　贷：长期股权投资　　　　　　　　　　　　　　　　1 600
　　　　　少数股东权益　　　　　　　　　　　　　　　　　400
借：投资收益　　　　　　　　　　　　　　　　　　　 －400
　　少数股东损益　　　　　　　　　　　　　　　　　 －100
　　　贷：未分配利润——年末　　　　　　　　　　　　　 －500
抵销内部应收应付款项：
借：应付账款　　　　　　　　　　　　　　　　　　　3 000
　　　贷：应收账款　　　　　　　　　　　　　　　　　　3 000
借：应收账款——坏账准备　　　　　　　　　　　　　　300
　　　贷：信用减值损失　　　　　　　　　　　　　　　　　300
借：所得税费用　　　　　　　(300×25%)　　　　　　 75
　　　贷：递延所得税资产　　　　　　　　　　　　　　　　75
抵销内部商品交易：
借：营业收入　　　　　　　　　　　　　　　　　　　4 000
　　　贷：营业成本　　　　　　　　　　　　　　　　　　4 000
借：营业成本　　　　　　　　　　　　　　　　　　　　500
　　　贷：存货　　　　　　　　　　　　　　　　　　　　　500
借：递延所得税资产　　　　　(500×25%)　　　　　　125
　　　贷：所得税费用　　　　　　　　　　　　　　　　　　125
借：存货——存货跌价准备　　　　　　　　　　　　　　200
　　　贷：资产减值损失　　　　　　　　　　　　　　　　　200
借：所得税费用　　　　　　　(200×25%)　　　　　　 50
　　　贷：递延所得税资产　　　　　　　　　　　　　　　　 50
抵销内部固定资产交易：
借：营业收入　　　　　　　　　　　　　　　　　　　　300
　　　贷：营业成本　　　　　　　　　　　　　　　　　　　240
　　　　　固定资产——原价　　　　　　　　　　　　　　　 60
借：固定资产——累计折旧　　(60/5×4/12)　　　　　 4
　　　贷：管理费用　　　　　　　　　　　　　　　　　　　　4
借：递延所得税资产　　　　　(56×25%)　　　　　　　14
　　　贷：所得税费用　　　　　　　　　　　　　　　　　　 14

(2) 2019 年抵销分录：
抵销内部股权投资：
借：股本　　　　　　　　　　　　　　　　　　　　　2 500
　　未分配利润——年末　　　　　　　　　　　　　　－1 000
　　　贷：长期股权投资　　　　　　　　　　　　　　　　1 200
　　　　　少数股东权益　　　　　　　　　　　　　　　　　300
借：投资收益　　　　　　　　　　　　　　　　　　　 －400
　　少数股东损益　　　　　　　　　　　　　　　　　 －100
　　未分配利润——年初　　　　　　　　　　　　　　 －500
　　　贷：未分配利润　　　　　　　　　　　　　　　　 －1 000
抵销内部应收应付款项：
借：应收账款——坏账准备　　　　　　　　　　　　　　300
　　　贷：未分配利润——年初　　　　　　　　　　　　　　300

| | | |
|---|---|---|
| 借：信用减值损失 | 300 | |
| 　　贷：应收账款——坏账准备 | | 300 |

抵销内部商品交易：

| | | |
|---|---|---|
| 借：未分配利润——年初 | 500 | |
| 　　贷：营业成本 | | 500 |
| 借：营业收入 | 5 000 | |
| 　　贷：营业成本 | | 5 000 |
| 借：营业成本 | 1 500 | |
| 　　贷：存货 | | 1 500 |
| 借：递延所得税资产　　　[1 500×25％] | 375 | |
| 　　贷：所得税费用　　　　（1 000×25％） | | 250 |
| 　　　　未分配利润——年初 | | 125 |
| 借：存货——存货跌价准备 | 200 | |
| 　　贷：未分配利润——年初 | | 200 |
| 借：存货——存货跌价准备 | 800 | |
| 　　贷：资产减值损失 | | 800 |
| 借：未分配利润——年初　（200×25％） | 50 | |
| 　　所得税费用　　　　　（800×25％） | 200 | |
| 　　贷：递延所得税资产　（1 000×25％） | | 250 |

抵销内部固定资产交易：

| | | |
|---|---|---|
| 借：未分配利润——年初 | 60 | |
| 　　贷：固定资产——原价 | | 60 |
| 借：固定资产——累计折旧 | 4 | |
| 　　贷：未分配利润——年初 | | 4 |
| 借：固定资产——累计折旧 | 12 | |
| 　　贷：管理费用 | | 12 |
| 借：递延所得税资产　　[(60－4－12)×25％] | 11 | |
| 　　所得税费用　　　　　（12×25％） | 3 | |
| 　　贷：未分配利润——年初　（56×25％） | | 14 |

3.【答案及解析】

(1) 调整分录：

| | | |
|---|---|---|
| 借：长期股权投资 | 1 080 | |
| 　　贷：未分配利润——年初　（1 000×60％） | | 600 |
| 　　　　投资收益　　　　　　（800×60％） | | 480 |

(2) 抵销长期股权投资及所有者权益项目：

| | | |
|---|---|---|
| 借：实收资本 | 4 000 | |
| 　　资本公积——年初 | 2 000 | |
| 　　盈余公积——年初　　（1 000×10％） | 100 | |
| 　　盈余公积——年末　　（800×10％） | 80 | |
| 　　未分配利润——年末 | 1 620 | |
| 　　商誉 | 400 | |
| 　　贷：长期股权投资　　（4 000＋1 080） | | 5 080 |
| 　　　　少数股东权益 | | 3 120 |

(3) 抵销投资收益及利润分配项目：

| | | |
|---|---|---|
| 借：投资收益 | 480 | |
| 　　少数股东损益 | 320 | |
| 　　未分配利润——年初 | 900 | |
| 　　贷：提取盈余公积 | | 80 |
| 　　　　未分配利润——年末 | | 1 620 |

(4) 抵销应收账款与应付账款：

| | | |
|---|---|---|
| 借：应付账款 | 600 | |
| 　　贷：应收账款 | | 600 |
| 借：应收账款——坏账准备 | 50 | |
| 　　贷：未分配利润——年初 | | 50 |

借：应收账款——坏账准备　　　　　　　　　　10
　　贷：信用减值损失　　　　　　　　　　　　　　　10
借：所得税费用　　　　　　　(50×25%)　12.5
　　未分配利润——年初　　　(10×25%)　2.5
　　贷：递延所得税资产　　　(60×25%)　　　　　15
(5)抵销内部购销无形资产：
借：未分配利润——年初　　　(500－400)　100
　　贷：无形资产　　　　　　　　　　　　　　　　100
借：无形资产——累计摊销　　　　　　　　10
　　贷：未分配利润——年初　　　　　　　　　　　10
借：无形资产——累计摊销　　　　　　　　10
　　贷：管理费用　　　　　　　　　　　　　　　　10
借：递延所得税资产　　[(100－10－10)×25%]　20
　　所得税费用　　　　　(10×25%)　　2.5
　　贷：未分配利润——年初　(90×25%)　　　　22.5

4.【答案及解析】
(1) 2019 年度编制合并会计报表时与存货相关的抵销分录：
抵销期初存货中未实现的内部销售利润：
借：未分配利润——年初　　　(600×15%)　90
　　贷：营业成本　　　　　　　　　　　　　　　　90
将本期内部销售收入抵销：
本期内部销售收入为 3 000 万元(3 390÷113%)。
借：营业收入　　　　　　　　　　　　　　3 000
　　贷：营业成本　　　　　　　　　　　　　　　3 000
将期末存货中包含的未实现内部销售利润抵销：
期末结存的存货 1 100 万元(600＋3 000－2 500)均为本期购入的存货,因此,期末内部存货中未实现内部销售利润为 220 万元(1 100×20%)。
借：营业成本　　　　　　　　　　　　　　220
　　贷：存货　　　　　　　　　　　　　　　　　220
调整抵销存货中包含的未实现内部销售利润的所得税影响：
借：递延所得税资产　　　　(220×25%)　55
　　贷：所得税费用　　　　　　　　　　　　　32.5
　　　　未分配利润——年初　(90×25%)　　22.5
(2) 甲购入固定资产入账价值为 200＋44＝244(万)。内部固定资产交易的抵销：
抵销固定资产原价中未实现的内部销售利润：
借：营业收入　　　　　　　　　　　　　　200
　　贷：营业成本　　　　　　　　　　　　　　　160
　　　　固定资产——原价　　　　　　　　　　　40
抵销本期多提折旧：
借：固定资产——累计折旧　[(200－160)÷5÷12×9]　6
　　贷：管理费用　　　　　　　　　　　　　　　　6
调整抵销固定资产中包含的未实现内部销售利润的所得税影响：
借：递延所得税资产　　[(40－6)×25%]　8.5
　　贷：所得税费用　　　　　　　　　　　　　　8.5
(3) 内部债券投资的抵销：
抵销债权投资与应付债券：
借：应付债券　　　　　(500＋500×6%×2)　560
　　投资收益　　　　　　　　　　　　　　　4
　　贷：债权投资　　　　　　　　　　　　　　　564
抵销内部债券利息收益和利息费用：
借：投资收益　　　　　(500×6%－8/2)　26
　　贷：财务费用　　　　　　　　　　　　　　　　26

5.【答案及解析】
(1) 编制甲公司 2018 年 12 月 31 日合并乙公司财务报表时按照权益法调整长期股权投资的调整分录：

借：长期股权投资　　　　　　　　　　　　(150×80%)　　120
　　贷：投资收益　　　　　　　　　　　　　　　　　　　　　120

(2) 编制甲公司2018年12月31日合并乙公司财务报表的各项相关抵销分录：

对长期股权投资抵销：
借：股本　　　　　　　　　　　　　　　　　　　　　　800
　　资本公积　　　　　　　　　　　　　　　　　　　　100
　　盈余公积——年初　　　　　　　　　　　　　　　　20
　　　　　　——本年　　　　　　　　　　　　　　　　15
　　未分配利润——年末　　　　　　　　(80+150-15)　215
　　商誉　　　　　　　　　　　　　　(1 000-1 000×80%)　200
　　贷：长期股权投资　　　　　　　　　　(1 000+120)　1 120
　　　　少数股东权益　　　　　　　　　　(1 150×20%)　230

对投资收益抵销：
借：投资收益　　　　　　　　　　　　　　　　　　　　120
　　少数股东损益　　　　　　　　　　　　　　　　　　30
　　未分配利润——年初　　　　　　　　　　　　　　　80
　　贷：提取盈余公积　　　　　　　　　　　　　　　　　　15
　　　　未分配利润——年末　　　　　　　　　　　　　　　215

对A商品交易的抵销：
借：营业收入　　　　　　　　　　　　　　　　　　　　100
　　贷：营业成本　　　　　　　　　　　　　　　　　　　　100

对A商品交易对应的应收账款和坏账准备的抵销：
借：应付账款　　　　　　　　　　　　　　　　　　　　100
　　贷：应收账款　　　　　　　　　　　　　　　　　　　　100
借：应收账款——坏账准备　　　　　　　　　　　　　　10
　　贷：信用减值损失　　　　　　　　　　　　　　　　　　10

购入B商品作为固定资产交易抵销：
借：营业收入　　　　　　　　　　　　　　　　　　　　150
　　贷：营业成本　　　　　　　　　　　　　　　　　　　　100
　　　　固定资产——原价　　　　　　　　　　　　　　　　50
借：固定资产——累计折旧　　　　　　　(50/5/2)　　　5
　　贷：管理费用　　　　　　　　　　　　　　　　　　　　5
借：购建固定资产、无形资产和其他长期资产支付的现金　150
　　贷：销售商品、提供劳务收到的现金　　　　　　　　　　150

对D商品交易的抵销：
借：营业收入　　　　　　　　　　　　　　　　　　　　50
　　贷：营业成本　　　　　　　　　　　　　　　　　　　　50
借：营业成本　　　　　　　　　　　　[(50-30)×80%]　16
　　贷：存货　　　　　　　　　　　　　　　　　　　　　　16
借：购买商品、接受劳务支付的现金　　　　　　　　　　50
　　贷：销售商品、提供劳务收到的现金　　　　　　　　　　50

(3) 编制甲公司2019年12月31日合并乙公司财务报表时按照权益法调整长期股权投资的调整分录：

借：长期股权投资　　　　　　　　　　　　　　　　　　360
　　贷：未分配利润——年初　　　　　　　(150×80%)　　120
　　　　投资收益　　　　　　　　　　　　(300×80%)　　240

(4) 编制甲公司2019年12月31日合并乙公司财务报表的各项相关抵销分录：

对长期股权投资的抵销：
借：股本　　　　　　　　　　　　　　　　　　　　　　800
　　资本公积　　　　　　　　　　　　　　　　　　　　100
　　盈余公积——年初　　　　　　　　　　　　　　　　35
　　　　　　——本年　　　　　　　　　　　　　　　　30
　　未分配利润——年末　　　　　　　　(215+300-30)　485
　　商誉　　　　　　　　　　　　　　(1 000-1 000×80%)　200
　　贷：长期股权投资　　　　　　　　(1 000+120+240)　1 360
　　　　少数股东权益　　　　　　　　　　(1 450×20%)　290

对投资收益抵销：
借：投资收益　　　　　　　　　（300×80%）　　240
　　少数股东损益　　　　　　　（300×20%）　　60
　　未分配利润——年初　　　　　　　　　　　 215
　　贷：提取盈余公积　　　　　　　　　　　　　　　　30
　　　　未分配利润——年末　　　　　　　　　　　　 485
对 A 商品交易产生的坏账准备抵销：
借：应收账款——坏账准备　　　　　　　　　　10
　　贷：未分配利润——年初　　　　　　　　　　　　10
借：信用减值损失　　　　　　　　　　　　　　10
　　贷：应收账款——坏账准备　　　　　　　　　　　10
借：购买商品、接受劳务支付的现金　　　　　100
　　贷：销售商品、提供劳务收到的现金　　　　　　 100
对 B 商品购入作为固定资产交易抵销：
借：未分配利润——年初　　　　　　　　　　50
　　贷：固定资产——原价　　　　　　　　　　　　　50
借：固定资产——累计折旧　　　　　　　　　　5
　　贷：未分配利润——年初　　　　（50/5/2）　　　5
借：固定资产——累计折旧　　　　　　　　　10
　　贷：管理费用　　　　　　　　　（50/5）　　　10
对 D 商品交易抵销：
借：未分配利润——年初　　　　［(50-30)×80%］　 16
　　贷：营业成本　　　　　　　　　　　　　　　　 16

## 第六章　租　赁

**(一) 单项选择题**

1. C 【解析】租赁是指在约定的期间内，出租人将资产使用权让与承租人，以获取租金的协议。
2. C 【解析】在租赁期届满时，租赁资产的所有权转移给承租人的租赁属于融资租赁，但租赁资产的所有权未转移给承租人的租赁也可能是融资租赁。
3. C 【解析】资产处置总收益＝800－(1 000－400)＝200(万元)
   使用权资产的入账价值＝(1 000－400)×(200×2.723 2)/800＝408.48(万元)
   售后租回应确认的资产处置损益＝200×(1－408.48/600)＝63.84(万元)
4. A 【解析】使用权资产入账价值以租赁付款额的现值为基础，不需要考虑租赁资产公允价值因素。
5. B 【解析】出租人应当采用实际利率法计算确认当期的融资收益。
6. C 【解析】入账价值＝660＋22＝682(万元)。
7. C 【解析】可变租赁付款额，是指承租人为取得在租赁期内使用租赁资产的权利，向出租人支付的因租赁期开始日后的事实或情况发生变化(而非时间推移)而变动的款项。
8. C 【解析】租赁付款额(承租人)＝租金＋与承租人相关担保责任支出余值＝140×5＋5＝705(万元)。
9. C 【解析】租赁收款额(出租人)＝租金＋与承租人相关担保余值＋与承租人和出租人均无关的担保余值＝140×5＋70＋60＝830(万元)。
10. B 【解析】每年的租金收入(直线法)＝累计总租金/租赁期＝(54＋38＋46＋42＋48)/6＝228/6＝38(万元)。
11. C 【解析】应根据将租赁付款额折现的利率，即增加同期银行贷款利率计算租金利息费用。
12. C 【解析】在租赁期开始日，承租人应当将租赁付款额现值作为使用权资产的入账价值，租赁付款额的现值＝300×5.971 3＝1 791.39(万元)。
13. B 【解析】短期租赁的固定资产不确认使用权资产，不计提折旧。
14. A 【解析】折旧期的规定：如果退回租赁资产，折旧期只能是租赁期；如果租赁资产转让给承租人，折旧期就是资产的可使用年限。
15. D 【解析】承租人在租赁中发生的初始直接费用计入使用权资产入账价值。
16. D 【解析】入账价值：租赁付款额现值＋达到预定可使用状态之前的支出＝660＋30＝690(万元)
    应折旧的总额：入账价值＝690(万元)
    折旧期：租赁期 6 年
    折旧开始的时间：当月开始计提折旧

2×19年计提6个月的折旧额：690/6×6/12＝57.5(万元)
17. B 【解析】资产减值准备的计提方法一经确定,不得随意变更。
18. B 【解析】甲公司租期只有6个月,可以作为短期租赁进行处理,不确认使用权资产和租赁负债,只需确认租金费用。甲公司每个月应确认的租金费用(直线法)＝累计总租金/租赁期＝(54＋38＋46＋42＋48)/6＝228/6＝38(万元)
19. C 【解析】2×19年影响利润总额的金额＝租金收入－分摊初始直接费用＝(54＋38＋46＋42＋48)/6－24/6＝38－4＝34万元
20. D 【解析】短期租赁,是指在租赁期开始日,租赁期不超过12个月的租赁。

(二)多项选择题
1. AB 【解析】担保余值,就承租人而言,是指由承租人或与其有关一方担保的资产余值;就出租人而言,是指就承租人而言的担保余值加上在财务上有能力担保的、独立的第三方担保的资产余值。其中,资产余值是指在租赁开始日估计的租赁期届满时租赁资产的公允价值。
2. ABCD 【解析】租赁收款额包括：(1)承租人需支付的固定付款额及实质固定付款额,存在租赁激励的,扣除租赁激励相关金额;(2)取决于指数或比率的可变租赁付款额,该款项在初始计量时根据租赁期开始日的指数或比率确定;(3)购买选择权的行权价格,前提是合理确定承租人将行使该选择权;(4)承租人行使终止租赁选择权需支付的款项,前提是租赁期反映出承租人将行使终止租赁选择权;(5)由承租人、与承租人有关的一方以及有经济能力履行担保义务的独立第三方向出租人提供的担保余值。
3. BC 【解析】选项B,租赁期为3年,租赁期占租赁资产使用寿命的比例为3/7×100％＝42.9％,不符合融资租赁认定的标准,因此该项租赁认定为经营租赁;选项C,该项设备已使用8年,已使用年限超过了可使用年限的75％(8/10×100％＝80％),所以,该项租赁认定为经营租赁。
4. ABDE 【解析】选项C,承租人对经营租赁下涉及基于利率之外的其他变量可变租赁付款额,应在实际发生时直接计入当期损益,故选项C不正确。
5. ABC 【解析】在租赁期开始日,承租人应当将租赁付款额现值和初始直接费用作为租入资产的入账价值。租赁内含利率和各期应支付的租金会影响租赁付款额现值,从而影响承租使用权资产的入账价值。选项D,基于利率之外的其他变量可变租赁付款额不影响租赁付款额,所以也不会影响租赁资产的入账价值。
6. ABCE 【解析】出租人提供免租期的,承租人应将租金总额在不扣除免租期的整个租赁期内,按直线法或其他合理的方法进行分摊,免租期内应当确认租金费用及相应的负债。
7. ADE 【解析】选项B,融资租出的固定资产由承租人计提折旧。选项C,短期租赁采用简便方法进行会计处理,不提折旧。
8. ABCDE 【解析】上述5个选项都符合融资租赁具体标准。
9. BCDE 【解析】租赁内含利率,是指在租赁开始日,使租赁收款额的现值与未担保余值的现值之和等于租赁资产公允价值与出租人的初始直接费用之和的折现率。
10. ABCE 【解析】选项D不正确,资产已使用年限占资产全新时可使用年限的比例超过75％,仅从这个比例无法判断出该租赁是否属于融资租赁。

(三)判断题
1. 错 【解析】融资租出的固定资产由承租人计提折旧。
2. 对 【解析】租赁准则规定,如果能够合理确定租赁期届满时承租人将会取得该租赁资产的所有权,即可认为承租人拥有该项资产的全部使用寿命,因此,应以租赁开始日租赁资产的寿命作为折旧期间。
3. 错 【解析】售后租回满足收入标准时,仅将转移给买方(出租方)部分对应的销售利得或损失确认为当期损益。
4. 错 【解析】在出租人提供了免租期的情况下,对于短期租赁或者低值租赁而言,应将租金总额在整个租赁期内,而不是在租赁期扣除免租期后的期间内按直线法或其他合理的方法进行分摊,免租期内应确认租金费用。对于非短期租赁或非低值租赁而言,应确认使用权资产与租赁负债。
5. 对 【解析】我国准则规定,承租人可以将短期租赁资产和低价值租赁资产不确认使用权资产和租赁负债,有关租金在实际发生时计入当期损益。
6. 错 【解析】短期租赁资产活动中发生的初始直接费用都在其实际发生时计入当期损益;而非短期租赁资产活动中发生的初始直接费用则计入使用权资产的入账价值。
7. 错 【解析】租赁收款额是指租赁开始日能够预计的、租赁期内出租人能够收到的各种款项,它与租赁付款额的构成不太一致。
8. 错 【解析】承租人对租赁的固定资产应确认为使用权资产(短期租赁或低值租赁除外),在租赁期间计提折旧。
9. 错 【解析】租赁期占租赁开始日租赁资产使用寿命的75％以上(含75％)。此标准强调的是租赁期占租赁资产尚可使用寿命的比例,而非租赁期占该项资产全部可使用年限的比例。
10. 对 【解析】承租人因租赁而支付的租金包括融资成本的偿还和当期应承担的利息。

(四)计算及会计处理题
1.【答案及解析】承租人(甲公司)租赁期的会计处理：

(1) 识别租赁合同。

甲公司有权在 3 年内使用生产设备。已识别的资产为全新生产设备,甲公司实质上有权获得 3 年内使用生产设备而产生的全部经济利益,故,此合同为租赁。

(2) 计算租赁付款额及其现值,确定租赁负债的入账价值。

租赁付款额＝各期固定租金之和＋租赁期满优惠购置款＝300＋400＋20＝720(万元)。

租赁付款额的现值＝300×(P/F,6%,1)＋400×(P/F,6%,2)＋20×(P/F,6%,3)
=300×0.943 4＋400×0.89＋20×0.836 92
=283.02＋356＋16.738 4＝639.02＋16.738 4＝655.758 4(万元)

(3) 2×19 年 12 月 15 日会计处理。

借:使用权资产　　　　　　　　　　　　　　6 557 584
　　贷:租赁负债　　　　　　　　　　　　　　　　6 557 584

(4) 2×20 年 12 月 31 日、2×21 年 12 月 31 日支付租金的会计处理。

首先,在租赁期内采用实际利率法计算租金利息费用,见下表:

**租赁利息费用计算表(实际利率法)**　　　　　　　　　　　　　单位:元

| 日期① | 租赁付款额② | 利息费用③＝期初⑤×6% | 应付本金的减少额④＝②－③ | 应付本金余额期末⑤＝期初⑤－④ |
|---|---|---|---|---|
| (1) 2×20.1.1 | | | | 6 557 584 |
| (2) 2×20.12.31 | 3 000 000 | 393 455 | 2 606 545 | 3 951 039 |
| (3) 2×21.12.31 | 4 000 000 | 237 062 | 3 762 938 | 188 101 |
| (4) 2×22.12.31 | 200 000 | 11 899 | 188 101 | 0 |
| 合计 | 7 200 000 | | | |

＊ 2×21.12.31,先归还尚未支付的本金 188 101 元,然后,倒挤本年利息 11 899 元(200 000－188 101)。

(5) 2×20 年 12 月 31 日的相关会计处理。

计提利息费用:

借:财务费用　　　　　　　　　　　　　　　393 455　　(租赁负债的摊余成本×实际利率＝6 557 584×6%)
　　贷:租赁负债　　　　　　　　　　　　　　　　393 455

支付租金:

借:租赁负债　　　　　　　　　　　　　　　3 000 000
　　贷:银行存款　　　　　　　　　　　　　　　　3 000 000

2×20 年 12 月 31 日,计提折旧

借:制造费用　　　　　　　　　　　　　　　819 698　　(6 557 584/8＝819 698)
　　贷:使用权资产累计折旧　　　　　　　　　　　819 698

(6) 2×21 年 12 月 31 日的相关会计处理。

确认利息费用:

借:财务费用　　　　　　　　　　　　　　　237 062
　　贷:租赁负债　　　　　　　　　　　　　　　　237 062

2×21 年 12 月 31 日,支付租金 4 000 000 元会计处理

借:租赁负债　　　　　　　　　　　　　　　4 000 000
　　贷:银行存款　　　　　　　　　　　　　　　　4 000 000

计提折旧

借:制造费用　　　　　　　　　　　　　　　819 698　　(6 557 584/8＝819 698)
　　贷:使用权资产累计折旧　　　　　　　　　　　819 698

(7) 2×22 年 12 月 31 日的相关会计处理。

确认优惠留购款的利息费用

租赁付款额的期初摊余成本:188 101(元)

优惠留购款:200 000(元)

利息费用:200 000－188 101＝11 899(元)

借:财务费用　　　　　　　　　　　　　　　11 899
　　贷:租赁负债　　　　　　　　　　　　　　　　11 899

支付优惠留购款

| | | |
|---|---|---|
| 借：租赁负债 | 200 000 | |
|     贷：银行存款 | | 200 000 |

计提折旧

| | | |
|---|---|---|
| 借：制造费用 | 819 698 | （6 557 584/8＝819 698） |
|     贷：使用权资产累计折旧 | 819 698 | |

2×21年12月31日，将使用权资产转为自有资产

| | | |
|---|---|---|
| 借：固定资产 | 6 557 584 | |
|     贷：使用权资产 | | 6 557 584 |
| 借：使用权资产累计折旧 | 2 459 094 | |
|     贷：累计折旧 | | 2 459 094 |

2.【答案及解析】

| 年　度 | 会计分录（单位：万元） |
|---|---|
| 第1年年初预收租金 | 借：银行存款　　　　　　　　　200<br>　贷：预收账款/应收账款　　　　　200 |
| 第1～5年收取租金并确认租金收入 | 借：银行存款　　　　　　　　　10<br>　　预收账款/应收账款　　　　　40（借贷平衡数）<br>　贷：主营业务收入　　　　　　　300/6＝50 |
| 第6年收租金并确认租金收入 | 借：银行存款　　　　　　　　　50<br>　贷：主营业务收入　　　　　　　50 |

3.【答案及解析】

(1) 甲设备的公允价值为1 200万元时，即销售价格＝公允价值。

租赁期开始日的会计分录

第一步，计算租赁付款的现值。

租赁付款额现值＝2 500 000×(P/A,6%,5)＝2 500 000×4.212 36＝10 530 900（元）。

第二步，计算使用权资产的入账价值。

使用权资产的入账价值＝租赁资产账面价值×（租赁付款额现值/租赁资产公允价值）＝9 000 000×（10 530 900/12 000 000）＝7 898 175（元）。

第三步，计算资产销售利得（或）损失，即已转让给B公司部分才能确认为当期损益。

**售后回租公允价值分配表（按照公允价值销售）**　　　　　　　　　　　　单位：元

| | 总　　额 | 归属于A公司 | 归属于B公司 |
|---|---|---|---|
| 公允价值（销售对价）分摊 | 12 000 000 | 10 530 900 | 1 469 100 |
| 账面价值（依公允价值分摊） | 9 000 000 | 7 898 175 | 1 101 825 |
| 销售利得或损失（依公允价值分摊） | 3 000 000 | 2 632 725 | 367 275 |

根据上述分摊金额，A公司可做如下会计分录：

| | | |
|---|---|---|
| 借：银行存款 | 12 000 000 | |
|     累计折旧 | 500 000 | |
|     使用权资产 | 7 898 175 | [9 000 000×(10 530 900/12 000 000)] |
|   贷：固定资产 | | 9 500 000 |
|       租赁负债 | | 10 530 900 |
|       资产处置损益 | | 367 275　　[3 000 000×(1 101 825/9 000 000)] |

(2) 甲设备的公允价值为1 000万元时，即销售价格＞公允价值。

租赁期开始日的会计分录

第一步，计算租赁付款的现值。

租赁付款额现值＝2 500 000×(P/A,6%,5)＝2 500 000×4.212 36＝10 530 900（元）。

销售价格超出公允价值2 000 000元（1 200万元－1 000万元）可被认定为B公司给予A公司额外的融资额度，A公司实际支付的租赁款（即归属于A公司的公允价值）为8 530 900元（10 530 900－2 000 000），相应的，归属于B公司的销售价格（公允价值）部分为1 469 100元（10 000 000－8 530 900）。在此基础上可以将账面金额与销售利得在A公司与B公司间

进行分配。其中归属于 A 公司的销售对价与账面金额部分,从本质上讲是由 A 公司保留而未转移出去的资产价值部分,因此 A 公司不能确认归属于自身的销售利得,而只确认归属于 B 公司的销售利得。

第二步,计算使用权资产的入账价值。

使用权资产的入账价值＝租赁资产账面价值×(租赁付款额现值/租赁资产公允价值)＝9 000 000×(8 530 900/10 000 000)＝7 677 810(元)。

第三步,计算资产销售利得(或)损失,即已转让给 B 公司部分才能确认为当期损益。

售后回租公允价值分配表(按照公允价值销售)　　　　　　　　　　　单位:元

| | 总　　额 | 归属于 A 公司 | 归属于 B 公司 |
|---|---|---|---|
| 公允价值(销售对价)分摊 | 10 000 000 | 8 530 900 | 1 469 100 |
| 账面价值(依公允价值分摊) | 9 000 000 | 7 677 810 | 1 322 190 |
| 销售利得或损失(依公允价值分摊) | 1 000 000 | 853 090 | 146 910 |

根据上述分摊金额,A 公司可做如下会计分录:

借:银行存款　　　　　　　　　　　　12 000 000
　　累计折旧　　　　　　　　　　　　　　500 000
　　使用权资产　　　　　　　　　　　7 677 810　　[9 000 000×(8 530 900/10 000 000)]
　贷:固定资产　　　　　　　　　　　　9 500 000
　　　租赁负债　　　　　　　　　　　　8 530 900
　　　长期应付款　　　　　　　　　　　2 000 000
　　　资产处置损益　　　　　　　　　　　146 910　　[1 000 000×(1 322 190/9 000 000)]

(3) 甲设备的公允价值为 1 300 万元时,即销售价格＜公允价值。

租赁期开始日的会计分录

第一步,计算租赁付款的现值。

租赁付款额现值＝2 500 000×(P/A,6%,5)＝2 500 000×4.212 36＝10 530 900(元)。

租赁付款额现值 10 530 900 元可以代表归属于 A 公司的公允价值部分。销售价格低于公允价值 1 000 000 元,可被认定为 A 公司提前向 B 公司支付了租赁款,因此 A 公司的租赁款共计为 11 530 900(10 530 900+1 000 000),而归属于 B 公司的公允价值则为 169 100 元(13 000 000－11 530 900)。

在此基础上可以将账面金额与销售利得在 A 公司与 B 公司间进行分配。其中归属于 A 公司的销售对价与账面金额部分,从本质上讲是由 A 公司保留而未转移出去的资产价值部分,因此 A 公司不能确认归属于自身的销售利得,而只确认归属于 B 公司的销售利得。

第二步,计算使用权资产的入账价值。

使用权资产的入账价值＝租赁资产账面价值×(租赁付款额现值/租赁资产公允价值)＝9 000 000×(11 530 900/13 000 000)＝7 982 930(元)。

第三步,计算资产销售利得(或)损失,即已转让给 B 公司部分才能确认为当期损益。

售后回租公允价值分配表(按照公允价值销售)　　　　　　　　　　　单位:元

| | 总　　额 | 归属于 A 公司 | 归属于 B 公司 |
|---|---|---|---|
| 公允价值(销售对价)分摊 | 13 000 000 | 11 530 900 | 169 100 |
| 账面价值(依公允价值分摊) | 9 000 000 | 7 982 930 | 1 017 070 |
| 销售利得或损失(依公允价值分摊) | 4 000 000 | 3 547 970 | 452 030 |

根据上述分摊金额,A 公司可做如下会计分录:

借:银行存款　　　　　　　　　　　　12 000 000
　　累计折旧　　　　　　　　　　　　　　500 000
　　使用权资产　　　　　　　　　　　7 982 930
　贷:固定资产　　　　　　　　　　　　9 500 000
　　　租赁负债　　　　　　　　　　　10 530 900
　　　资产处置损益　　　　　　　　　　　452 030

(五) 案例分析题

(1) 甲公司应对此合同进行分析,从而确定此合同是否为一项租赁。

合同中,明确规定了甲公司使用推土机、卡车和长臂挖掘机,因此,存在已识别资产,此外,甲公司可从单独使用这三项设备中的每一项,或将其与易于获得的其他资源一起使用中获利,因此,此合同是一项租赁。

(2)甲公司的会计处理:

假设甲公司未采用简化处理,将非租赁部分(维护服务)与租入的各项设备分别进行会计处理。甲公司租入的推土机、卡车和长臂挖掘机分别属于单独租赁,原因如下:① 甲公司可从单独使用这三项设备中的每一项,或将其与易于获得的其他资源一起使用中获利(例如,甲公司易于租入或购买其他卡车或挖掘机用于其采矿业务);② 尽管甲公司租入这三项设备只有一个目的(即从事采矿业务),但这些设备不存在高度依赖或高度关联关系。因此,合同中存在三个租赁部分和对应的三个非租赁部分(维护服务)。甲公司将合同对价分摊至三个租赁部分和非租赁部分。

市场上,推土机和卡车维护服务的可观察单独价格分别为 160 000 元和 80 000 元。根据乙公司提供长臂挖掘机维护服务的市场价格,甲公司估计长臂挖掘机维护服务的单独价格为 280 000 元。因此,维护服务的价格一共为 520 000 元。

甲公司将合同固定对价 3 000 000 元分摊至租赁和非租赁部分的情况如下表所示。

**合同固定对价分摊情况** 金额单位:元

| 项 目 | | | | 合 计 |
|---|---|---|---|---|
| 可观察的单独价格: | 租赁 | 推土机:900 000 | 卡车:580 000 | 长臂挖掘机:1 200 000 | 2 680 000 |
| | 非租赁(维护服务) | | | | 520 000 |
| | 合计 | | | | 3 200 000 |
| | 固定对价总额 | | | | 3 000 000 |
| | 分摊率(%) | | | | 93.75 |

按照准则规定,甲公司按照推土机、卡车、长骨挖掘机这三个租赁部分单独价格 900 000 元、580 000 元、1 200 000 元和非租赁部分的单独价格之和 520 000 元的相对比例,来分摊合同对价。然后分别按照租赁和购买服务进行会计处理。

# 第七章 非货币性资产交换

**(一)单项选择题**

1. C 【解析】货币性资产,是指企业持有的货币资金和收取固定或可确定金额货币资金的权利,包括现金、银行存款、应收账款和应收票据以及准备持有以收取合同现金流量的债券投资等。A、B、D 均属于非货币性资产。

2. D 【解析】非货币性资产交换指交易双方以非货币性资产进行的交换,这种交换不涉及或仅涉及少量的货币性资产(即补价)。选项 A 和 C 均属于货币性资产和非货币性资产的交换,选项 B 属于偿债。

3. D 【解析】非货币性资产交换在具有商业实质且公允价值能够可靠计量时,应确认资产转让损益,而与收支补价无关。

4. B 【解析】在换出资产的公允价值不能可靠计量时,应以换入资产的公允价值为基础确定换入资产的入账价值。甲企业换入的原材料的入账价值=50 000+60 000=110 000(元)。

5. D 【解析】该交换补价占交换资产的价值的比例为 5/40<25%,属于非货币性资产交换。该交换具有商业实质,应采用公允价值计量。A 公司换入乙设备的入账价值=40-5=35(万元)。

6. A 【解析】在交换具有商业实质且公允价值能够可靠计量时,非货币性资产交换应该确认资产转让损益。

7. D 【解析】该交换不具有商业实质,应该采用账面价值计量。A 公司换入乙设备的入账价值=80-32-4+4=48(万元)。

8. C 【解析】选项 A,在非货币性资产交换具有商业实质且公允价值能够可靠计量的情况下,才需要确认换出资产的非货币性资产交换利得或损失。选项 B,涉及多项资产的非货币性资产交换也可能按照账面价值的比例或其他合理方法进行分配。选项 D,不具有商业实质的非货币性资产交换中,一般纳税人的增值税对换入或换出资产的入账价值可能有影响。

9. A 【解析】该交换不具有商业实质,因此交易双方不应确认资产交换损益。

10. D 【解析】A 公司应确认的资产转让收益=80-(100-20-10)=10(万元)。

11. A 【解析】选项 A,75÷(270+75)=21.74%,小于 25%,属于非货币性资产交换。选项 B,80÷(200+80)=28.57%,大于 25%;选项 C,160÷(320+160)=33.33%,大于 25%;选项 D,属于货币性资产与非货币性资产交换,不属于非货币性资产交换。

12. B 【解析】存货和固定资产未来现金流量的时间不同,该交易具有商业实质。甲公司换入设备入账价值=换出资产公允价值 300-收到补价 20=280 万元(补价不含增值税),对损益的影响=300-200=100(万元)。

**(二)多项选择题**

1. AD 【解析】非货币性资产交换,是指交易双方以非货币性资产进行的交换,这种交换不涉及或只涉及少量的货币性资产。银行汇票、银行本票和应收票据(商业汇票)均属于货币性资产。

2. AD 【解析】银行存款和其他应收款属于货币性资产。

3. ADE 【解析】在计算公式中,分子为补价,分母是整个交易金额,收到补价方即为换出资产的公允价值,支付补价方可以是换入资产的公允价值,也可以是支付的补价加上换出资产的公允价值,因此,选项B,C为错误。

4. ABCDE 【解析】满足下列条件之一的非货币性资产交换具有商业实质:① 换入资产的未来现金流量在风险、时间和金额方面与换出资产显著不同。② 换入资产产生的预计未来现金流量现值与换出资产不同,且其差额与换入资产和换出资产的公允价值相比是重大的。

5. CD 【解析】非货币性资产交换同时满足下列条件的,应当以公允价值和应支付的相关税费作为换入资产的成本,公允价值与换出资产账面价值的差额计入当期损益:该项交换具有商业实质;换入资产或换出资产的公允价值能够可靠地计量。

6. BDE 【解析】非货币性资产交换以公允价值为计量基础时,若换出资产为固定资产的,则换出资产公允价值和换出资产账面价值的差额,计入资产处置损益;若为金融资产,可计入投资收益或留存收益。

7. BCD 【解析】非货币性资产交换同时满足下列条件时,应当以公允价值和应支付的相关税费作为换入资产的成本,公允价值与换出资产账面价值的差额计入当期损益:① 该项交换具有商业实质;② 换入资产或换出资产的公允价值能够可靠地计量。换入资产和换出资产公允价值均能可靠计量的,应当以换出资产的公允价值作为确定换入资产成本的基础,但有确凿证据表明换入资产的公允价值更加可靠的除外。

8. DE 【解析】货币性资产的特点是将来产生的经济利益的金额是固定或可确定的。

9. AD 【解析】采用账面价值计量时,不确认换出资产的损益,因此选项B不正确;选项C不正确,应以公允价值为基础确定换入资产的分配比例;E不正确,如果存在税费以及其他影响因素,会导致不一致。

10. ABD 【解析】D选项,支付的补价占换出资产公允价值及补价之和的比=28/(100+28)=22%,判断为非货币性交易;E选项,收到的补价与换出资产公允价值的比=28/100=28%,判断为货币性交易。

11. ABCD 【解析】选项E,是否支付补价与是否确认损益没有关系。非货币性资产交换在按照账面价值计量时,无论是否收付补价,均不确认损益;非货币性资产交换在按照公允价值计量的情况下,不论是否收付补价,均应将换出资产公允价值与其账面价值的差额计入当期损益。

12. ABCDE 【解析】上述选项均正确。

(三) 判断题

1. 错 【解析】以收取合同现金流量为管理目标的债券投资才属于货币性资产,其他属于非货币性资产。

2. 错 【解析】存货之间的交换不一定具有商业实质。

3. 错 【解析】投资性房地产的公允价值应计入其他业务收入,账面价值应转入其他业务支出,固定资产、无形资产的公允价值与账面价值的差额计入资产处置损益。

4. 对 【解析】不具有商业实质的非货币性资产交换,应该采用账面价值计量,补价调整换入资产的入账价值。

5. 对 【解析】不具有商业实质时,应采用账面价值计量。在同时换入多项资产的情况下,确定各项换入资产的入账价值时,需要按照换入各项资产的公允价值占换入资产公允价值总额的比例,确定各项换入资产的成本。

6. 对 【解析】不论采用公允价值计量还是账面价值计量,企业为换入资产发生的相关税费,都应计入换入资产的入账价值。

7. 对 【解析】非货币性资产交换可以涉及少量的货币性资产,但货币性资产占整个资产交换金额的比例最高不能超过25%(不含25%)。

8. 对 【解析】非货币性资产交换具有商业实质、如果换入资产的公允价值能够可靠计量,应采用公允价值计量。如果换出资产的公允价值不能可靠计量,应以换入资产的公允价值为基础确定换入资产的总成本。

9. 对 【解析】非货币性资产交换不具有商业实质或换入资产和换出资产的公允价值均不能可靠计量的,应采用账面价值计量。换入资产的成本应以换出资产的账面价值为基础来确定。

10. 错 【解析】所有的股票投资均属于非货币性资产。

11. 错 【解析】非货币性资产交换是指交易双方以非货币性资产进行的交换,交换中可以涉及少量的货币性资产(即补价)。

12. 对 【解析】非货币性资产交换中,补价直接调整换入资产的入账价值。

(四) 计算及会计处理题

1.【答案及解析】

乙支付的49 200元包含增值税补差29 200元,补价为20 000元。补价20 000元占交换资产公允价值400 000元的比例为5%,小于25%,因此,该交易属于非货币性资产交换。

(1) 在第一种假设下,由于该交易具有商业实质,因此应该采用公允价值进行计量。

甲公司的会计处理如下:

甲公司换入专利的成本=400 000−20 000=380 000(元)

① 借:固定资产清理                  340 000
      固定资产减值准备             40 000

| 　　累计折旧 | 220 000 | |
|---|---|---|
| 　　　贷：固定资产 | | 600 000 |

② 借：银行存款　　　　　　　　　　　　　　49 200
　　　无形资产　　　　　　　　　　　　　　380 000
　　　应交税费——应交增值税（进项税额）　22 800
　　　贷：固定资产清理　　　　　　　　　　　　　　340 000
　　　　　应交税费——应交增值税（销项税额）　　　52 000
　　　　　资产处置损益　　　　　　　　　　　　　　60 000

乙公司的会计处理如下：
借：固定资产——设备　　　　　　　　　　　400 000
　　应交税费——应交增值税（进项税额）　　52 000
　　累计摊销　　　　　　　　　　　　　　　150 000
　　贷：无形资产　　　　　　　　　　　　　　　　500 000
　　　　应交税费——应交增值税（销项税额）　　　　22 800
　　　　资产处置损益　　　　　　　　　　　　　　　30 000
　　　　银行存款　　　　　　　　　　　　　　　　　49 200

(2) 在第二种假设下，由于该交易不具有商业实质，因此应该采用账面价值进行计量。
甲公司的会计处理如下：
甲公司换入专利的成本=600 000-220 000-40 000-20 000=320 000(元)
① 借：固定资产清理　　　　　　　　　　　　340 000
　　　固定资产减值准备　　　　　　　　　　40 000
　　　累计折旧　　　　　　　　　　　　　　220 000
　　　贷：固定资产　　　　　　　　　　　　　　　　600 000

② 借：银行存款　　　　　　　　　　　　　　49 200
　　　无形资产　　　　　　　　　　　　　　320 000
　　　应交税费——应交增值税（进项税额）　22 800
　　　贷：固定资产清理　　　　　　　　　　　　　　340 000
　　　　　应交税费——应交增值税（销项税额）　　　52 000

乙公司的会计处理如下：
借：固定资产——设备　　　　　　　　　　　370 000
　　应交税费——应交增值税（进项税额）　　52 000
　　累计摊销　　　　　　　　　　　　　　　150 000
　　贷：无形资产　　　　　　　　　　　　　　　　500 000
　　　　应交税费——应交增值税（销项税额）　　　　22800
　　　　银行存款　　　　　　　　　　　　　　　　　49 200

2.【答案及解析】
(1) 补价为10万元，占交换资产价值50万元的比例为20%，低于25%，属于非货币性资产交换。
甲公司换入设备的成本=400 000+100 000+10 000=510 000(元)
借：固定资产　　　　　　　　　　　　　　　510 000
　　应交税费——应交增值税（进项税额）　　65 000
　　贷：主营业务收入　　　　　　　　　　　　　　400 000
　　　　应交税费——应交增值税（销项税额）　　　52 000
　　　　银行存款　　　　　　　　　　　　　　　　123 000
借：主营业务成本　　　　　　　　　　　　　360 000
　　存货跌价准备　　　　　　　　　　　　　20 000
　　贷：库存商品　　　　　　　　　　　　　　　　380 000
借：税金及附加　　　　　　　　　　　　　　40 000
　　贷：应交税费——应交消费税　　　　　　　　　40 000

(2) 补价为10万元，10/(10+190)=4%<25%，属于非货币性资产交换。
换入资产入账价值总额=190+10+10=210(万元)
设备公允价值占换入资产公允价值总额的比例=50/(50+150)×100%=25%
无形资产公允价值占换入资产公允价值总额的比例=150/(50+150)×100%=75%
则换入设备的入账价值=210×25%=52.5(万元)
换入无形资产的入账价值=210×75%=157.5(万元)

| 借：固定资产——设备 | 525 000 | |
| --- | --- | --- |
| 　　应交税费——应交增值税（进项税额） | 170 000 | |
| 　　无形资产 | 1 575 000 | |
| 　　长期股权投资减值准备 | 200 000 | |
| 　　投资收益 | 200 000 | |
| 　　　贷：长期股权投资 | | 2 300 000 |
| 　　　　银行存款 | | 370 000 |
| 借：其他综合收益 | 400 000 | |
| 　　贷：投资收益 | | 400 000 |

(3) 补价2万元，2/42＜25%，因此该交换为非货币性资产交换。

甲公司换入商品的成本=420 000－20 000=400 000（元）

| 借：库存商品 | 400 000 | |
| --- | --- | --- |
| 　　应交税费——应交增值税（进项税额） | 52 000 | |
| 　　贷：其他权益工具投资——成本 | | 320 000 |
| 　　　　　　　　　　　　——公允价值变动 | | 60 000 |
| 　　　　留存收益 | | 40 000 |
| 　　　　银行存款 | | 32 000 |
| 借：其他综合收益 | 60 000 | |
| 　　贷：留存收益 | | 60 000 |

3.【答案及解析】（单位：万元）

补价200/交换资产的价值总额2 200＜25%，因此，该交易属于非货币性资产交换，并且应该采用公允价值进行计量。

(1) 计算双方换入资产的总成本：

甲公司换入资产的总成本=2 000+200=2 200（万元）

乙公司换入资产的总成本=2 200－200=2 000（万元）

(2) 计算双方换入的各项资产的入账价值：

甲公司的各项资产的入账价值：

换入的原材料应分配的价值=400/2 200×2 200=400（万元）

换入的固定资产应分配的价值=1 800/2 200×2 200=1 800（万元）

乙公司的各项资产的入账价值：

换入的库存商品应分配的价值=300/2 000×2 000=300（万元）

换入的股权投资应分配的价值=1 000/2 000×2 000=1 000（万元）

换入的无形资产应分配的价值=700/1 000×1 000=700（万元）

(3) 编制相关的会计分录：

甲公司的账务处理：

| 借：原材料 | 400 | |
| --- | --- | --- |
| 　　固定资产 | 1 800 | |
| 　　应交税费——应交增值税（进项税额） | 214 | |
| 　　累计摊销 | 300 | |
| 　　贷：主营业务收入 | | 300 |
| 　　　　应交税费——应交增值税（销项税额） | | 39 |
| 　　　　长期股权投资 | | 800 |
| 　　　　投资收益 | | 200 |
| 　　　　无形资产 | | 800 |
| 　　　　应交税费——应交增值税（销项税额） | | 42 |
| 　　　　资产处置损益 | | 200 |
| 　　　　银行存款 | | 333 |
| 借：主营业务成本 | 200 | |
| 　　贷：库存商品 | | 200 |

乙公司的账务处理：

| 借：固定资产清理 | 1 200 | |
| --- | --- | --- |
| 　　累计折旧 | 300 | |
| 　　贷：固定资产 | | 1 500 |
| 借：库存商品 | 300 | |
| 　　长期股权投资 | 1 000 | |

| 无形资产 | 700 | |
|---|---|---|
| 应交税费——应交增值税(进项税额) | 81 | |
| 银行存款 | 333 | |
| 贷：其他业务收入 | | 400 |
| 应交税费——应交增值税(销项税额) | | 214 |
| 固定资产清理 | | 1 200 |
| 资产处置损益 | | 600 |
| 借：其他业务成本 | 300 | |
| 贷：原材料 | | 300 |

## 第八章　股　份　支　付

**(一) 单项选择题**

1. B　【解析】等待期是授予日至可行权日的期间，是可行权条件得到满足的期间。

2. B　【解析】股份支付的目的是为了获取职工服务和其他方提供服务，虽然这个过程增加了费用，但其主要目的却不是为了避税。

3. D　【解析】以权益结算的股份支付，应当以该权益工具在授予日的公允价值计量，在可行权日之后不需要对相关的所有者权益按公允价值进行调整。

4. D　【解析】行权日，是指职工和其他方行使权利、获取现金或权益工具的日期。

5. D　【解析】以现金结算的股份支付，是指企业为获取服务承担以股份或其他权益工具为基础计算确定的交付现金或其他资产义务的交易。

6. A　【解析】甲公司在第3年年末已经确认了收到的管理层提供的服务，因为业绩增长是一个市场条件，因此这些费用不应再转回。

7. A　【解析】除了可以立即行权的股份支付，股份支付在授予日一般不进行会计处理。

8. B　【解析】股份支付协议中规定的条款和条件在特殊条件下可以变更。

9. C　【解析】在等待期内确认的管理费用，即其他资本公积的金额＝100×(1－10%)×100×30＝270 000(元)。所以计入"资本公积——股本溢价"账户的金额＝90×5×100+270 000－90×100×1＝306 000(元)。

10. A　【解析】以现金结算的股份支付初始确认时，借记相关的成本费用账户，贷记"应付职工薪酬"账户，不涉及所有者权益类账户。

11. D　【解析】100×100×15×(1－20%)×1/3＝40 000(元)。

12. D　【解析】对于现金结算的股份支付，企业在等待期内的负债公允价值变动计入费用或者资产成本，在可行权日之后至结算日前的每个资产负债表日因负债公允价值的变动计入当期损益。

13. B　【解析】企业应当在等待期内的每个资产负债表日，将取得职工或其他方提供的服务计入成本费用，同时确认所有者权益或负债。对于权益结算涉及职工的股份支付，应当按照授予日权益工具的公允价值计入成本费用和资本公积(其他资本公积)；对于现金结算涉及职工的股份支付，应当按照每个资产负债表日权益工具的公允价值重新计量，确定成本费用和应付职工薪酬，所以正确答案是选项B。

14. D　【解析】D选项，对于权益结算的股份支付，如果全部或部分权益工具未被行权而失效或作废，应在行权有效期截止日将其从资本公积(其他资本公积)转入资本公积(股本溢价)，不冲减成本费用。

15. D　【解析】A公司2020年计入管理费用的金额＝100×(1－18%)×1×15×2/3 －100×(1－20%)×1×15×1/3＝420(万元)。

**(二) 多项选择题**

1. BDE　【解析】一般而言，业绩条件是指企业达到特定业绩目标的条件，具体包括市场条件和非市场条件。企业在确定权益工具在授予日的公允价值时，应考虑市场条件的影响，而不考虑非市场条件的影响。市场条件是否得到满足，不影响企业对预计可行权情况的估计。对于可行权条件为业绩条件的股份支付，在确定权益工具的公允价值时，应考虑市场条件的影响，只要职工满足了其他所有非市场条件，企业就应当确认自己已取得的服务。

2. BD　【解析】以权益结算的股份支付最常用的工具有两类：限制性股票和股票期权。以现金结算的股份支付最常用的工具有两类：模拟股票和现金股票增值权。

3. ACE　【解析】权益结算股份支付，应按授予日权益工具的公允价值计量；现金结算股份支付，应按资产负债表日权益工具的公允价值重新计量。

4. ABCE　【解析】选项D错误，修改减少后仍以权益工具在授予日的公允价值来计量获取的相应服务。

5. ABD　【解析】企业回购股份时，应当按照回购股份的全部支出作为库存股处理，因此，C是错误的。按权益结算股份支付的规定，企业应当在等待期内每个资产负债表日按权益工具在授予日的公允价值，将取得的职工服务计入成本费用，同时增加资本公积，因此E也是错误的。

6. BCDE 【解析】不论何种形式的股份支付,等待期内每个资产负债表日均需要对行权数量进行估计。

7. ABC 【解析】以现金结算股份支付的方式,在等待期内的每个资产负债表日,将取得职工或其他方提供的服务计入成本费用,同时确认负债;在等待期内,业绩条件为非市场条件的,如果后续信息表明需要调整对可行权情况的估计的,对前期估计进行修改。

8. ABDE 【解析】对于以权益结算换取职工服务的股份支付,企业应当在每个资产负债表日,按授予日权益工具的公允价值,根据受益对象将当期取得的服务计入相关资产成本或当期费用,但不包括财务费用。

9. BCD 【解析】以权益结算的股份支付换取职工提供服务的,应当以授予日权益工具的公允价值计量。

10. ABDE 【解析】以权益结算的股份支付,等待期内每个资产负债表日应按照授予日权益工具的公允价值确定取得职工提供的服务,因此 C 是错误的。

11. AD 【解析】市场条件是指行权价格、可行权条件以及行权可能性与权益工具的市场价格相关的业绩条件,如股份支付协议中关于股价至少上升至何种水平职工可相应取得多少股份的规定。如最低股价增长率、股东报酬率。故 A、D 正确。B、C 属于非市场条件,E 选项属于服务期条件。

12. ADE 【解析】股份支付分为以权益结算的股份支付和以现金结算的股份支付。故 A 正确。以权益结算的股份支付最常用的工具主要有两类:限制性股票和股票期权。以现金结算的股份支付最常用的工具主要有两类:模拟股票和现金股票增值权。显然,B、C 选项不正确。除无需实际行权和持有股票之外,现金股票增值权的运作与股票期权是一致的。除无需实际授予股票和持有股票外,模拟股票的运作原理与限制性股票是一致的。故 D、E 选项正确。

(三) 判断题

1. 对 【解析】除了立即可行权的股份支付外,企业在授予日均不作会计处理。

2. 错 【解析】对于权益结算的股份支付,应当按照授予日权益工具的公允价值计量,确定成本费用和资本公积。

3. 错 【解析】可行权日是指可行权条件得到满足、职工或其他方具有从企业取得权益工具或现金权利的日期。行权日是指职工和其他方行使权利、获取现金或权益工具的日期。

4. 对 【解析】授予后立即可行权的权益结算的股份支付,企业在确认成本费用的同时,增加"资本公积——股本溢价"。

5. 对 【解析】股份支付中只要职工或其他方满足了所有可行权条件中的非市场条件,企业就应当确认已得到服务相对应的成本费用,不论是否可以行权。

6. 错 【解析】一般情况下的权益结算的股份支付,授予方最终会发行股票用于行权,企业的所有者权益会增加。但是当企业依据最终行权情况,以回购的库存股用于行权,而且签订了股份支付协议的员工可以免费获得股份的时候,企业的所有者权益总额其实并没有发生变化。

7. 错 【解析】股价增长幅度是股份支付协议中的市场条件。

8. 错 【解析】对于换取职工服务的股份支付,若属于以权益结算的股份支付,企业应在等待期内的每个资产负债表日,以对可行权权益工具数量的最佳估计为基础,按照权益工具在授予日的公允价值,将当期取得的服务计入相关资产成本或当期费用,同时计入资本公积(其他资本公积)。

9. 错 【解析】对于以现金结算的股份支付,企业在可行权日之后不再确认成本费用,负债(应付职工薪酬)公允价值的变动应当计入公允价值变动损益。

10. 错 【解析】只有营业收入增长率、最低利润指标的实现情况属于股份支付中的非市场条件。

(四) 计算及会计处理题

1. 【答案及解析】
(1) 该股份支付属于权益结算的股份支付,行权条件为非市场条件(利润率增长标准)。
(2) 编制甲公司回购本公司股票时的相关会计分录(单位:万元):
借:库存股　　　　　　　　　　　　　　　　1 000
　　贷:银行存款　　　　　　　　　　　　　　1 000
(3) 计算甲公司 2×17 年、2×18 年、2×19 年因股份支付确认的费用相关的会计分录(单位:万元):
2×17 年应确认的当期费用 =(100−2−3)×1×15×1/3=475(万元)
借:管理费用　　　　　　　　　　　　　　　475
　　贷:资本公积——其他资本公积　　　　　475
2×18 年应确认的当期费用 =(100−4−2)×1×15×2/3−475=485(万元)
借:管理费用　　　　　　　　　　　　　　　485
　　贷:资本公积——其他资本公积　　　　　485
2×19 年应确认的当期费用 =(100−4−1)×1×15−475−485=465(万元)
借:管理费用　　　　　　　　　　　　　　　465
　　贷:资本公积——其他资本公积　　　　　465
(4) 2×20 年 3 月行权时(单位:万元):
借:银行存款　　　　　　(95×1×5)　　475
　　资本公积——其他资本公积　(475+485+465)　1 425
　　贷:库存股　　　　　(1 000×95/100)　950

    资本公积——股本溢价              950

2.【答案及解析】(单位：万元)

(1) 2×17年：

2×17年1月1日为授予日，不作处理。

2×17年应确认的应付职工薪酬和当期费用＝(100－10－9)×1×10×1/3＝270(万元)

借：管理费用        270

  贷：应付职工薪酬——股份支付      270

(2) 2×18年：

应付职工薪酬余额＝(100－10－8－4)×1×12×2/3＝624(万元)

应确认的应付职工薪酬和当期费用＝624－270＝354(万元)

借：管理费用        354

  贷：应付职工薪酬——股份支付      354

(3) 2×19年：

应支付的现金＝50×1×16＝800(万元)

应付职工薪酬余额＝(100－10－8－6－50)×1×15＝390(万元)

应确认的当期费用＝800＋390－624＝566(万元)

借：管理费用        566

  贷：应付职工薪酬——股份支付      566

借：应付职工薪酬——股份支付      800

  贷：银行存款          800

(4) 2×20年：

应支付的现金＝20×1×20＝400(万元)

应付职工薪酬余额＝(100－10－8－6－50－20)×1×18＝108(万元)

应确认的当期损益＝400＋108－390＝118(万元)

借：公允价值变动损益      118

  贷：应付职工薪酬——股份支付      118

借：应付职工薪酬——股份支付      400

  贷：银行存款          400

(5) 2×21年：

应支付的现金＝6×1×21＝126(万元)

应付职工薪酬余额＝0

应确认的当期损益＝126－108＝18(万元)

借：公允价值变动损益      18

  贷：应付职工薪酬——股份支付      18

借：应付职工薪酬——股份支付      126

  贷：银行存款          126

## 第九章 套 期 会 计

**(一) 单项选择题**

1. C 【解析】套期主要涉及套期工具、被套期项目与套期关系。

2. D 【解析】被套期风险，通常包括外汇风险、利率风险、商品价格风险、股票价格风险、信用风险等。企业的一般经营风险(如固定资产毁损风险等)不能作为被套期风险。

3. C 【解析】选项B不能作为被套期项目，采用权益法核算的长期股权投资不能在公允价值套期中作为被套期项目。选项A可以作为对境外经营净投资套期项目，选项D可以作为现金流量被套期项目。

4. D 【解析】财务费用科目与套期活动没有直接关系。

5. A 【解析】在公允价值套期中，套期工具的公允价值变动应直接计入当期损益。

6. C 【解析】被套期项目，是指使企业面临公允价值或现金流量变动风险，且被指定为被套期对象的项目，如单项已确认资产、负债、确定承诺、很可能发生的预期交易，或境外经营净投资。但衍生工具不能作为被套期项目。

7. C 【解析】非衍生金融资产或非衍生金融负债通常不能作为套期工具，但被套期风险为外汇风险时，某些非衍生金融资产或非衍生金融负债可以作为套期工具。

8. D 【解析】公允价值套期，是指对已确认资产或负债、尚未确认的确定承诺，或该资产或负债、尚未确认的确定承诺中可辨认部分的公允价值变动风险进行的套期。对该外汇确定承诺的套期，既可以划分为公允价值套期，也可以划分为现金流量套期。因此选项 D 正确。
9. A 【解析】为了对该债券进行套期保值,该公司应该卖出同等面值的债券期货合同,这样才能达到套期保值的目的。
10. B 【解析】在套期会计中,按套期关系可划分为公允价值套期、现金流量套期和境外经营净投资套期。
11. B 【解析】境外经营净投资面临的主要是外汇风险,因此其套期保值是对外汇风险进行的套期。

(二) 计算及会计处理题
【答案及解析】
情形(1),甲公司将上述套期划分为公允价值套期:
2019 年 11 月 1 日:
远期合同的公允价值为零,不作账务处理,将套期保值进行表外登记。
2019 年 12 月 31 日:
远期外汇合同的公允价值=(8.4−8.35)×100 000=5 000(元)

借:套期损益　　　　　　　　　　　　　5 000
　　贷:套期工具——远期外汇合同　　　　　　　　5 000
借:被套期项目——确定承诺　　　　　　5 000
　　贷:套期损益　　　　　　　　　　　　　　　　5 000

2020 年 1 月 30 日:
远期外汇合同的公允价值=(8.4−8.32)×100 000=8 000(元)

借:套期损益　　　　　　　　　　　　　3 000
　　贷:套期工具——远期外汇合同　　　　　　　　3 000
借:套期工具——远期外汇合同　　　　　8 000
　　贷:银行存款　　　　　　　　　　　　　　　　8 000
借:被套期项目——确定承诺　　　　　　3 000
　　贷:套期损益　　　　　　　　　　　　　　　　3 000
借:原材料——A 材料　　　　　　　　832 000
　　贷:银行存款　　　　　　　　　　　　　　　832 000
借:原材料——A 材料　　　　　　　　　8 000
　　贷:被套期项目——确定承诺　　　　　　　　　8 000

(将被套期项目的余额调整 A 原材料的入账价值。)
情形(2),甲公司将上述套期划分为现金流量套期:
2019 年 11 月 1 日:
不作账务处理,将套期保值进行表外登记。
2019 年 12 月 31 日:
远期外汇合同的公允价值=5 000(元)

借:其他综合收益　　　　　　　　　　5 000
　　贷:套期工具——远期外汇合同　　　　　　　　5 000

2020 年 1 月 30 日:
远期外汇合同的公允价值变动=3 000(元)

借:其他综合收益　　　　　　　　　　3 000
　　贷:套期工具——远期外汇合同　　　　　　　　3 000
借:套期工具——远期外汇合同　　　　8 000
　　贷:银行存款　　　　　　　　　　　　　　　　8 000
借:原材料——A 材料　　　　　　　　832 000
　　贷:银行存款　　　　　　　　　　　　　　　832 000
同时:借:原材料　　　　　　　　　　8 000
　　　　贷:其他综合收益　　　　　　　　　　　　8 000

# 第十章　债务重组

(一) 单项选择题
1. C 【解析】以非资产清偿债务进行债务重组的,债权人应当将放弃债权的公允价值与账面价值之间的差额,应当计入当期损益。
2. C 【解析】重组债权的账面价值等于重组债权的余额减去坏账准备。重组债权的账面价值小于收到现金,说明以前多提了坏账准备,因此应冲减信用减值损失。

3. A 【解析】以非金融资产清偿某项债务的,债务人应当将清偿债务账面价值与转让资产账面价值之间的差额计入当期损益。

4. D 【解析】债务重组中债权人在受让非现金资产过程中发生的运杂费、保险费等相关费用,应直接计入该资产的入账价值。

5. D 【解析】以非金融资产清偿某项债务的,债务人应当将清偿债务账面价值与转让资产账面价值之间的差额计入当期损益。

6. C 【解析】将债务转为权益工具方式进行债务重组的,债务人应当将所清偿债务账面价值与权益工具公允价值之间的差额,应当计入当期损益。因此,选项A、B均不对,选项C对。选项D,债务人以债务转为权益工具方式抵偿债务的,债权人应分别区分金融资产、重大影响或者联营企业、企业合并进行会计处理。

7. C 【解析】其他权益工具投资的入账价值=公允价值 + 手续费=42+2=44万元。

8. B 【解析】交易性金融资产的入账价值=公允价值=42万元。

9. B 【解析】A公司应确认的损失=放弃债权的账面价值－放弃债权的公允价值=50－45=5万元。

10. C 【解析】固定资产入账价值=放弃债权公允价值 + 运输费= 45+2=47万元。

11. A 【解析】重组后该项债务的公允价值为2 000万元,重组利得为200万元(清偿债务账面价值减去重组债务的公允价值)。

12. A 【解析】该项债务重组中,甲公司计入当期损益的金额=1 300－(1 600－120)=－180(万元)。

13. A 【解析】乙公司债务重组对利润的影响=5 000－1 200－(5 000－2 000－800)=1 600(万元)。

14. D 【解析】甲公司权益投资按照公允价值入账=520 000元,与应收债权账面价值500 000元的差额为20 000元,即导致当期收益增加20 000元。

15. A 【解析】重组后该项债权的公允价值为2 000万元,重组损失为200万元(放弃债权账面价值减去重组债权的公允价值)。

(二) 多选题

1. ABCDE 【解析】债务重组,是指在不改变交易对手方的情况下,经债权人和债务人协定或法院裁定,就清偿债务的时间、金额或方式等重新达成协议的交易。

2. ABD 【解析】根据债务重组的相关规定,CE选项不对。

3. ABCDE 【解析】债务重组的方式包括资产偿债(现金和非现金资产)、债务转为权益工具、修改债务条件、混合重组。

4. ABCE 【解析】债务人应将清偿债务账面价值与转让固定资产账面价值之间的差额计入当期损益,其金额与偿债固定资产的公允价值没有关系。

5. AE 【解析】根据债务重组的相关规定,只有AE选项对。选项B,以非金融资产清偿债务时,债权人受让非金融资产应以放弃债权的公允价值为基础入账;对于选项C和选项D,债务转为其他权益工具时,债权人受让的权益以应区分金融资产、重大影响或共同控制、企业合并进行处理。

(三) 判断题

1. 对 【解析】关联方可以通过债务重组调节损益,进行盈余管理。

2. 错 【解析】债务人以其生产的产品抵偿债务的,应按偿债务的账面价值与抵债产品的账面价值的差,确认当期损益。

3. 错 【解析】债务转为其他权益工具时,债务人应将权益的公允价值与确认的实收资本或股本的差额进入资本公积。

4. 对 【解析】根据债务重组准则规定,债权人在重组债权的公允价值大于放弃债权账面价值,或者取得金融资产的公允价值大于放弃债权的账面价值时,就会产生债务重组收益。

5. 对 【解析】债权人对债权计提了坏账准备的,在清偿该债权时,应冲减已计提的坏账准备。

6. 错 【解析】债权人在债务重组中取得固定资产,应该以放弃债权的公允价值为基础确定入账价值。

7. 对 【解析】债权人在债务重组中取得金融资产,应该按照金融工具准则的相关规定进行处理,即按照金融资产的公允价值确定其入账价值。

8. 对 【解析】对于将债务转为权益工具的债务重组,债务人应该按照金融工具准则的相关规定进行处理,即对权益工具按照公允价值计量。

9. 错 【解析】对于将债务转为权益工具的债务重组,债权人对区别金融资产、重大影响以及企业合并进行会计处理。

10. 错 【解析】债务人以金融资产偿债的,应将清偿债务的账面价值与金融资产账面价值之差计入当期损益。

(四) 计算及会计处理题

1.【答案及解析】(单位:万元)

第一种情况:

(1) 丙公司的债务重组分录

借:应付账款——甲企业　　　　　　　　　　100
　　贷:银行存款　　　　　　　　　　　　　　　80

| | | |
|---|---|---|
| 　　　当期损益 | | 20 |

(2) 甲公司的债务重组分录
借：银行存款　　　　　　　　　　　　　80
　　投资收益　　　　　　　　　　　　　20
　　贷：应收账款——丙企业　　　　　　　　　100

第二种情况：
(1) 丙公司的债务重组分录
借：应付账款——甲企业　　　　　　　100
　　贷：银行存款　　　　　　　　　　　　　95
　　　　当期损益　　　　　　　　　　　　　5

(2) 甲公司的债务重组分录
借：银行存款　　　　　　　　　　　　　95
　　投资收益　　　　　　　　　　　　　5
　　贷：应收账款——丙企业　　　　　　　　　100

第三种情况：
(1) 丙企业的债务重组分录
借：应付账款——甲公司　　　　　　　100
　　存货跌价准备　　　　　　　　　　　5
　　贷：原材料　　　　　　　　　　　　　　20
　　　　库存商品　　　　　　　　　　　　　45
　　　　当期损益　　　　　　　　　　　　　40

(2) 甲公司的债务重组分录
原材料的入账价值＝90×30/(30+50)＝33.75(万元)
产成品的入账价值＝90×50/(30+50)＝56.25(万元)
确认债务重组损益＝放弃债权公允价值90－账面价值100＝－10(万元)
借：原材料　　　　　　　　　　　　　33.75
　　库存商品　　　　　　　　　　　　56.25
　　投资收益　　　　　　　　　　　　10
　　贷：应收账款——丙企业　　　　　　　　　100

第四种情况：
(1) 丙企业债务重组的会计分录
借：应付账款——甲公司　　　　　　　100
　　贷：银行存款　　　　　　　　　　　　　10
　　　　交易性金融资产——成本　　　　　　50
　　　　　　　　　　　——公允价值变动　　10
　　　　当期损益　　　　　　　　　　　　　30

(2) 甲公司的债务重组分录
借：银行存款　　　　　　　　　　　　　10
　　交易性金融资产——成本　　　　　　70
　　投资收益　　　　　　　　　　　　　20
　　贷：应收账款——丙企业　　　　　　　　　100

第五种情况：
(1) 丙企业债务重组的分录
借：应付账款——甲公司　　　　　　　100
　　贷：实收资本　　　　　　　　　　　　　60(300×20%)
　　　　资本公积——资本溢价　　　　　　　20(80－60)
　　　　当期损益　　　　　　　　　　　　　20(100－80)

(2) 甲公司债务重组的分录
甲公司取得丙公司的股权达到重大影响，因此应按照取得长期股权投资的成本入账，即以放弃债权的公允价值为基础确定长期股权投资的成本。
借：长期股权投资——丙企业(投资成本)　　90
　　投资收益　　　　　　　　　　　　　10
　　贷：应收账款——丙企业　　　　　　　　　100

第六种情况：
(1) 丙企业债务重组的分录
借：应付账款——甲公司　　　　　　　　　　　　100
　　贷：银行存款　　　　　　　　　　　　　　　　　　20
　　　　实收资本　　　　　　　　　　　　　　　　　　15(300×5%)
　　　　资本公积——资本溢价　　　　　　　　　　　　5(20－15)
　　　　当期损益　　　　　　　　　　　　　　　　　　60
(2) 甲公司债务重组的分录
甲公司对取得的丙公司股权应该确认为交易性金融资产，按照交易性金融资产的公允价值入账。
借：银行存款　　　　　　　　　　　　　　　　　20
　　交易性金融资产　　　　　　　　　　　　　　20
　　投资收益　　　　　　　　　　　　　　　　　60
　　贷：应收账款——丙企业　　　　　　　　　　　　100
第七种情况：
(1) 丙企业债务重组的分录
借：应付账款——甲公司　　　　　　　　　　　　100
　　贷：其他应付款——债务重组　　　　　　　　　　70
　　　　银行存款　　　　　　　　　　　　　　　　　　10
　　　　当期损益　　　　　　　　　　　　　　　　　　20
2020年到期支付本息
借：其他应付款——债务重组　　　　　　　　　　70
　　财务费用　　　　　　　　　　　　　　　　　2.8
　　贷：银行存款　　　　　　　　　　　　　　　　　　72.8
(2) 甲公司债务重组的分录
借：其他应收款——债务重组　　　　　　　　　　70
　　银行存款　　　　　　　　　　　　　　　　　10
　　投资收益　　　　　　　　　　　　　　　　　20
　　贷：应收账款——丙企业　　　　　　　　　　　　100
2020年到期收到本息
借：银行存款　　　　　　　　　　　　　　　　　72.8
　　贷：其他应付款——债务重组　　　　　　　　　　70
　　　　财务费用　　　　　　　　　　　　　　　　　　2.8

2.【答案及解析】(单位：万元)
(1) 乙公司重组后债务的入账价值＝(1 000－100－300－200－200)×(1－50%)＝100(万元)
(2) 甲公司重组后债权的入账价值＝100(万元)
(3) 甲公司获得金融资产按公允价值200万元入账，重组债权按照公允价值100万元入账，放弃债权的公允价值800万元在扣除现金偿债、金融资产的入账价值与重组债权的入账价值以外，以固定资产与A产品的公允价值为基础进行分配，确定固定资产与A产品的入账价值。
固定资产的入账价值＝(800－100－200－100)×300/(300＋200)＋2＝242(万元)
A产品的入账价值＝(800－100－200－100)×200/(300＋200)＝160(万元)
(4) 甲公司(债权人)有关分录如下：
重组时：
借：银行存款　　　　　　　　　　　　　　　　　100
　　固定资产　　　　　　　　　　　　　　　　　242
　　库存商品——A　　　　　　　　　　　　　　160
　　其他权益工具投资　　　　　　　　　　　　　200
　　长期应收款——债务重组　　　　　　　　　　100
　　投资收益　　　　　　　　　　　　　　　　　200
　　贷：应收账款　　　　　　　　　　　　　　　　　1 000
　　　　银行存款　　　　　　　　　　　　　　　　　　2
2020年12月31日收取利息时：
借：银行存款　　　　　　　　　　　　　　　　　4
　　贷：财务费用　　　　　　　　　　　　　　　　　4(100×4%)

2021年12月31日收回款项时：
借：银行存款 104
　　贷：长期应收款——债务重组 100
　　　　财务费用 4(100×4%)
乙公司(债务人)有关分录如下：
借：应付账款 1 000
　　累计折旧 100
　　贷：银行存款 100
　　　　固定资产 450
　　　　库存商品 120
　　　　股本 100
　　　　资本公积——股本溢价 100
　　　　长期应付款——债务重组 100
　　　　当期损益 130
2020年12月31日支付利息时：
借：财务费用 4(100×4%)
　　贷：银行存款 4
2021年12月31日支付款项时：
借：长期应付款——债务重组 100
　　财务费用 4
　　贷：银行存款 104

3.【答案及解析】(单位：万元)
(1) A公司债务重组日的会计处理：
借：应付账款——甲公司 5 500
　　长期股权投资减值准备 100
　　贷：银行存款 100
　　　　在建工程 1 600
　　　　长期股权投资 2 400
　　　　当期损益 1 500
(2) 甲公司相关会计处理：
① 甲公司债务重组日的会计处理：
借：银行存款 100
　　在建工程 1 980
　　长期股权投资——C公司(成本) 2 420
　　坏账准备 600
　　投资收益 400
　　贷：应收账款——A公司 5 500
在建工程的入账价值=(4 500-100)×[1 800/(1 800+2 200)]=1 980(万元)
长期股权投资的入账价值=(4 500-100)×[2 200/(1 800+2 200)]=2 420(万元)
② 续建在建工程的会计处理：
借：在建工程 300
　　贷：银行存款 300
③ 出租写字楼：
借：投资性房地产——成本 2 280
　　贷：在建工程 2 280
④ 收取租金：
借：银行存款 200
　　贷：其他业务收入 200
⑤ 年末按公允价值计量：
投资性房地产公允价值变动损益=2 600-2 280=320(万元)
借：投资性房地产——公允价值变动 320
　　贷：公允价值变动损益 320
⑥ 很显然，该交易为非货币性资产交换。

甲公司的会计分录为：
借：无形资产　　　　　　　　　　　　　　　　　2 100
　　投资收益　　　　　　　　　　　　　　　　　　420
　　贷：长期股权投资——C公司（成本）　　　　　　　　2 420
　　　　银行存款　　　　　　　　　　　　　　　　　　100
D公司的会计分录为：
借：长期股权投资——C公司（成本）　　　　　　2 000
　　银行存款　　　　　　　　　　　　　　　　　　100
　　累计摊销　　　　　　　　　　　　　　　　　　200
　　贷：无形资产　　　　　　　　　　　　　　　　　1 600
　　　　资产处置损益　　　　　　　　　　　　　　　　700

## 第十一章　破产清算会计

（一）单项选择题
1. C【解析】破产清算组工作人员的工资、劳务费等通过"清算费用"账户核算。
2. B【解析】破产清算会计不再适用持续经营会计假设。
3. D【解析】根据破产法规定，清算费用发生时应于费用发生时优先支付。
4. C【解析】乙公司受偿的金额＝破产债权×清偿率＝(2 000－200－200－1 000)÷1 000×300＝180(万元)。
5. D【解析】破产清算会计不再遵循持续经营和会计分期假设，也不再采用历史成本进行核算。
6. A【解析】根据破产法的相关规定，破产资产的支付顺序是支付清理费用，支付未付工资，缴纳所欠税款，最后清偿其他无担保债务。
7. B【解析】已担保的财产不属于破产资产。
8. D【解析】破产清算会计应采用变现价值进行计量。
9. B【解析】破产清算下，会计主体不再是破产清算企业，而是清算组。
10. D【解析】破产清算会计需要重新设置账户，其中，"固定资产"账户反映固定资产的净值。
11. C【解析】破产清算会计中，应收款核算除了"应收票据"外的其他应收款项。
12. B【解析】无法收到的债权应计入清算损失。
13. B【解析】企业职工工资直接用破产财产支付，不属于清算费用。

（二）计算及会计处理题
1.【答案及解析】
土地和厂房450万元偿还优先偿还抵押债权500万元，抵押债权还剩50万元未偿还，作为破产债务。剩余的破产财产在支付破产费用、职工薪酬、税费后还剩余：
1 400－450－50－60－40＝800(万元)，需要偿还的破产债务为400＋500＋50＝950(万元)
因此：
(1) 清偿比例为800÷950＝84.21%
(2) 应付账款的清偿金额＝400×84.21%＝337(万元)
2.【答案及解析】（单位：万元）
(1) 借：银行存款　　　　　　　　　　　　　　　　230
　　　　资产处置净损益　　　　　　　　　　　　　　70
　　　　贷：应收账款　　　　　　　　　　　　　　　　300
(2) 借：银行存款　　　　　　　　　　　　　　　　80
　　　　资产处置净损益　　　　　　　　　　　　　　6
　　　　贷：应收票据　　　　　　　　　　　　　　　　86
(3) 借：银行存款　　　　　　　　　　　　　　　　598.9
　　　　资产处置净损益　　　　　　　　　　　　　　56
　　　　贷：库存商品　　　　　　　　　　　　　　　　550
　　　　　　原材料　　　　　　　　　　　　　　　　　36
　　　　　　应交税费——应交增值税　　　　　　　　　68.9
(4) 借：银行存款　　　　　　　　　　　　　　　　60
　　　　资产处置净损益　　　　　　　　　　　　　　40
　　　　贷：固定资产　　　　　　　　　　　　　　　　100

(5) 借：银行存款　　　　　　　　　　7.8
　　　贷：应交税费　　　　　　　　　　　　7.8
(6) 借：清算费用　　　　　　　　　　20
　　　贷：银行存款　　　　　　　　　　　　20
(7) 借：应付职工薪酬　　　　　　　　10
　　　贷：银行存款　　　　　　　　　　　　10
(8) 借：应交税费　　　　　　　　　　100
　　　贷：银行存款　　　　　　　　　　　　100

## 郑重声明

高等教育出版社依法对本书享有专有出版权。任何未经许可的复制、销售行为均违反《中华人民共和国著作权法》,其行为人将承担相应的民事责任和行政责任;构成犯罪的,将被依法追究刑事责任。为了维护市场秩序,保护读者的合法权益,避免读者误用盗版书造成不良后果,我社将配合行政执法部门和司法机关对违法犯罪的单位和个人进行严厉打击。社会各界人士如发现上述侵权行为,希望及时举报,本社将奖励举报有功人员。

反盗版举报电话　（010）58581999　58582371　58582488
反盗版举报传真　（010）82086060
反盗版举报邮箱　dd@hep.com.cn
通信地址　北京市西城区德外大街4号　高等教育出版社法律事务与版权管理部
邮政编码　100120